Tattvabodha Vol. III

The National Mission for Manuscripts was established in February 2003 by the Ministry of Culture, Government of India with the purpose of locating, documenting, preserving and disseminating the knowledge content of India's handwritten manuscripts, said to be the largest collection of handwritten knowledge documents in the world. While looking ahead to reconnect with the knowledge of the past, the Mission is in the process of trying to re-contextualize the knowledge contained in manuscripts for the present and the future generations. At present the mission is an integral part of Indira Gandhi National Centre for the Arts.

The Mission launched a lecture series titled "Tattvabodha" in January 2005. Since then, a monthly lecture series is organized in Delhi and other centres in the country. Tattvabodha has established itself as a forum for intellectual discourse, debate and discussion. Eminent scholars representing different aspects of India´s knowledgte systems have addressed and interacted with highly receptive audiences over the course of the past few years.

The present volume comprises ten lectures delivered under Tattvabodha lectures series. A glance at the list of contributors will reveal that the Mission has had the privilege of hosting the finest exponents of Indian culture and the compilation of their lectures makes for invaluable literature.

The contributors are listed in alphabetic order: Avanindra Kumar, B.V. Subbarayappa, Brajakishore Swain, H.V. Nagarajarao, Kiran Kumar Thaplyal, O.C. Handa, Radha Madhav Bharadwaj, Rama Kanta Chakravarty, S. Revathy, and Shireen Moosvi.

Tattvabodha

Essays from the Lecture Series of the National Mission for Manuscripts

Volume III

Edited by

Dipti S. Tripathi

National Mission for Manuscripts

National Mission for Manuscripts
Indira Gandhi National Centre for the Arts

DEV BOOKS

Published by:
National Mission for Manuscripts
Indira Gandhi National Centre for the Arts
11 Man Singh Road
New Delhi 110 001
Phone: 91 11 2307 3387
E-mail: directornamami@nic.in
Website: www.namami.nic.in

and Co-published by:
DEV BOOKS
2nd Floor, Prakash Deep,
4735/22, Ansari Road,
Darya Ganj,
New Delhi-110002
Phone : 9810236140
e-mail: devbooks@hotmail.com
website: www.devbooks.co.in

ISBN 978-81-904029-4-1 (series)
ISBN 978-81-904029-3-4 (vol. III)
First published 2010

Contents

Preface

'TATTVABODHA' WHEN literally translated means 'Cognition of Truth'. That 'Truth' and the means to get there are a long cherished dream of mankind. Yet the age-old manuscripts reveal the picture of wide-spread knowledge of our ancestors in the sphere of basic amenities of life, e.g. Philosophy, Medicine, Art and Architecture, Administration, Literature, etc. and even some areas of science such as Astronomy, Mathematics, Chemistry, etc. Hence comes the National Mission for Manuscripts' task to recover those manuscripts, the storehouse of knowledge, to preserve them and to disseminate the knowledge contained therein for the betterment of the world and to uphold the heritage of deeply embedded peace that came from the veteran thinkers of the past in order to appease the turmoil of the present world.

The National Mission for Manuscripts (NMM) was established in February, 2003 by the Ministry of Culture, Govt. of India under the directorship of Dr. Sudha Gopalakrishnan. At present Professor Dipti. S. Tripathi is the Director of the NMM. The Mission has a mandate to locate, document, preserve the manuscripts and to disseminate its knowledge. While looking ahead to reconnect with the knowledge of the past, the Mission is in the process of trying to re-contextualize the knowledge contained in manuscripts for the present and the future generations.

The Mission, keeping the dissemination of knowledge in

mind as one of its objectives, launched a lecture series titled 'Tattvabodha' in June, 2005. Since then a monthly lecture is organized in Delhi and other Centres all over the country as well. It is a forum where eminent scholars representing various aspects of India's knowledge systems, deliver lectures and interact simultaneously with interested audiences and researchers through intellectual discourses, debates and discussions.

The present volume, third in the series is a compilation of ten Tattvabodha Lectures, duly edited wherever necessary in consultation with the scholars. It is an outcome of the successful collaboration of a number of my colleagues in the NMM without whose inputs the project would not have been completed. I would like to take this opportunity to thank our former Director Professor G.C. Tripathi and my colleague Dr. V.S.Shukla for their unstinted support, Sri Mrinmoy Chakraborty for so diligently organizing the Tattvabodha lectures all over the country and Sri Pankaj D. Jain of Dev Books who is instrumental in printing and publishing the book.

In fine, I sincerely acknowledge the ungrudging assistance of Pt. Satkari Mukhopadhyaya who was always available for me to clarify my doubts and to provide his knowledge inputs wherever necessary.

I have no doubt that the readers of this book will find it useful in their quest for knowledge of the subject covered therein.

SANGHAMITRA BASU
Co-ordinator Publication

New Delhi
25th June 2010

Introduction

THE NATIONAL MISSION for Manuscripts is entrusted by the Government of India with conserving the knowledge base of India contained in manuscripts of different languages and types spread all over the country as also in countries across the world. Besides conservation, dissemination of knowledge about the manuscripts as well as of the content of the manuscripts is an integral part of NMM's madate. In this direction two-fold programmes have been undertaken, (a) publication of manuscripts and (b) series of lectures under the title Tattvabodha.

In the first programme of publication of manuscripts there are plans to publish these in three formats :

(i) Rare manuscripts in facsimile form to make them available to scholars for further editing and research purposes, also those manuscripts which have exquisite illustrations so that these can be made available to readers in their original beauty
(ii) Critically edited manuscripts
(iii) Critically edited and translated or commented upon manuscripts

At this particular stage, the Mission is in the process of short-listing of manuscripts in different languages, different scripts and varied subjects all over India. It has been noted that not much has been done in the field of Persian and Arabic manuscripts in India which is a great desideratum. This heritage would help us in re-writing history from the indigenous point of view. The Mission has aggressively addressed this neglected area by getting together scholars of Persian and Arabic manuscripts from all over India. Through their help and support a list of manuscripts is being prepared to be published on a priority basis. Similarly a committee of scholars has been formed to recommend manuscripts for publication from the northern states of India. This Committee in its wisdom has been able to shortlist manuscripts besides Sanskrit, in all the major languages of the North, for publication in the above mentioned three formats.

It gives me immense pleasure to share the fact that we have been able to get proposals from as far as Manipur in the North-East for our publication programme which have been duly included in the list of manuscripts to be published. We are still in the process of consultation with scholars in the Southern peninsula and we do hope that we will soon be able to create a shortlist of manuscripts in the South to be published on a priority basis. All going well, the Mission plans to publish approximately 100 manuscripts in the year 2010–2011.

Through the Tattvabodha series of lectures there has been an effort at creating awareness about different aspects of manuscripts and manuscriptology amongst people at large. These lectures are delivered by specialists in their respective fields in Delhi as well as in the rest of the country. These could be on varied subject areas relating to manuscriptology, information about the content of manuscripts in a repository, creating awareness about the knowledge contained in different types of manuscripts, application of knowledge contained in manuscripts in the modern context as also ways to conserve and preserve manuscripts written in different mediums.

The present collection is the third volume in the Tattvabodha series which contains ten papers presented by scholars in different lectures organized by the Mission and gives an idea of the variety of areas covered under this series. This is a proof of the vastness of the contents of the manuscripts as also the need to create awareness not only among the common people but also among the academia. The list of contributors is a veritable who's who in the field of manuscriptology which is very gratifying for the organisors of this series.

Prof. Kiran Kumar Thaplyal is a renowned name in the field of palaeography and manuscriptology and the lecture herein included was delivered by him. It deals with the importance, type, editing and conservation of manuscripts. Prof. Brajakishore Swain was kind enough to spare some time for the Mission to deliver a lecture on Mineral Science in the Arthaśāstra. The Arthaśāstra is an encyclopaedia of subjects covered from grammar to economics, from agriculture to politics and even areas like mineral science. Not many would be aware of the fact that this encyclopaedic work by Chāṇakya contained in it mineral science also. The third paper as the name quite clearly explains is about the Text and Context of the Charyāpada, Buddhist text. This lecture was delivered by Dr. Rama Kanta Chakravarty, a noted scholar in this field. The fourth lecture by Prof. Shireen Moosvi on Reality and the Written Word—The Envisioning of Akbar is putting together history with philosophy. I am sure it would make an interesting reading. Dr. Radha Madhav Bharadwaj deals with the Methods and Stages of the Preservation of Scriptures in Ancient India: Oral Tradition. Dr. H.V. Nagarajarao was kind enough to talk about the rare manuscripts of the Kāvya Jagannāthavijaya written by Venkāmātya. Dr. S. Revathy spoke on Advaita Concepts whereas Prof. Avanindra Kumar spoke on Pāṇini and Modern Linguistcs. Prof. B.V. Subbarayappa took the audience through Indian Astronomy outlining the Sources and

Characteristics of the science which was developed in ancient India and about which not many scholars seem to be aware of. It indeed was a journey, illuminating as well as informing at the same time. The tenth lecture in this collection is by Prof. O.C. Handa on Manuscripts and Indian Knowledge System. It tries to present manuscripts in the light of the long tradition of Indian thought processes in the various fields of knowledge.

I am sure this collection with diverse topics will make an interesting reading for scholars as well as readers in general. It would be appropriate to mention here that the opinion expressed by the individual scholars, is his own and the Mission as a matter of principle does not take the responsibility of expression of their viewpoint. It would be best to contact the authors themselves in case of any clarification needed.

I wish the readers happy reading and would be glad to receive the comments regarding the improvement of publication of the Tattvabodha.

DIPTI TRIPATHI
Director
National Mission for Manuscripts

New Delhi
25th June 2010

Key to Transliteration

VOWELS

अ a	आ ā	इ i	ई ī	उ u	ऊ ū
(but)	(palm)	(it)	(beet)	(put)	(pool)
ऋ* ṛ	ॠ* ṝ	ऌ* ḷ	ए e	ऐ ai	ओ o
			(play)	(air)	(toe)
	औ au				
	(loud)				

CONSONANTS

Guttural	क ka	ख kha	ग ga	घ gha	ङ ṅa
	(skate)	(blockhead)	(gate)	(ghost)	(sing)
Palatal	च ca	छ cha	ज ja	झ jha	ञ ña
	(chunk)	(catchhim)	(john)	(hedgehog)	(bunch)
Cerebral	ट ṭa	ठ ṭha	ड/ड़ ḍa	ढ/ढ़ ḍha	ण ṇa
	(start)	(anthill)	(dart)	(godhead)	
Dental	त ta	थ tha	द da	ध dha	न na
	(path)	(thunder)	(that)	(breathe)	(numb)
Labial	प pa	फ pha	ब ba	भ bha	म ma
	(spin)	(philosophy)	(bin)	(abhor)	(much)
Semi-vowels	य ya	र ra	ल la	ळ* ḷ	व va
	(young)	(drama)	(luck)		(vile)
Sibilants	श śa	ष ṣa	स sa	ह ha	
	(shove)	(bushel)	(so)	(hum)	

अं *(—) ṁ* or *ṃ amusūra* like *saṁskṛti/or soṃskṛti*

अः *visarga* = *ḥ*

ऽ *Avagraha* indicate elision of short vowel *a*, has no phonetic value.

*No exact English equivalents for these letters.

1

पाण्डुलिपियों का स्वरूप, महत्त्व, सम्पादन एवं संरक्षण

किरणकुमार थपल्याल

लेखन कला का मानव सभ्यता के विकास में अभूतपूर्व योगदान है। इसके द्वारा मनुष्य अपना संदेश अपनी भाषा में और लिपि में अंकित कर दूर-दूर तक पहुँचा सकता है और आने वाली पीढ़ियों के लिए अपने अनुभव, संदेश और ज्ञान छोड़ सकता है। संसार में लेखन कला के प्राचीनतम उदाहरण ई. पू. 7000 वर्ष से पहले के नहीं हैं। सिन्धु सभ्यता के लोग आज से लगभग पाँच हजार वर्ष पहले लिखना जानते थे किन्तु उनकी लिपि पढ़ी नहीं जा सकी है। न उनकी भाषा के बारे में ही ज्ञान है। ऐसे द्विलिपीय अथवा बहुलिपीय लेखों के मिलने पर ही, जिनमें से एक लिपि ऐसी हो जो पढ़ी गई हो इस लिपि के उद्वाचन की सम्भावना है। यद्यपि माइकेल वेंट्रिस ने इसके बिना भी लाइनर बी लिपि का उद्वाचन किया है किन्तु यह इस तरह के उद्वाचन का एकमात्र उदाहरण है। वेदों का अध्ययन, अध्यापन चंद शताब्दियों तक मौखिक रूप से होता रहा। किन्तु बाद में अन्य शास्त्रों-वेदांग, पुराण, दर्शन, स्मृति आदि सम्बन्धित ग्रन्थों की रचना हुई। ज्ञान के इस विस्तार को सुरक्षित रखने के लिए उसे लिपिबद्ध किया गया। छापाखाने के आविष्कार से पहले यदि कोई किसी पुस्तक की प्रति कराना चाहता था तो उसका एकमात्र उपाय था उसकी प्रतिलिपि करना या करवाना। पाण्डुलिपियों के निर्माण में जैनियों तथा बौद्धों का महत्त्वपूर्ण योगदान रहा। जैनों में जैन धर्म तथा जैन दर्शन सम्बन्धी पाण्डुलिपियों की प्रतिलिपि बनाकर जैन भण्डारों को अथवा जैन धर्मावलम्बियों को भेंट करना पुण्य कार्य माना जाता रहा।

चालुक्य राजा के सेनापति की पत्नी द्वारा जैन **शान्तिपुराण** की एक हजार प्रतियां जैन भिक्षुओं और गृहस्थों को बाँटने का उल्लेख मिलता है। ग्रन्थों की बड़ी संख्या में प्रतिलिपि बनाने के लिए कुछ व्यावसायिक लिपिकार रहे होंगे। कुछ घरों में, धर्म से सम्बन्धित किसी ग्रन्थ की पाण्डुलिपियों से प्रतिदिन कुछ अंश की नकल करने की परम्परा रही है जिससे अंततः उस ग्रन्थ की नई प्रतिलिपि निर्मित हो जाती थी।

भारतीय परम्परा के अनुसार लिपि का आविष्कार ब्रह्मा ने किया। नारद के अनुसार ब्रह्मा ने लिपि का आविष्कार न किया होता तो लोक की गति शुभ नहीं होती—

नाकरिष्यद्यदि ब्रह्मा लिखितं चक्षुरुत्तमम्।
तत्रेयमस्य लोकस्य नाभविष्यच्छुभा गतिः।

बृहस्पति का कथन है— छः महीने में भ्रान्ति होने लगती है। अतः ब्रह्मा ने लिपि का आविष्कार किया—

षाण्मासिके तु समये भ्रान्तिः संजायते यतः।
धात्राअक्षराणि सृष्टानि पत्रारूढाण्यतःपरम्।।

ज्ञान की देवी सरस्वती और देवता ब्रह्मा हैं। पाण्डुलिपियाँ पूजित होती रही हैं। मूर्तियों में ब्रह्मा और सरस्वती हाथ में पाण्डुलिपि लिए दिखाए जाते हैं। बौद्ध ग्रन्थ **प्रज्ञापारमिता** का देवी के रूप में अंकन मिलता है और मञ्जुश्री की मूर्ति पुस्तक लिए दिखाई जाती है। राजस्थान के विमल वसाही मन्दिर (बारहवीं शती) की सरस्वती की मूर्ति को एक हाथ में पाण्डुलिपि लिए दिखलाया गया है (चित्र 1)। इसी प्रकार दक्षिण भारत के सन्त मणिक्क वचकर को एक हाथ में पाण्डुलिपि लिए दिखाया गया है (चित्र 2)। ओरियन्टल रिसर्च इंस्टीट्यूट,

चित्र 1

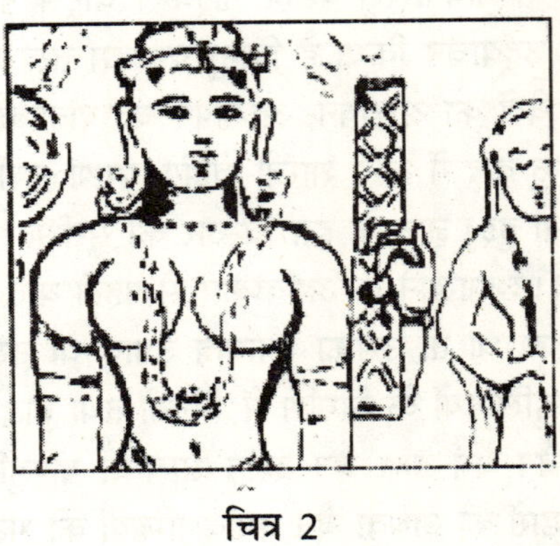

चित्र 2

चित्र 3

चित्र 4

चित्र 5

मैसूर में पाण्डुलिपि के आच्छादन पर पाण्डुलिपि लिखने (चित्र 3), पढ़ने (चित्र 4) तथा पूजने का (चित्र 5) चित्रण है।

ज्ञान चिरस्थायी हो और दूसरे लोगों तक पहुँच सके, इस उद्देश्य से मनुष्य ने मिट्टी की टिकड़ियों, शिलाओं, शिलाफलकों, शिलास्तम्भों, ताम्रपत्रों, वृक्षों की छाल, पत्रों, कागज, चमड़ा, लकड़ी आदि पर लेख अंकित किए। प्रागैतिहासिक गुहा चित्रकारी भी लेख का काम करते थे। यूरोप के अल्तामीरा और भारत में भोपाल के पास भीम बेटका में चित्रित गुफाएँ प्रागैतिहासिक काल की हैं।

भारत में सिन्धु सभ्यता के लेख प्राचीनतम हैं किन्तु लिपि ज्ञान के अभाव में, अनेक प्रयासों और कुछ दावों के बावजूद वे अभी तक पढ़े नहीं जा सके हैं। सिन्धु सभ्यता के बाद भारत में सम्भवतः सबसे प्राचीन लेख अशोक (लगभग 272 ई० पू० से 232 ई० पू०) के हैं, यद्यपि महास्थान, पिपरहवा, सोहत्रौरा जैसे चन्द लेखों को कुछ विद्वान् अशोक के काल से किंचित् पूर्व का मानते हैं। अजमेर के पास बाडली लेख को कुछ विद्वानों ने महावीर संवत् (ई० पू० 527) के चौरासीवें वर्ष का माना है। अशोक के उत्तर-पश्चिमी भारत और अफगानिस्तान में चन्द लेख खरोष्ठी, अरमाइक और ग्रीक लिपि में अंकित हैं। शेष भारत में उसके लेख ब्राह्मी लिपि में मिलते हैं। पाषाण पर अंकित कुछ प्रशस्ति लेख तथा हरिषेण रचित प्रयाग प्रशस्ति, वत्सभट्टि का मन्दसौर लेख, रविकीर्ति का अइहोल लेख भाषा और शैली के आधार पर अत्यन्त उत्कृष्ट कृतियाँ हैं। कुछ नाटक, काव्य आदि रचनाएँ भी शिलाओं पर अंकित हैं यथा मेवाड़ के विजौलिया की शिला पर **उन्नतशिखरपुराण**, अजमेर संग्रहालय में वीसलदेव विग्रहराज रचित **हरिकेलि-नाटक,** वहीं पर सोमेश्वर कृत **ललित-विग्रहराज नाटक,** उदयपुर में राणा राजसिंह रचित **राजप्रशस्ति** नाटक,

धार में भोज रचित **कूर्मशतक**। इनका महत्त्व यह है कि ये अपने मूल रूप में उपलब्ध हैं, न इनकी प्रतिलिपि बनी, न इनमें जोड़ा घटाया गया है, इनके रचयिताओं की तिथि ज्ञात होने से इनकी तिथि निर्धारित की जा सकती है। इनकी लिपि से पाण्डुलिपियों की लिपि की तुलना करने से उनकी तिथि निर्धारण में सहायता मिलती है।

प्राचीन ब्राह्मी, जिसका विकसित रूप देवनागरी है, के उद्‍वाचन की कहानी रोचक है। देवनागरी के अक्षरों से मिलान कर 1785 में पाल राजा नारायण पाल का लेख पढ़ लिया गया। फिर चौहान राजा बीसलदेव का लेख तथा मौखरि वंश के लेख पढ़े गए। 1837 में जेम्स प्रिंसेप ने अशोक के लेख पढ़े। साँची स्तूप की वेदिका पर अंकित कई लघु लेख मिले जो प्रथम अथवा द्वितीय शताब्दी ई० पू० के हैं। इनके अन्त में प्रायः · · · · स दानं मिलता है। ऐसा अनुमान लगाया गया कि लेखों के पहले अक्षर व्यक्ति के नाम के द्योतक हैं उसके बाद का अक्षर सम्बन्ध कारक का द्योतक है जो अकारान्त नाम के साथ प्राकृत में **स** और संस्कृत में **स्य** होता है और अन्तिम दो अक्षर इस बात के द्योतक माने गए कि वेदिका का वह भाग जिस पर लेख खुदा है उस व्यक्ति द्वारा दान दिया गया। इस तरह सबसे पहले तीन अक्षर **'स', 'दान'** पढ़े गए। इन्हीं लेखों की लिपि से मिलती-जुलती अशोक के लेखों की लिपि है और फिर उनका भी उद्‍वाचन हो सका।

पाण्डुलिपि शब्द अंग्रेजी के मैनुस्क्रिप्ट (लैटिन मैनुस्क्रिप्टस) का पर्यायवाची है जिसका अर्थ है हाथ से लिखा। किन्तु हाथ से लिखे होने पर भी चट्टानों, ताम्रपत्रों, शिलास्तम्भों पर खुदे लेख इसके अन्तर्गत नहीं आते। यों छपने से पहले हाथ से लिखे या टंकण किए दस्तावेज भी पाण्डुलिपि कहलाते हैं। यहाँ पर पाण्डुलिपि से हमारा तात्पर्य भोजपत्र, तालपत्र, कागज आदि पर हाथ से लिखे लेखों से है।

इन प्राचीन हस्तलिखित ग्रन्थों को पाण्डुलिपि क्यों कहा जाता है? पाण्डु का अर्थ है सफेद और पीले रंग का सम्मिश्रण। पाण्डुलिपि का अर्थ है इस रंग से लिखा लेख। कुछ विद्वानों का अनुमान है कि पाटी पर लिखने के लिए पाण्डु रंग की मुल्तानी मिट्टी पोती जाती थी। अतः मूल लेख को पाण्डुलिपि कहा जाने लगा और फिर उसकी प्रतिलिपि को भी। एक उक्ति है—

पाण्डुलेखनफलके भूमौ वा प्रथमं लिखेत्।
न्यूनाधिकं च संशोध्य पश्चात् पत्रे निवेशयेत्।।

अर्थात् पहले पाण्डु रंग (की खड़िया से) पट्टी या फर्श पर लिखना चाहिए,

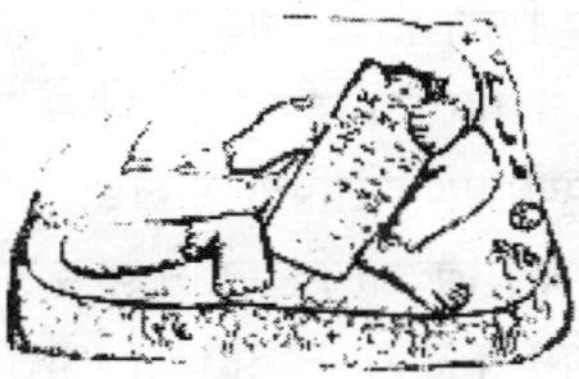

चित्र 6

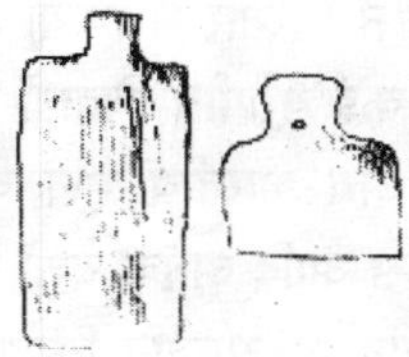

चित्र 7

फिर उसे संशोधित कर पत्रों पर। पहला लेख पाण्डुलेख और पत्र पर प्रतिलिपि पाण्डुलिपि कहलायी। अक्सर लेखन का अभ्यास तख्ती पर किया जाता था। सुघ (जिला यमुना नगर, हरियाणा) से द्वितीय-प्रथम शती ई० पू० की कुछ मृण्मूर्तियाँ मिली हैं जिनमें एक बालक तख्ती पर लिखे अक्षरों को पढ़ते दिखाया गया है (चित्र 6)। ऐसी ही तख्ती का प्रयोग सिन्धु सभ्यता में भी होता था इसके दो उदाहरण इस सभ्यता के प्रमुख नगर मौहनजोदड़ो से प्राप्त हुए हैं।

पुस्तकों के आकार प्रकार के आधार पर विभिन्न क्षेत्रों और विभिन्न भाषाओं में उनके अलग-अलग नाम हैं—यथा पोथा, पोथी, पुस्तक, गुटखा, पुस्तिका और ग्रन्थ।

पाण्डुलिपि समय की सीमा को लाँघकर लेखक और पाठक को जोड़ने का माध्यम है। लेखक की बात किसी भाषा विशेष में रूपान्तरित होकर और किसी लिपि विशेष में भूर्जपत्र, कागज आदि आधार पर लिखित रूप धारण कर पाठक तक पहुँचती है। भाषा ज्ञान का वहन करती है। प्राचीन भारत में संस्कृत और प्राकृत विशेष रूप से प्रचलित थीं। प्राकृत के अन्तर्गत, मागधी, महाराष्ट्री, पैशाची आदि आती हैं। पालि भाषा भी प्राकृत का ही एक रूप है। बौद्धों ने अपने प्रारम्भिक धर्मग्रन्थों की रचना मुख्यत: इसी भाषा में की है।

सम्भवत: संसार में सर्वाधिक पाण्डुलिपियाँ भारत में हैं। ये राजकीय पुस्तकालयों, संग्रहालयों, मन्दिरों, मठों, जैन भण्डारों तथा निजी संग्रहों में संगृहीत हैं—यथा एशियाटिक सोसाइटीए, कोलकाता; ओरियण्टल इंस्टीट्यूट, बड़ोदा; नवनालन्दा विहार, नालन्दा; सरस्वती महल; तंजौर; सरस्वती भण्डार, मैसूर; गुजरात, राजस्थान, हरियाणा, दिल्ली, कर्नाटक के जैन भण्डार, भण्डारकर ओरियंटल रिसर्च इंस्टीट्यूट, पुणे; खुदाबख़्श लाइब्रेरी, पटना; कला भवन, काशी; त्रावणकोर वि. वि. प्राच्य ग्रन्थागार, तिरुअनन्तपुरम्।

प्राचीन काल में नालन्दा विहार के पुस्तकालय में असंख्य पाण्डुलिपियाँ धर्म-दर्शन, विज्ञान, साहित्य आदि से सम्बन्धित थीं जिसका उल्लेख चीनी यात्री

ह्वेनत्सांग ने विस्तार से किया है। यह बख़्तियार ख़िलजी के आक्रमण के दौरान नष्ट हुई। कई यूरोपीय विद्वानों ने और सरकारों ने भारतीय पाण्डुलिपियों में रुचि ली और अब भारतीय मूल की कई महत्त्वपूर्ण पाण्डुलिपियाँ इंग्लैंड, फ्रांस, जर्मनी, रूस आदि अनेक देशों के संग्रहों में हैं। कई विदेशी विद्वानों ने कुछ ग्रन्थों का सम्पादन या अनुवाद किया। कलकत्ता सुप्रीम कोर्ट के न्यायाधीश विलियम जोन्स (1746-94) ने **मनुस्मृति, गीतगोविन्द** तथा **अभिज्ञानशाकुन्तल** का अनुवाद किया। **अभिज्ञानशाकुन्तल** के अनुवाद से यूरोप के विद्वानों में भारतीय साहित्य के प्रति रुचि बढ़ी और 1784 में कलकत्ता में एशियाटिक सोसाइटी की स्थापना की गई जिसमें भारतीय इतिहास, कला, विज्ञान, राजनीति आदि पर विचार-विमर्श होता था और इनसे सम्बन्धित लेखों को पत्रिका में छापते थे। एच. एच. विल्सन (1784-1860) ने **मेघदूत** का अनुवाद किया और संस्कृत— अंग्रेजी कोश रचा। चार्ल्स विल्किन्स (1750-1853) ने **भगवद्गीता** का अनुवाद किया। जेम्स प्रिंसेप ने ब्राह्मी लिपि का उद्वाचन किया। भारतीय विद्वान् राजेन्द्रलाल मित्र, पं० हरप्रसाद शास्त्री आदि ने पाण्डुलिपियों की खोज और प्रकाशन में महत्त्वपूर्ण कार्य किया।

कितनी पाण्डुलिपियाँ नष्ट हो गई होंगी इसका अनुमान अत्यन्त कठिन है। एक अनुमान के अनुसार पचास लाख से अधिक भारतीय पाण्डुलिपियाँ अभी भी बची हैं। भारतीय मूल की अथवा उन पर आधारित पाण्डुलिपयाँ भारत ही नहीं नेपाल, तिब्बत, मध्य एशिया, श्रीलंका, म्यांमार (बर्मा) और दक्षिण पूर्वी एशिया के हिन्देशिया, कम्पूचिया आदि देशो में मिलती हैं। कई ग्रन्थ जो अब भारत में नष्ट हो चुके हैं वे भारतीय भाषा और लिपि में अथवा दूसरे देशों की भाषा और लिपि में भारत के समीपवर्ती देशों में मिले हैं। कभी अनुवाद की शैली से परिचित न होने से उन्हें समझने में कठिनाई आती हैं। तिब्बती भाषा में नाम का भी अनुवाद कर देते हैं यथा राजा दशरथ की जगह 'राजा जिसके दस रथ हैं' मिलता है और राजा अशोक के स्थान पर 'राजा जो शोक रहित है' मिलता है, और ऐसे कुछ ग्रन्थों को पुनः संस्कृत रूप में विद्वानों ने प्रस्तुत किया है।

औद्योगिक क्रान्ति के बाद उपनिवेशवाद और वाणिज्य व्यापार के विस्तार के फलस्वरूप लोगों को विभिन्न भाषाओं से परिचय बढ़ा और उनके तुलनात्मक अध्ययन में प्रगति हुई। यूरोप के विद्वानों का संस्कृत भाषा और उसके विशाल और गौरवमय साहित्य से परिचय बढ़ा। पाण्डुलिपियों के संग्रह और उनके संपादन में प्रगति हुई। आरेल स्टाइन ने कश्मीर और मध्य एशिया से भारतीय मूल

की महत्त्वपूर्ण पाण्डुलिपियाँ प्राप्त कीं और राहुल सांकृत्यायन ने तिब्बत से। कर्नल टाड ने राजस्थान से अनेक पाण्डुलिपियाँ संगृहीत की और उनका उपयोग राजस्थान का इतिहास लिखने के लिए किया। डॉ. रघुवीर ने भी कई बहुमूल्य पाण्डुलिपियों का संग्रह किया। संस्थाओं में नागरी प्रचारिणी सभा ने इनकी खोज कर काशीनागरी प्रचारिणी पत्रिका में उनका प्रकाशन किया। इधर राष्ट्रिय पाण्डुलिपि मिशन के तत्त्वावधान में पाण्डुलिपियों का संकलन उनके सूचीपत्र निर्माण और सम्पादन में महत्त्वपूर्ण प्रगति हुई और कई विश्वविद्यालयों तथा संस्थाओं में पाण्डुलिपि सम्बन्धी कार्यशालाओं और भाषणों का आयोजन किया गया और उसने कई विश्वविद्यालयों के पाठ्यक्रम में पाण्डुलिपि विज्ञान को स्थान दिलाने में महत्त्वपूर्ण भूमिका अदा की। राष्ट्रिय पाण्डुलिपि मिशन के अन्तर्गत 46 रिसोर्स केन्द्र और 33 पाण्डुलिपि संरक्षण केन्द्र स्थापित किए गए और विभिन्न भाषाओं और लिपियों में 25 लाख पाण्डुलिपियों के बारे में सूचना तैयार की गयी।

पाण्डुलिपियों की लेखन सामग्री के अन्तर्गत आधार सामग्री भूर्जपत्र, ताल-पत्र कागज, लेखनी, स्याही आती है। इसके रख-रखाव के लिए लकड़ी का वेष्टन मिलते हैं। भारतीय पाण्डुलिपियाँ मुख्यतः ताड़पत्र, भोजपत्र, अगरु तथा कागज पर मिलती है। अत्यल्प उदाहरण कपड़े पर भी मिलते हैं। मिस्र में और बाद में यूरोप के कई अन्य देशों में पेपीरस का प्रयोग हुआ। लेखन हेतु चमड़ा आदि के प्रयोग के साक्ष्य मिलते हैं पर भारत में चमड़े को अपवित्र मानने के कारण लेख लिखने के लिए उसका बहुत कम प्रयोग हुआ। ईरान में लिखने के लिए यह काफी लोकप्रिय था।

नीचे केवल कुछ महत्त्वपूर्ण लिप्यासनों के विषय में ही चर्चा की गयी है।

ताड़पत्र– सर्वाधिक पाण्डुलिपियाँ ताड़पत्र पर मिलती हैं। बंगाल से लेकर गुजरात तक के समुद्रतटीय क्षेत्रों में ताड़ के पेड़ बहुतायत से पाये जाते हैं। भारत ही नहीं श्रीलंका, कम्पूचिया, हिन्देशिया आदि कई देशों में भी ताल पत्र की पाण्डुलिपियाँ मिलती हैं। वहाँ भी सुलभ होने के कारण उसका लेखन के लिए प्रयोग हुआ। ताड़ के पत्ते लगभग 1 मीटर लम्बे होते हैं और उनका सर्वाधिक चौड़ा भाग लगभग 15 सेमी. होता है और मध्यशिरा से लम्बाई में दो भागों में बंटा होता है। सामान्यतः लिखने में मूल पत्र 5.8 से. मी. या उससे छोटे आकार के होते हैं। उत्तरी भारत में भी एक तरह के ताड़ के वृक्ष होते हैं जिन पर फल लगते हैं। इसका भी लेखन के आधार के लिए प्रयोग हुआ किन्तु अपेक्षाकृत कम

संख्या में। तालपत्रों को पहले धूप में सुखाते, फिर उबालते, पुनः सुखाते और शंख या कांच से घोटा लगाकर उन्हें चमकाते थे। कुछ लोग व्यावसायिक पैमाने पर तालपत्र तैयार कर उन्हें बेचते और अन्यत्र निर्यात करते थे। तालपत्र पर स्याही से लिखने की प्रथा बहुत कम रही। सामान्यतः तालपत्र पर लोहे के कीलनुमा उपकरण, जिसे कण्ड या लौह– कण्टक कहते थे, से अक्षरों को खोदने के बाद विशेष रूप से तैयार कज्जल पत्र पर फेरते थे जो खुदे अक्षरों के भीतर बैठ जाता था और फिर पत्र की स्याही को पोछ देते थे। सीधी लम्बी रेखाओं से उकेरने में तालपत्र के फटने की सम्भावना रहती थी। तमिल, तेलुगु, मलयालम के वर्तुलाकार अक्षर– आकृतियां कील से उकेरने के लिए अपेक्षाकृत सुविधाजनक थे। आज भी उड़ीसा के कुछ ऐसे लोग हैं जो तीव्र गति से तालपत्र पर अक्षर उत्कीर्ण कर सकते हैं। कभी-कभी तालपत्रों को इतना उबालते थे कि उनकी लुगदी बन जाती फिर उसे पीट-पीटकर इच्छानुसार आकार में काटते और उस पर लिखने का कार्य करते थे। अधिकांशतः पत्रों पर रेखाओं द्वारा चारों तरफ हाशिया छोड़ बीच में लिखते थे। सामान्यतः पंक्तियां समान दूरी पर होती थीं। तालपत्रों के मध्य उन पर लिखने से पहले ही बाये एक या दो छेद कर देते थे। इस छेद में डोरी डालकर पत्रों को डोरी से बांधकर उन्हें लकड़ी की पट्टियों के वेष्टन में बाँध दिया जाता था।

ताड़पत्र पर पाशुपत आचार्य रामेश्वर ध्वज कृत **कुसुमाञ्जलि** टीका और **प्रबोधसिद्धि** पाण्डुलिपियों को ईसा की प्रथम अथवा द्वितीय शती का बताया गया है। जापान के यामातो प्रांत के होरियूजी मठ में मध्य भारतीय छठी शती की लिपि में लिखित **प्रज्ञापारमिता** और **उष्णीषविजयधारिणी** ग्रन्थ मिले हैं। नेपाल से 7वीं शती की लिपि में लिखा गया **स्कन्दपुराण,** जैसलमेर के ग्रन्थ भण्डार में संवत् 1130 में लिखित **तिलकमञ्जरी**, और संवत् 1139 में लिखित **कुवलय माला** मिली है। भण्डारकर ओरियंटल इंस्टीट्यूट, पूना में ताड़पत्र पर लिखी **उपमितिभवप्रपंचकथा'** की तिथि 905 ई० की है। **निशीथचूर्णि** की प्रति भारत में प्राप्त सबसे पुरानी (1100 ई०) चित्रित पाण्डुलिपि हैं।

भूर्जपत्र– भूर्ज का वृक्ष कश्मीर से असम तक हिमालय क्षेत्र में पाया जाता है। इसकी छाल कई मीटर लम्बी होती है। यह एक ओर चौड़ी दूसरी ओर क्रमशः सकरी होती है। **कुमारसम्भवम्** (1.7) के अनुसार लाल स्याही से लिखा हुआ भूर्जपत्र ऐसा लगता था जैसे लाल बिन्दु युक्त हाथी की सूंड–

न्यस्ताक्षरा धातुरसेन यत्र
भूर्जत्वचः कुञ्जरबिन्दुशोणाः
व्रजन्ति विद्याधरसुन्दरीणा-
मनङ्गलेखक्रिययोपयोगम्।

भूर्जपत्र की पाण्डुलिपियाँ प्रायः उत्तर भारत में ही मिलती हैं, विशेषकर कश्मीर में। कुछ कश्मीरी पंडित आज भी भूर्जपत्र पर लेखन करते हैं। भूर्जपत्र की छाल निकाल कर सुखाते, उस पर तेल मलते, घोटा लगाकर चमकाते और इच्छित आकार में काटते थे। कभी पत्रों को जोड़ कर कुण्डली भी बनाते थे। सिकन्दर के साथ चौथी शताब्दी ई० पू. में आये लेखकों ने भारतीयों के पेड़ की छाल पर लिखने की बात कही है।

मध्य एशिया में खोतान के निकट स्थित विहार से भूर्जपत्र पर खरोष्ठी लिपि में लिखी दूसरी शती की **धम्मपद** की पाण्डुलिपि मिली जिसका संपादन सेना ने किया। यह अपूर्ण थी और इसका एक भाग रूस के सेंट पीटर्सबर्ग संग्रहालय में है। बाद में बी.एम. बरुआ ने इसका संपादन किया। भूर्जपत्र पर चौथी शती की बौद्ध **संयुक्तागमसूत्र** की एक प्रति खोतान से आरेल स्टाइन को मिली। बावेर को कूचा के पास कुमतुरा स्थल से किसान द्वारा प्राप्त भूर्जपत्र की पाण्डुलिपियाँ प्राप्त हुईं जिन्हें उनके नाम से Bower Manuscripts जाना जाता है। यह मूलतः पश्चिमोत्तर भारत में रचित चौथी से छठी शती की रचनाएँ हैं। उत्तर पश्चिमी सीमान्त प्रान्त के मर्दान के समीपवर्ती टीले से पत्थरों से ढकी सुरक्षित भोजपत्र पर पाण्डुलिपियां मिलीं जो बख्शाली की पाण्डुलिपि के नाम से जानी जाती हैं। ये आठवीं-दसवीं शती की अंकगणित सम्बन्धी पाण्डुलिपियाँ हैं; मूलग्रन्थ द्वितीय शती में रचा गया था। सन् 1994 में युद्धविक्षिप्त अफगानिस्तान से प्रथम शती की, खरोष्ठी लिपि और गान्धारी (इसे यह नाम दिया गया है) भाषा में लिखी भूर्जपत्र की पाण्डुलिपि मिली है। इसे बौद्ध धर्म की अब तक उपलब्ध पाण्डुलिपियों में सर्वाधिक प्राचीन माना गया है। कुछ भोज पत्रों को तालपत्र की नकल में उसी का आकार दिया गया है जिससे प्रतीत होता है कि लिखना पहले तालपत्रों पर शुरू हुआ होगा।

अगरु— असम में अगरु वृक्ष की छाल से ग्रन्थों का निर्माण हुआ। लेखन के लिए तैयार किए अगरु के पत्रों को साँचीपात कहते हैं। **हर्षचरित** के अनुसार असम नरेश भास्करवर्मन् ने हर्ष को अगरु की छाल से बनी पुस्तकें भेंट की

(**अगरु-वल्कल-कल्पितसंचयानि** च **सुभाषितभाञ्जि पुस्तकानि . . .**)। अभी भी असम में अगरु की छाल पर धार्मिक लेखन होता है। असम में तूलीपातीय का प्रयोग भी लेखन चित्रण के लिए होता था जो लकड़ी के गूदे और वल्क से बना एक तरह का कागज है।

कागज— सामान्यतः यह मान्यता है कि कागज सबसे पहले 105 ई० में चीन में बना और सदियों तक उसके निर्माण की विधि गोपनीय रही। सिकन्दर का सेनापति नियार्कस (चौथी शती ई० पू०) के अनुसार भारतीय रुई से कागज बनाते थे। कुछ विद्वानों के अनुसार छठी शती की गिलगित पाण्डुलिपियाँ खुरदरे कागज पर हैं। मध्य एशिया से प्राप्त **प्रज्ञापारमिता** (छठी शताब्दी) के कुछ पृष्ठ राष्ट्रीय संग्रहालय, नई दिल्ली में हैं। तेरहवीं शती से तो भारत में बहुत कुछ आज की तरह का कागज बनने लगा और शीघ्र कागज लिखने का मुख्य आधार बन गया। राजकीय कार्यों के लिए कागज की खपत बढ़ी। स्यालकोट, लाहौर, अहमदाबाद, दौलताबाद आदि में कागज के कारखाने खुले, जिनमें पहले कागज हाथ से बनता था, बाद में मशीन से भी कागज बनने लगा। प्रारम्भ में ताड़पत्र की परम्परा में कागज के पत्र भी ताड़पत्रों के आकार के बनाए गए। शीघ्र इच्छित आकार के पन्ने बनाए जाने लगे जिससे तालपत्र के आकार के बंधन से मुक्ति मिली। कागज को जोड़कर कुण्डली भी बनने लगी, इनमें जन्मपत्री वर्षफल के साथ ही काव्य भी रचित हुए। बड़ौदा के प्राच्य विद्यापीठ में 228 लम्बी फीट तथा 5-1/2 फुट चौड़ी कुण्डली में पूरा महाभारत लिखा है। प्राचीन काल में मिस्र में भी पेपीरस से ऐसी कुण्डलियां बनाते थे। कागज पर लिखित ग्रन्थों में सम्पूर्णानन्द संस्कृत विश्वविद्यालय में **भागवतपुराण** संवत् 1181 (1124 ई.) और प्राच्य विद्यापीठ प्रतिष्ठान, जोधपुर, में संवत् 1204 (1147 ई.) की **ध्वन्यालोक** पर आनन्दवर्धन की **लोचन टीका** उल्लेखनीय है।

कपड़ा—सूती कपड़े को मोम लगाकर चिकना करते थे और इन्हें जोड़कर लम्बा बनाते और उसमें जन्मपत्री, वंशावली और यशोगान अंकित करते थे। जयपुर के एक राजकुमार की जन्मपत्री 456 फीट और 13 इंच चौड़ी है। चीन में रेशमी वस्त्र पर लिखने का पर्याप्त चलन था। प्राचीन काल में यमपटों का उल्लेख मिलता है।

स्याही—लेखन के लिए प्रयुक्त काली, लाल, नीली, पीली, और सफेद स्याही का प्रयोग होता था। सर्वाधिक चलन काली स्याही का था जिसे काजल में गोंद और अन्य सामग्री मिलाकर बनाते थे। लाल रंग अलक्तक, लाक्षारस और

हिगालू से, पीला हरताल से और सफेद सफेदा से बनता था। इन रंगों के मिश्रण से नारंगी, गुलाबी, नीला आदि रंग बनाते थे। कुछ लोग वंशानुगत व्यावसायिक स्याही निर्माता थे। जैन परम्परा में ऋषभदेव जी ने असि, मसि (स्याही-लेखन) और कृषि का प्रारम्भ किया। पुष्पदन्त रचित **महिम्नःस्तोत्र** में कज्जल की तुलना हिमालय से, मसि की समुद्र से, लेखनी की सुरतरु शाखा से और पत्र की पृथ्वी से की गई है, (**असितगिरिसमं स्यात् कज्जलं सिन्धुपात्रे, सुरतरुवरशाखा लेखनी पत्रमुर्वी**)।

लेखनी— सामान्यतः स्याही से लिखने के लिए लेखनी बांस सा सरकण्डे की होती थी। लेखनी के शुभाशुभ प्रकारों का उल्लेख है। तालपत्र पर अक्षर खोदने के लिए कीलनुमा कण्टक का प्रयोग करते थे। कूची का प्रयोग चित्रण के लिए होता था।

वेष्टन— काष्ठ पट्टिकाएँ ग्रन्थ के दोनों ओर वेष्टन के रूप में प्रयुक्त होती थीं। पत्रों में किये छेद से उन्हें डोरी बांधते थे, और वेष्टन को बांधने के लिए भी डोरी का प्रयोग होता था।

चित्र— गुप्तकालीन **विष्णुधर्मोत्तरपुराण** में चित्रों के लक्षण का महत्त्वपूर्ण विवेचन है। इसके अनुसार चित्र में आचार्य लोग रेखाओं की प्रशंसा करते हैं स्त्रियाँ आभूषणों में रुचि रखती हैं। इसी काल के वात्स्यायन के **कामसूत्र** के अनुसार नागरक को अच्छे चित्रों की पहचान होनी चाहिए। प्रारम्भिक चित्रों में देवी-देवताओं का बाहुल्य है। बौद्धों ने बुद्ध और बोधिसत्त्वों, जैनों ने तीर्थंकरों के चित्र बनवाये। **रामायण** और **महाभारत** के दृश्यों का भी खूब अंकन हुआ। कभी हाशिये को फूल-पत्तियों, ज्यामितीय अंकनों और पशु-पक्षियों के अंकनों से सजाया गया। अध्याय के प्रारम्भ और अन्त में भी अलंकरण अथवा चित्र मिलते हैं। चित्र पूरे, आधे अथवा चौथाई पृष्ठ पर हो सकता है। पाटण संग्रह में 1062 ई० की **भगवतीसूत्र** की प्रति में मात्र अलंकरण है, चित्र नहीं। भारत में पहली चित्रित कृति तालपत्र पर 1100 ई. की **निशीथ चूर्णि** है। पाल शैली में बौद्ध देवी-देवताओं का चित्रण मिलता है। चित्रित लौकिक ग्रन्थों में 1451 ई की **वसन्त विलास** की पाण्डुलिपि है। विभिन्न काल और क्षेत्र के चित्रों की अपनी शैली है। 16वीं शताब्दी का अकबरकालीन **रज़्मनामा** अपने चित्रों की कलात्मकता के लिए विश्वविख्यात है। कभी-कभी देखा गया है कि चित्र और लेख में असंगति है। स्पष्टतः इसका कारण यह था कि चित्रकार को विषय वस्तु का ज्ञान न था, और लेखक को पता नहीं था कि चित्रकार ने क्या चित्र बनाया।

प्राचीन चित्र तो अधिकांशतः सुन्दर हैं पर लेख नहीं। लेकिन मध्यकालीन चित्र तो सुंदर हैं ही, चित्रों के साथ जो अरबी फारसी के लेख हैं उन्हें बहुत कलापूर्ण ढंग से लिखा गया है।

लेखक प्रतिलिपिक—लेखक के लिए लिपिक, लिपिकार, दिपिकार, दिविर, करण, कर्णिन् आदि शब्दों का प्रयोग हुआ है। पाण्डुलिपि के सम्पादक को लेखक, प्रतिलिपिकार, चित्रकार के बारे में जानकारी प्राप्त करनी चाहिए। पाण्डुलिपि की प्रतिलिपि तैयार करना श्रमसाध्य था और उसमें काफी समय लग जाता था। असावधानी से और कभी सावधानी बरतते हुए भी त्रुटियाँ रह जाती थीं। एक लिपिक ने पाण्डुलिपि में अंकित किया कि त्रुटियों के लिए वह दोषी नही। **मत्स्य पुराण** में राजकीय लेखक को सर्वदेशाक्षरभिज्ञ कहा गया है। **शार्ङ्गधर पद्धति** में उसे नाना भाषाओं का ज्ञाता बताया गया। कभी लेखक अपनी रचना को विद्वानों को दिखाकर ही उसकी प्रतिलिपि तैयार करते थे। कुछ ग्रन्थों के अनुसार लेखक को ब्राह्मण होना चाहिए। लेखकों का विशेष वर्ग कायस्थ कहलाया जो शब्द बाद में पीढ़ी दर पीढ़ी यह काम करते हुए जाति का वाचक बना। एक लिपिकार कहता है कि उसने तो जैसा पुस्तक में देखा वैसा ही लिखा है—**यादृशं पुस्तकं दृष्टं तादृशं लिखितं मया।** इसी तरह दूसरा भी कहता है कि मैंने तो जैसा देखा और जैसे सुना वैसे ही लिखा है, अशुद्धियों के लिए मैं दोषी नहीं :—

यथादृष्टं श्रुतं वापि तथैव लिखितं मया।
यदि शुद्धमशुद्धं वा मम दोषो न विद्यते।।

एक फ़ारसी पाण्डुलिपिक पाठक से कहता है कि अशुद्धि पर क्रोध न करें, उसे सुधार ले, ऐसा करना लेखक पाठक दोनों के लिए पुण्यदायक होगा। एक ने लिखा कि पाण्डुलिपियों के लेखने से पीठ, कमर, गर्दन टूट जाती है, आँख की रोशनी मंद हो जाती है और मुंह लटक जाता है, और इतने कष्ट से लिखे शास्त्र की यत्नपूर्वक रक्षा की जानी चाहिए।

भग्नपृष्ठकटिग्रीवं मन्ददृष्टिरधोमुखम्।
कष्टेन लिख्यते शास्त्रं यत्नेन परिपालयेत्।।

एक पुस्तक लेखक कहता है जो पापी पुस्तक को नष्ट करेगा उसके वंश का क्षय हो जाए। अन्यत्र यह कहा गया है कि पुस्तक लेखन कितना श्रम साध्य है यह लेखक ही जानता है, जैसे समुद्रलंघन के कष्ट को केवल हनुमान् ही जानते है। एक अन्य लिपिकार कहता है कि भूल या प्रमादवश जो त्रुटियां रह गयी हैं उन्हें कृपया सुधार लें और लिपिकार पर क्रोध न करें।

अदृश्यदोषान्मतिविभ्रमाद्वा
यत्किञ्चिदूनं लिखितं मयाऽद्य।
तत्सर्वमार्यैः परिशोधनीयं
कोपं न कुर्यात् खलु लेखकस्य।।

अन्यत्र त्रुटियों के लिए क्षमा करने की बात है और कहा है कि क्षमा विद्वानों का धन है। राजकीय लेखक को विभिन्न भाषाओं और लिपियों का ज्ञाता होना चाहिए। लेखक को सुन्दर लेख वाला होना चाहिए—

अक्षराणि समशीर्षाणि वर्तुलानि घनानि च।
परस्परमलग्नानि यो लिखेत् स हि लेखकः।।

कुछ पाण्डुलिपियों में पहली पंक्ति तो वही है किन्तु दूसरी पंक्ति में—**'मात्रासु प्रतिबद्धानि यो जानाति सः लेखकः'** है।

मंदिरों, मठों और दरबारों से जुड़े कुछ लेखक स्थायी रूप से कार्य करते थे किन्तु कुछ प्रतिलिपिकार, अकेले या समूह में कागज, स्याही, रंग, लेखनी आदि साथ लिए भ्रमण करते थे। उनकी वेशभूषा और उनके उपकरण उनकी पहचान थे। लोग उन्हें पारिश्रमिक देकर ग्रन्थों की प्रतिलिपियाँ तैयार करवाते थे। कभी दूरस्थ प्रतिलिपियों के लेखन और चित्रण में समानता मिलती है, जो आसानी से समझ में नही आती थी। किन्तु लिपिकारों के भ्रमणशील होने के बारे में जानकारी प्राप्त होने से, यह आसानी से समझ में आ जाती है। डॉ. बी.एन. गोस्वामी को कुरुक्षेत्र के एक वृद्ध सज्जन ने यह जानकारी दी कि उनके जीवनकाल में उनके गांव में ऐसे भ्रमणशील कश्मीरी लिपिकारों का आगमन होता रहता था जो पाण्डुलिपियों की प्रतियां बना कर तथा उन पर चित्रकारी कर और अपना पारिश्रमिक लेकर इसी कार्य के लिए अन्यत्र चले जाते थे।

पाण्डुलिपियों की खोज—पाण्डुलिपि की खोज करने वाले को मिलनसार तथा व्यवहारकुशल होना चाहिए। गांवों में पाण्डुलिपि की खोज के लिए ग्राम मुखिया, अध्यापक तथा पटवारी से सम्पर्क कर सूचना प्राप्त करनी चाहिए। पाण्डुलिपि के स्वामी से स्नेहपूर्वक बात करनी चाहिए। यदि पाण्डुलिपि दान में प्राप्त हो जाए तो अच्छा अन्यथा उसके महत्त्व के अनुरूप धन देकर क्रय करने का प्रयास करना चाहिए। यदि कोई पाण्डुलिपि को अपने पास ही रखना चाहता है तो उसके बारे में अधिक से अधिक जानकारी प्राप्त कर उसे उसी के पास छोड़ देनी चाहिए और यथासम्भव उसके संरक्षण की व्यवस्था करनी चाहिए।

पाण्डुलिपि प्राप्त करने के पश्चात् निम्नलिखित बातें नोट करनी चाहिए— ग्रन्थ प्राप्ति स्थान— नगर अथवा गाँव का नाम। ग्रन्थ कैसे प्राप्त हुआ— दान में, भेंट में, क्रय द्वारा। जिससे ग्रन्थ प्राप्त हुआ उसके पास कैसे और कहां से गंन्थ आया, उसका नाम, पिता का नाम, पता। ग्रन्थ परिचय, ग्रन्थ का विषय— कथा, नाटक, संगीत, महाकाव्य, खण्डकाव्य, जीवन-चरित, अलंकार, व्याकरण, धर्म, दर्शन, इतिहास, गणित, ज्योतिष, खगोल विज्ञान, कृषि, आयुर्वेद, स्थापत्य, शिल्प, चित्र, भाष्य, टीका इत्यादि। राष्ट्रिय पाण्डुलिपि मिशन ने विषयों का वर्गीकरण विस्तार से किया है। मसि, डोरी, काष्ठ वेष्टन, आकार-प्रकार, पृष्ठ-संख्या की सूचना देनी चाहिए। ग्रन्थदशा— ठीक है अथवा जीर्ण शीर्ण। ग्रन्थ रचयिता प्रतिलिपिक-उसका गुरु, आश्रयदाता, इष्टदेव (नमस्कार से ज्ञात)। ग्रन्थ/प्रतिलिपि रचने का उद्देश्य-आदेशपालन, स्वान्तःसुखाय, पुण्यार्जन, भेंट हेतु, संग्रहार्थ, गुरु अथवा पिता की अधूरी कृति पूर्ण करना। रचना का अवसर-यथा संक्रान्ति से शुरु किया अथवा समाप्त। ग्रन्थ की भाषा लिपि-संस्कृत, प्राकृत, हिन्दी अथवा क्षेत्रीय भाषा। लिपि देवनागरी, ब्राह्मी अथवा क्षेत्रीय लिपि। चित्र— रंग, ज्यामितीय/मानव, पशुपक्षी, देवी-देवता इत्यादि चित्रण शैली। पुष्पिका— ग्रन्थ रचयिता/प्रतिलिपिक के बारे में जानकारी। ग्रन्थ की तिथि— संवत्, भाषा, लिपि आदि के आधार पर। पाण्डुलिपि ग्रन्थ की सूची बनानी चाहिए जिसमें कुछ इस तरह की सूचना होनी चाहिए—

क्रम संख्या	—	10
ग्रन्थ संख्या	—	30
ग्रन्थ नाम	—	कुमार सम्भवम्
ग्रन्थकार	—	कालिदास
टीकाकार	—	मल्लिनाथ

आधार	—	कागज
लिपि	—	देवनागरी
तिथि	—	15वीं शती, लिपि के आधार पर
भाषा	—	संस्कृत
आकार	—	25 सेमी. × 30 से.मी.
पृष्ठ संख्या	—	80
परिणाम	—	अपूर्ण
दशा	—	जीर्ण शीर्ण
विषय	—	खण्ड काव्य

फिर सूचियों का भी सूचीपत्र बनाया जाना चाहिए। जर्मन थियोडर ऑफ्रेक्ट ने 19वीं शती के मध्य में तीन खंडों में इस तरह के सूचीपत्र का संपादन किया जिसके कई खण्ड प्रकाशित हो चुके हैं। बाद में वी. राघवन ने **न्यू कैटेलॉगस कैटेलॉगोरम** के नाम से कुछ खण्ड सम्पादित किए।

सम्पादन— पाण्डुलिपि के सम्पादन के लिए ग्रन्थविशेष की यथासम्भव सभी प्रकाशित तथा अप्रकाशित प्रतियों, उन पर उपलब्ध भाष्य या टीकाओं को मूलरूप में अथवा फोटोकापी के रूप में एकत्र करना चाहिए। पाण्डुलिपियों के पाठ का धैर्यपूर्वक मिलान करना चाहिए। अधूरी पाण्डुलिपि मिलने पर उसकी पूर्ण प्रतिलिपि प्राप्त करने का प्रयास आवश्यक हो जाता है। इसके लिए बहुत उद्यम की आवश्यकता होती है। मुल्ला दाउद रचित **चन्दायन ग्रन्थ** के कुछ भाग शिमला के राज्य संग्रहालय में उपलब्ध थे। डॉ. परेमश्वरी लाल गुप्त को पता लगा कि इसकी एक प्रति विदेश में है। वह प्रति कई बार एक से दूसरे के हाथों में गयी। एक के बाद एक स्रोत से जानकारी प्राप्त कर अन्ततः वह प्रति के उपलब्ध करने में सफल हुए।

पाण्डुलिपि के सम्पादन करने वाले को उसमें प्रयुक्त भाषा और लिपि का अच्छा ज्ञान होना चाहिए। भाषाएं और लिपियाँ अनेक हैं। सभी विद्वान् सभी भाषाओं और लिपियों के ज्ञाता नहीं होते, इसलिए किसी व्यक्ति को केवल ऐसी पाण्डुलिपि का ही संपादन के लिए चुनना चाहिए जिसकी भाषा और लिपि पर उसका अधिकार हो।

जो श्लोक या गद्यपाठ अधिकांश प्रतिलिपियों में और विभिन्न क्षेत्रों से उपलब्ध प्रतियों में समान हैं, सामान्यतः वह मूलपाठ के निकट होंगे। जिस प्रति में मात्र

क्षेत्रीय बातों का विवरण हो उसके प्रक्षिप्त होने की अधिक सम्भावना है, और जिसमें विभिन्न क्षेत्रों में प्रचलित संस्कृति की बात हो वह मूल के अधिक निकट होगी। जो प्रतिलिपि जितनी प्राचीन होगी उसमें उतनी ही कम त्रुटियाँ, और जो प्राचीन कृति की प्रति जितनी अर्वाचीन होगी उसमें उतनी ही अधिक त्रुटियाँ होने की संभावना है। जिस शब्द का अर्थ सही हो और वह संदर्भ में ठीक बैठता हो, वही शब्द स्वीकार्य होना चाहिए। कभी-कभी एक से अधिक पाठ सही लगता है। बहुशाखा वाले ग्रन्थ की एक सबसे उत्तम प्रतिलिपि को आधार बनाकर अन्य प्रतियों के पाठ भेद दिखाने चाहिए। यदि एक से अधिक पाठभेद सही लगें तो जो अधिकांश प्रतिलिपियों में हो, उसे स्वीकार कर पाद टिप्पणी में पाठ भेद दर्शाने चाहिए। कालिदास के मेघदूत में आषाढ़स्य **'प्रथमदिवस'** अथवा **'प्रशम दिवस'** अलग-अलग प्रतियों में मिलता है और दोनों ही सही लगते हैं तथापि मास (आषाढ़) के साथ तिथि (प्रथम) ही अधिक उपयुक्त लगती है। इसी तरह **कुमारसंभव** का 'तथा समक्षं दहता मनोभवं' और 'तदा समक्षं दहता मनोभवं,' और **अभिज्ञानशाकुन्तल** का 'पर्युत्सुकी भवति' और 'पर्युत्सुको भवति' पाठ समीचीन हैं। किसी एक को स्वीकार कर दूसरी पाद टिप्पणी में देना चाहिए, और हो सके तो ऐसा करने का औचित्य भी दर्शाना चाहिए।

विशाखदत्त कृत **मुद्राराक्षस** की कुछ प्रतियों में **पार्थिवश्चन्द्रगुप्त** और कुछ में **पार्थिवोऽवन्तिवर्मा** है, जो लोग पहले को स्वीकार करते हैं वे चन्द्रगुप्त की पहचान गुप्तवंशीय द्वितीय चन्द्रगुप्त (375-412 ई.) से करते हैं और जो अवन्तिवर्मा पाठ स्वीकार करते हैं वे उसकी पहचान मौखरिवंशीय नरेश अवन्तिवर्मन् (लगभग 600 ई.) से और इस आधार पर कुछ लोग विशाखदत्त को गुप्त नरेश और कुछ मौखरि नरेश का समकालीन मानते हैं। इसमें संपादक को भाषा शैली, लिपि आदि के आधार पर इतिहास के कालक्रम के परिप्रेक्ष्य में निर्णय लेना होगा।

पूना से प्रकाशित **महाभारत** जिसका अनेक जिल्दों में संपादन अलग-अलग विद्वानों ने किया है उसके प्रधान संपादक श्री सुक्थंकर महोदय का मत है कि जिस प्रतिलिपि में कठिन पाठ मिले उसके मौलिक होने की अधिक संभावना है क्योंकि कोई भी प्रतिलिपिकार मूल सरल पाठ के स्थान पर कठिन पाठ नहीं देगा।

विष्णुपुराण की कुछ प्रतियों में **अनुगङ्ग प्रयागं** मिलता है और कुछ में **'अनुगङ्गा प्रयागं'**। **अनुगङ्गा** कोई भौगोलिक सीमा वाला क्षेत्र नहीं अतः

अनुगङ्ग प्रयागम् अर्थात् गङ्गा तट स्थित प्रयाग समीचीन लगता है। **महाभाष्य** पर टीका करते हुए कैयट के उदाहरण **'अनुगङ्ग हस्तिनापुरं,' 'अनुगङ्ग वाराणसी'** है।

टीका का अध्ययन किस तरह सम्पादन में सहायक हो सकता है इसका एक उदाहरण बाणरचित **हर्षचरित** (7वीं शती) पर शंकरार्य की टीका (बारहवीं सदी) है। हर्षचरित में लिखा है– **अरिपुरे च परकलत्रकामुकं कामिनीवेशगुप्तः चन्द्रगुप्तः शकपतिमशातयत्** अर्थात शत्रु के नगर (अथवा अलिपुर, जैसा कुछ पाण्डुलिपियों में मिलता है) में दूसरे की स्त्री को चाहने वाले शकपति को चन्द्रगुप्त ने मार डाला। इससे यह नहीं पता लगता कि स्त्री का नाम क्या था तथा स्त्री-वेश में चन्द्रगुप्त का स्त्री से क्या सम्बन्ध था। उस पर शंकरार्य की टीका इस प्रकार है–**शकाधिपतिः चन्द्रगुप्तभ्रातृजायां ध्रुवदेवीं प्रार्थयमानः चन्द्रगुप्तेन ध्रुवदेवीवेशधारिणा स्त्रीवेशजनपरिवृत्तेन व्यापादि**। इससे स्पष्ट हुआ कि स्त्री का नाम ध्रुवदेवी था, वह चन्द्रगुप्त के भाई की पत्नी थी और चन्द्रगुप्त ने स्त्रीवेश धारण कर और स्त्रीवेश धरे परिजनों को साथ लेकर शकपति का वध किया।

लेखक द्वारा पूर्व लेखकों का उल्लेख अथवा उनकी कृतियों से उद्धृत अंश भी तिथि निर्धारण में सहायक होते हैं। रचना का मूल स्रोत, यथा **अभिज्ञान-शाकुन्तल** का स्रोत महाभारत, भवभूति के **उत्तर रामचरित** का **रामायण** भी कम से कम व्यक्तिगत और भौगोलिक नामों के संदर्भ में सहायक हो सकते हैं। टीकाकार मूल पाठ भी देते हैं। अतः उसके पाठ से मिलान अपेक्षित है। कभी मात्रा लगाने में भूल हो सकती है। उच्चारण के साम्य यथा ब्राह्मण के लिए ब्राह्मण, चिह्न के लिए चिन्ह (उल्लेखनीय है कि मराठी में विकृत रूपों को स्वीकार कर लिया गया है।)। कभी दूसरे के बोले हुए के लिखने में 'श' 'ष' तथा 'स' के उच्चारण में भ्रम हो सकता है। कभी शब्दों के अक्षरों को अलग अलग लिखने से भ्रम हो सकता है, कभी शब्दों को मिलाकर लिखा मिलता है। विराम के अभाव में सही अर्थ में भ्रम हो सकता है, यथा हंसो मत रोओ, को 'हंसो, मत रोओ' अथवा 'हंसो मत, रोओ,' और जाओ मत रुको को 'जाओ, मत रुको' अथवा 'जाओ मत, रुको' पढ़ा जा सकता है। 'मानुस हो' को 'मानु सहो' पढ़ने की भूल हो सकती है। नवीनकृत **प्रबोध सुधासर** में पढ़ा गया 'तू तो पूजे आख तले'। इसका कोई अर्थ नहीं बना तो सुझाया गया 'तू तो पूजै आँख तले'। इसमें आख की जगह आँख तो ठीक लगा पर पूरे का अर्थ फिर भी नहीं बैठा। अन्ततः सही पाठ हुआ 'तू तो पूजै आखत लें। आखत यहाँ पर 'अक्षत' के अर्थ

में है। यदि किसी ग्रन्थ का अनुवाद शब्दानुवाद न हो, उसमें तकनीकी शब्दावली को मूल रूप में रहने दिया गया हो तो वह भी पाठ निर्धारण में सहायता दे सकता है। कागज, स्याही, चित्रण शैली प्राचीनता निर्धारण में सहायक होते हैं। कात्यायन रचित **कात्यायनी शांति** की प्रतियों में पाठ भेद है 'आयुर्विद्या यशोबलम्' तथा 'आयुर्कीतिर्यशोबलम्।' यश और कीर्ति का एक ही अर्थ है अतः अग्राह्य है। अतः 'आयुर्विद्या यशोबलम्' पाठ सही है। किन्तु 'कीर्ति' पाठ पाद टिप्पणी में उल्लिखित होना चाहिए। जो पाठ भेद हैं उनकी रक्षा होनी चाहिए।

कभी प्रतिलिपिक अक्षर, शब्द या पंक्ति छोड़ सकता है या उन्हें भूल से दुबारा लिख सकता है। वह लेखक के लिखे को सुधारने की दृष्टि से उसमें परिवर्तन कर सकता है। यह भी हो सकता है कि वह हाशिये में लिखे को मूल पाठ में मिला दें। कभी दूसरे से पढ़वाकर लिखने में वाचक के ठीक न पढ़ने से अथवा लेखक द्वारा ठीक तरह से न सुनने से भूल हो सकती है। कभी अक्षरों का उलटफेर हो सकता है यथा लखनऊ का नखलऊ, कमल को कलम। अक्षर साम्य यथा देवनागरी के घ और 'ध', क और फ, भ और म, ख और रव, प और य, द और व से भी त्रुटि हो सकती है। राय को राम पढ़ा जा सकता है। घसीट कर लिखने से पढ़ने में भूल हो सकती है। लिप्यन्तरण से भी त्रुटि हो जाती है क्योंकि कभी किसी लिपि में वाञ्छित अक्षर नहीं होते हैं। इसलिए ठीक लिप्यन्तरण नहीं हो पाता। कालिदास तथा अन्य प्राचीन कवियों के ग्रन्थों की कई पाण्डुलिपियाँ संस्कृत भाषा किन्तु मलयाली लिपि में मिली हैं।

यह भी सम्भावना है कि पृष्ठ संख्या के अंकन के अभाव में पत्र ऊपर नीचे हो जाए और लिपिक पृष्ठों के बदले क्रम में नकल कर दें। यदि अध्ययन हेतु प्रतिदिन चंद श्लोक नकल करने वाला छात्र कुछ दिन अनुपस्थित रहे और बाद में उपस्थिति के दिन पढ़ाये जाने वाले श्लोकों की नकल करे और फिर अगले दिनों में छूटे हुए श्लोकों को उतारे तो भी श्लोकों का क्रम बदल जाएगा।

पाण्डुलिपि के जीर्ण शीर्ण होने, स्याही फैलने या उड़ने से नष्ट अथवा अस्पष्ट अक्षरों को पुनर्निर्मित कर कोष्ठक में रखना चाहिए। अयोध्या से शुंगवंशीय नरेश पुष्यमित्र के छठे वंशज के एक लेख में राजा के नाम के दो अक्षर 'धन' के बाद कुछ अक्षर टूटे थे। टूटी जगह से स्पष्ट था कि दो या तीन अक्षर रहे होंगे। टूटे अक्षरों के पाठ पुनर्निर्माण के लिए दत्त, नन्दि, भूति, देव सुझाये गए, किन्तु इनमें से 'देव' स्वीकृत हुआ क्योंकि उसी लेख में उसके पिता का नाम देवान्त (फल्गुदेव) उल्लिखित है। प्रायः परिवार के लोगों के नामान्त

एक जैसे होते हैं— उदाहरणार्थ गुप्त वंश में चन्द्रगुप्त, समुद्रगुप्त, द्वितीय चन्द्रगुप्त, कुमारगुप्त, स्कन्दगुप्त इत्यादि, या पुष्यभूमि वंश में प्रभाकरवर्द्धन, राज्यवर्द्धन, हर्षवर्द्धन इत्यादि। यदि ग्रन्थ में **पर्वते वह्निमान धूमात्** कई बार आया किन्तु एक जगह 'पर्वतों वह्निमान' के बाद के अक्षर नष्ट हो गए हो तो 'धूमात् वहाँ जोड़ना ठीक होगा। यदि कही नमो भगवते के बाद अक्षर नष्ट हो गए हैं तो 'वासुदेवाय' की सम्भावना व्यक्त कर सकते हैं। पुनर्निर्मित पाठ को कोष्ठक के अन्दर लिखना चाहिए।

प्रतिलिपि करते समय अगर कुछ छूट जाए और बाद में इसका भान होने पर टूटे अंश को मूल लिपि से भिन्न स्थान पर जोड़ने से भी पाठ का क्रम बदल जाएगा। कभी कोई व्यक्ति प्रतिदिन चंद श्लोकों को उतारने का निर्वाह करे और अस्वस्थ होने पर किसी नन्हें बालक को यह कार्य सौंपें तो बालक से भूल होना स्वाभाविक है। कभी ऐसा भी हो सकता है कि अंतिम पृष्ठ के बाद भी कुछ शेष रह जाए और लिपिकार ने उसे पहले पृष्ठ को खाली जगह पर लिख दिया हो।

एक ही नाम के कई कवि हुए है। ऐसे में कभी यह निर्धारण कठिन हो जाता है कि पाण्डुलिपि किसकी कृति है। यथा चन्द नाम के कई कवि हुए है। यह भी निर्धारण आवश्यक है कि 'सूर,' सूरदास, सूरश्याम, सूरस्वामी नाम से लिखे पद सब एक ही कवि के हैं, या एक से अधिक कवियों के। कभी कोई कृति एक से अधिक लेखकों की रचना हो सकती है। बाण रचित **कादम्बरी** के बारे में कहते हैं कि उसका कुछ भाग उनके पुत्र द्वारा रचित है। **रघुवंश** के पंद्रह सर्गों में से मल्लिनाथ की केवल आठ सर्गों पर टीका उपलब्ध होने से कुछ मानते हैं कि नौ से पन्द्रह सर्ग तक की रचना कालिदास की नहीं अपितु किसी और की है। यद्यपि यह भी हो सकता है कि किन्हीं कारणों से मल्लिनाथ पूरे ग्रन्थ की टीका न कर केवल आठ सर्गो की ही टीका कर सके हों। यदि कोई कृति अनेक लेखकों की रचना है तो भाषा, शैली, सन्दर्भ, प्रकरण आदि का विशद विवेचन कर निष्कर्ष निकालने चाहिए। **महाभारत** जैसे विशाल ग्रन्थ की प्रतिलिपि के लिए एक से अधिक लिपिकार होने की सम्भावना है। कभी एक कृति में कवि का नाम दिया हुआ हो किन्तु उसी काल की उसी तरह की भाषा शैली में रचित अन्य ग्रन्थ में रचयिता का नाम नहीं हो तो इसे भी उसी कवि की रचना होने की संभावना व्यक्त की जा सकती है। गुप्तवंशीय राजा द्वितीय चन्द्रगुप्त के काल के उदयगिरि अभिलेख का रचयिता वीरसेन शाव है। प्रो.

क्षेत्रेशचन्द्र चट्टोपाध्याय ने भाषा शैली के आधार पर वीरसेन को ही राजा चन्द्र के मेहरौली लेख का रचयिता माना है। ऐसा होने पर इसका ऐतिहासिक महत्त्व बढ़ जाता है क्योंकि तब राजा चन्द्र की पहचान द्वितीय चन्द्रगुप्त से करने का और एक महत्त्वपूर्ण साक्ष्य मिल जाता है।

पाण्डुलिपि के सम्पादन में शब्द और अर्थ दोनों का महत्त्व है। पहले पाण्डुलिपि का सही पाठ करना आवश्यक है और बाद में यदि आवश्यक हुआ तो अर्थ की उपयुक्तता के आधार पर पाठ में संशोधन प्रस्तावित किया जा सकता है। पहले अर्थ का ध्यान रखकर पाठ पढ़ने का प्रयास करना इतना वैज्ञानिक नहीं। कभी यह हो सकता है कि हमें किसी शब्द का अर्थ न मालूम हो और इसलिए हम उसमें परिवर्तन कर लें और बाद में पता चले कि मूल शब्द ही उपयुक्त था। अतः शब्द परिवर्तन बहुत सोच-विचार और अन्य विद्वानों से सलाह-मशविरा करने के बाद ही करना चाहिए और सदैव पाद टिप्पणी में पाण्डुलिपि में दिया गया पाठ देना चाहिए।

सामान्यतः पाठ तभी सही माना जायेगा जब उसका समुचित अर्थ निकल सके। अर्थ सही है यही पर्याप्त नहीं उसे सन्दर्भ में भी सही बैठना चाहिए। **कीर्तिलता** में सर्राफे का वर्णन करते हुए कवि लिखता है **तोलन्ति हेरा लसूला पेआजू**। इसमें कोई सन्देह नही कि तोल किये जाने की बात है और ऊपरी तौर पर लसूला को लहसुन पेआजू को प्याज मानना ठीक लगता है और इन दोनों के साथ हेरा का अर्थ हल्दी लगाना भी स्वाभाविक सा लगता है। पर वर्णन तो सर्राफे का हो रहा है, न कि सब्जी मंडी का, उसके संदर्भ में हल्दी, लहसुन तौलने की बात का प्रश्न ही नहीं उठता। इसका सही अर्थ कुछ और है और इस सुझाव को स्वीकार करने में तनिक भी हिचक नहीं कि हेरा का अर्थ है हीरा, लसूला का लहसुनिया जो कि एक रत्न है और पेआजू से फीरोजा नामक रत्न से तात्पर्य है। सर्राफे में इनका तौलना सटीक लगता है।

कुछ ने **बीसलदेव रासों** के लेखक नरपति की पहचान गुजरात के इसी नाम के कवि से करने का सुझाव दिया। किन्तु साक्ष्य इसके विरुद्ध है। **बीसलदेव रासो** की तिथि चौदहवीं शती है और गुजरात के इस कवि की तिथि सोहलवीं शती का प्रारम्भ। गुजराती कवि की दो रचनाएँ जैन धर्म सम्बन्धी हैं, अतः वह जैन था। **बीसलदेव रासो** का रचयिता जैन नहीं था। इसी तरह महाकवि भूषण के आश्रयदाता शिवाजी थे और वह वीर रस का कवि था, मुरलीधर भूषण का आश्रयदाता हृदयशाह था और वह श्रृंगार रस का कवि था, अतः दोनों भिन्न थे।

क्या **ध्वन्यालोक** की कारिकाएँ वृत्ति और उदाहरण का रचयिता एक ही था? प्रायः सभी विद्वान् मानते हैं कि वृत्ति और उदाहरण तो एक ही की रचना है। **ध्वन्यालोक** की पाण्डुलिपि में लेखक का नाम नहीं मिलता। अभिनवगुप्त की **लोचन** नामक टीका में आनन्दवर्धन को वृत्तिकार माना है, कारिकाकार नहीं। राजशेखर के उल्लेख से लगता है कि आनन्दवर्धन ही कारिकाकार तथा वृत्तिकार हैं। ध्वन्यालोक की पुष्पिका में कारिकाकार का नाम सहृदयलोक मिलता है। महामहोपाध्याय काणे इसे ही कारिकाकार मानते हैं और आनन्दवर्धन का उनके शिष्य होने की सम्भावना व्यक्त करते हैं।

हर्षचरित एवं **कादम्बरी** के लेखक बाण की तिथि उसके हर्ष (606 ई० से 648 ई० तक) के समकालीन होने के कारण (जैसा **हर्षचरित** से स्पष्ट है) 7वीं शती का प्रथमार्द्ध है। **राजतरङ्गिणी** के लेखक कल्हण के अनुसार कश्मीर नरेश जयापीड के मंत्री का नाम वामन था। अनुश्रुति इस वामन को ही **काव्यालंकारसूत्रवृत्ति** का रचयिता मानती है। अतः उसकी तिथि लगभग 800 ई. होगी।

भट्टिकाव्य के अनुसार उसका लेखक वलभी नरेश धरसेन के संरक्षण में था। इस लेखक की पहचान गुप्तकालीन रेशम के वस्त्र निर्माताओं की श्रेणी के मन्दसोर लेख (473 ई.) के रचयिता वत्सभट्टि से की गयी है। अतः उसकी धरसेन नामक चार राजाओं में से प्रथम के साथ समकालीनता सिद्ध होती है। सिल्वां लेवी का मत कि नाट्यशास्त्र में सम्बोधन हेतु **'स्वामी'** शब्द के प्रयोग से सिद्ध है कि भारत में इस पदवी को धारण करने वाले शकों के दरबार में नाट्य शास्त्र का प्रारम्भ हुआ। परन्तु काणे ने इसे सबल साक्ष्य नहीं माना है। **वसन्तविलास** की एक प्रति 1508 की है। उसमें बहुत प्रक्षेपक है इसलिए मूल प्रति पहले की होगी। ऐसा सुझाव दिया गया है कि उसमें वर्णित आमोद-प्रमोद और क्रीड़ाएं मुहम्मद गोरी के हाथों जयचंद के परास्त होने से पहले की हैं। वासुदेवशरण अग्रवाल जी के अनुसार पाणिनि के सूत्रों के आधार पर कहा जा सकता है कि वह उपनिषदों से परिचित थे साथ ही उनकी कृति में बुद्ध के समकालीन मक्खलि परिव्राजकों का उल्लेख है। अतः वे बुद्ध के बाद हुए। कभी एक कृति तो नहीं मिलती किन्तु उसके श्लोक कई ग्रन्थों में यत्र-तत्र उद्धृत मिलते हैं। इन बिखरे श्लोकों को एकत्रित कर मूल ग्रन्थ की रचना अत्यन्त कठिन किन्तु महत्त्वपूर्ण है। **कात्यायनस्मृति** अनुपलब्ध है। विभिन्न ग्रन्थों में उद्धृत उसके श्लोकों को एकत्रित कर काणे ने विषय के अनुसार उन्हें क्रमबद्ध

कर **कात्यायनस्मृति सारोद्धार** नाम से प्रकाशित किया। यह संपादन अत्यन्त कठिन और श्रमसाध्य कार्य था।

विशाखदत्त का नाटक **देवीचन्द्रगुप्तम्** उपलब्ध नहीं। किन्तु रामचन्द्र और गुणचन्द्र के **नाट्यदर्पण,** भोज के **शृङ्गारप्रकाश** और **सरस्वतीकण्ठाभरण,** अभिनवगुप्त की **अभिनवभारती**, सागरनन्दि के **नाटकलक्षणकोश** में इसके अंश उद्धृत हैं। इन उद्धृत अंशों के आधार पर जानकारी मिलती है कि रामगुप्त नाम का राजा आक्रमणकारी शक राजा द्वारा परास्त हुआ। रामगुप्त संधि की शर्तो के अनुसार अपने मंत्रियों की सलाह से अपनी रानी को उसे सौंपने को तैयार हो गया। इस अपमानजनक संधि की शर्त से उसका छोटा भाई चन्द्रगुप्त मर्माहत हुआ। उसने वेताल साधना की। स्वयं ध्रुवदेवी के वेश में और कुछ साथियों को भी स्त्रीवेश में लेकर शकराजा के खेमे में गया और वहां उसको और उसके साथ के लोगों को मार डाला। चन्द्रगुप्त के इस शौर्य पूर्ण कार्य के कारण उसकी कीर्ति बढ़ी और रामगुप्त उससे ईर्ष्या करने लगा। इससे बचने के लिए चन्द्रगुप्त ने पागल होने का स्वांग रचा। इस तरह **देवीचन्द्रगुप्त** तीन पात्रों का उल्लेख करता है—रामगुप्त, चन्द्रगुप्त तथा ध्रुवदेवी। चूंकि चन्द्रगुप्त और ध्रुवदेवी की ऐतिहासिकता गुप्तवंश की वंशावली से स्पष्ट है इसलिए रामगुप्त को यहाँ ऐतिहासिक मानना समीचीन होगा। इसके आगे **देवीचन्द्रगुप्त** में क्या था, ज्ञात नहीं। किन्तु किसी भारतीय रचना के फारसी अनुवाद से अरबी अनुवाद के रूप में अबू हसन की रचना **मुजम्मिल-उत्-तवारीख** से ज्ञात होता है कि बरकमारीस (विक्रमादित्य अर्थात् चन्द्रगुप्त विक्रमादित्य) ने अपने भाई रव्वल (रामगुप्त) का वध कर उसकी विधवा से विवाह किया। कुछ विद्वानों का भी मत है कि शायद रामगुप्त इतना कायर नहीं था जितना उसे दर्शाया गया है। **देवीचन्द्रगुप्त** का लेखक विशाखदत्त द्वितीय चन्द्रगुप्त के संरक्षण में था। अतः उसकी छवि को अच्छी बनाने के लिए रामगुप्त को जानबूझकर कायर दिखाया गया है। **हर्षचरित** पर शंकरार्य की टीका और राष्ट्रकूट लेखों से भी रामगुप्त की ऐतिहासिकता पर अप्रत्यक्ष रूप से प्रकाश पड़ता है। बाद में रामगुप्त के अनेक सिक्के और तीन अभिलेख मिले।

मुद्राराक्षस के भरतवाक्य की कुछ प्रतिलिपियों में **'पार्थिवश्चन्द्रगुप्त'** मिलता है। कुछ की ऐसी धारणा है कि यह भरतवाक्य प्रतीकात्मक है। यहाँ पर प्रलय का उल्लेख रामगुप्त द्वारा ध्रुवदेवी का त्याग और विष्णु का पृथ्वी को बचाने को चन्द्रगुप्त द्वितीय द्वारा ध्रुवदेवी को बचाना समझना चाहिए।

प्रक्षेपक— एक बड़ी कठिनाई है प्राचीन ग्रन्थों में मूल और प्रक्षेपक को अलग करना। कभी कोई कवि अथवा कथाकार किसी प्रकरण का विस्तार करने के लिए जब उसे लगे कि ऐसा करने से ग्रन्थ अधिक रोचक बनेगा कुछ जोड़ देता है। कभी एक कवि की कृति को बिना उसके नामोल्लेख के दूसरे की कृति में जोड़ देते हैं। पुत्र या शिष्य पिता या गुरु के ग्रन्थ में कुछ जोड़ सकते हैं। सम्पादन के समय प्रक्षेपक को पहचानकर अलग करना चाहिए, किन्तु यह कार्य– सतर्कता से करना चाहिए और जिसे हटाना चाहिए उसे पाद-टिप्पणी अथवा परिशिष्ट में देना चाहिए। यह उल्लेखनीय है कि होमर की कृति का संपादन करते समय संपादक जैनोडोटस ने जिन अंशों को प्रक्षेपक बताया वे बाद मे मूल सिद्ध हुए। परम्परानुसार व्यास ने 'जय' रचा जिसमें लगभग आठ हजार श्लोक थे, वैशम्पायन इसे विस्तार दिया जो 'भारत' कहलाया और उसमें लगभग 24 हजार श्लोक थे। सौति ने उसमें विस्तार कर **'महाभारत'** का रूप दिया जिसमें एक लाख से अधिक श्लोक हुए। यद्यपि, व्यास, वैशम्पायन और सौति के योगदान के बारे में विवाद हो सकता है तथापि यह सत्य है कि मूल **महाभारत** में प्रक्षेपक जुड़ते गए। **महाभारत** के प्रत्येक पर्व का पहला श्लोक है:—

नारायणं नमस्कृत्य नरं चैव नरोत्तमम्
देवीं सरस्वतीं व्यासं ततो जयमुदीरयेत्।

यह व्यास द्वारा रचित नहीं हो सकता क्योंकि उसमें व्यास को नमस्कार करने की बात कही गई है। **सुक्थंकर** तथा अन्य संपादकों ने महाभारत के संपादन के संदर्भ में जो श्लोक सभी या अधिकांश प्रतियों में मिले उन्हें मूल माना, जो एक या चंद प्रतियों में मिले उन्होंने प्रक्षेपक पर परिशिष्ट के तौर पर प्रक्षेपक और अस्वीकृत पाठ को भी दे दिया।

एजरटन ने **पञ्चतन्त्र** की विभिन्न पाण्डुलिपियों और प्रकाशित संस्करणों का अध्ययन कर कहानियों का क्रम स्थापित किया। जिन कहानियों का क्रम सब में या अधिकांश में एक था उन्हें उन्होंने उसी क्रम में स्वीकार किया। फिर कहानियों की विषय-वस्तु, भाषा, मुहावरे तथा उनके अन्य कहानियों से तालमेल के आधार पर शेष कहानियों का क्रम निर्धारित किया।

जाली पाण्डुलिपियाँ—कभी ऐसी पाण्डुलिपियां मिलती हैं जो जाली हैं। इसका एक ज्वलन्त उदाहरण **भविष्योत्तर पुराण** के अन्तर्गत कलियुग राजवृत्तान्त है। **कलियुगराजवृत्तान्त** पुराणों में एक महत्त्वपूर्ण अध्याय मिलता है। 1916 में

नारायण शास्त्री ने **भविष्योत्तर पुराण** के कुछ अंश उद्‌धृत किये। इन्हीं अंशों का 1937 में एम कृष्णाचरियर ने भी प्रकाशित किया और फिर बी भट्टाचार्य ने इन्हें लम्बी भूमिका के साथ प्रकाशित किया। उन्होंने इसे गुप्तकालीन इतिहास का महत्वपूर्ण स्रोत माना जिससे कुछ अन्य विद्वानों ने भी सहमति प्रकट की। इसके लेखक को गुप्तकाल के कुछ राजाओं के नाम और क्रम मालूम थे, किन्तु उनके इतिहास का नहीं। उसमें गुप्तों के बारे में निम्न बातें लिखीं जो असत्य है—गुप्त पर्वतीय जाति के थे (जो किसी भी साक्ष्य द्वारा समर्थित नहीं), समुद्रगुप्त ने पिता चन्द्रश्री की हत्या कर राज्य प्राप्त किया (जबकि वास्तव में वह पिता द्वारा अपनी योग्यता के आधार पर उत्तराधिकारी घोषित किया गया था), समुद्रगुप्त की उपाधि अशोकादित्य थी (जबकि वास्तव में पराक्रमांक थी), स्कन्दगुप्त ने पुष्यषेण को हराया (जबकि उसने पुष्यमित्रों को हराया था) कुमारगुप्त (द्वितीय) ने ईशानवर्मन् को हराया (इस राजा को हराने वाला इस नाम का परवर्ती गुप्त वंश का राजा था)। कलियुगराजवृत्तान्त में स्कन्दगुप्त के भाई और नरसिंह गुप्त के पिता का नाम 'स्थिरगुप्त' है और यही नाम इसे जाली सिद्ध करने का प्रमुख साक्ष्य बना। हुआ यह कि 1893 में ब्यूह्ला ने एक मुद्रा जिस पर अक्षर स्पष्ट नहीं थे पर नरसिंह गुप्त के पिता का नाम स्थिरगुप्त होने की सम्भावना व्यक्त की और उसका यह उद्‌वाचन एक पढ़े-लिखे जालसाज की जानकारी में आया और उसने इसका कलियुगराजवृत्तान्त में उल्लेख कर दिया। बाद में 1903 में एक अन्य मुद्रा के आधार पर 'स्थिरगुप्त' नाम अशुद्ध सिद्ध हुआ और उसके स्थान पर 'पुरुगुप्त' पढ़ा गया जिसे स्वयं ब्यूह्लर ने भी स्वीकार किया। किन्तु जालसाजी तो हो चुकी थी और यह 1893 और 1903 के बीच के दस सालों में कभी की गई होगी। कुछ समय तक इस ग्रंथ को गुप्त इतिहास का महत्त्वपूर्ण स्रोत माना गया तथा बाद में अनन्त सदाशिव अल्तेकर, दिनेशचन्द्र सरकार, जगन्नाथ तथा रमेश चन्द्र मजूमदार ने इसे इतिहास के स्रोत के रूप में त्याज्य माना।

खोतान और काशगर में प्राचीन पाण्डुलिपियाँ मिलीं। इनमें अधिकांशतः खरोष्ठी लिपि में लिखी थी और अल्प संख्या में ब्राह्मी लिपि में। कई विदेशी विद्वानों ने कई पाण्डुलिपियों को खरीदकर अपने देश भेजा। स्थानीय लोगों द्वारा मूल पाण्डुलिपियों की नकल में अनेक जाली पाण्डुलिपियां तैयार की गयीं। पीले और भूरे रंग के कागज पर पुराने लेखों की नकल में लिखकर अथवा जल्दी पाण्डुलिपि तैयार करने के लिए ब्लाक बनाकर और उनसे छाप लेकर

पाण्डुलिपियाँ तैयार की गयी। कागज को धुआँ देकर पुराना जैसा दिखनेवाला बना देते थे। उस पर रेत छिड़कते थे ताकि ऐसा लगे कि बलुई जमीन से मिली है। पर जालसाज कभी उनके बांधने और वेष्टन के लिए योरप से निर्यातित सामग्री का प्रयोग कर बैठे, उससे तथा अन्य कारणों से उनकी प्राचीनता पर संदेह हुआ और जालसाजी का पता चला। पर तब तक लोग कई ऐसी प्रतिलिपियों को मूल समझकर उन्हें खरीदकर यूरोप के विभिन्न देशों में भेज चुके थे। इस तरह की कुछ जाली पाण्डुलिपियाँ ब्रिटिश संग्रहालय के अलग कक्ष में रखी हैं।

लेखों में हेराफेरी का एक प्राचीन उदाहरण कश्मीर से मिलता है। कश्मीर के सुप्रसिद्ध लेखक जोनराज के दादा ने मात्र एक प्रस्थ भूमि बेची थी जिसकी लिखा पढ़ी हुई। किन्तु खरीददार ने क्रय लेख के 'भू प्रस्थमेकं विक्रीतम्' को स्याही से 'भूप्रस्थदशकं विक्रीतम्' कर दिया और बाकी भूमि पर दावा पेश किया। मामला न्यायालय में गया। न्यायाधीश ने क्रय-पत्र पर पानी डाला तो जालसाज ने मूल लेख के अक्षरों में जो हेराफेरी की थी वह स्याही धुल गई, और धोखा-धड़ी की पोल खुल गई।

किसी आधुनिक जालसाज ने अशोक के लुम्बिनी स्तम्भ लेख को शिलाफलक पर उकेर कर उसे उड़ीसा के एक भवन की खुदाई में मिला बताया। अभिलेख में लुम्बिनी ग्राम को करों में छूट देने और वहाँ बुद्ध की जन्म की स्थली होने की स्मृति में स्तम्भ स्थापित करने की बात की है। इस लेख का शिलाफलक पर अंकन और उसका उड़ीसा में मिलने का कोई औचित्य नहीं, अतः, जाली घोषित किया गया। बाद में डॉ. दिनेशचन्द्र सरकार ने बताया कि जालसाज ने स्मिथ द्वारा इस लेख की प्रतिलिपि, जिसमें उन्होंने टूटे अक्षरों का पुनर्निर्माण किया है, से नकल की थी।

अशोक के शाहबाजगढ़ी के सप्तम शिलालेख, जो खरोष्ठी लिपि में है, के लेख को धातु के कटोरे पर अंकित कर एक आधुनिक जालसाज उसे मूल पुरावस्तु बताकर बेचने में सफल हुआ। अशोक अपने लेखों में कहता है कि उसने उन्हें शिलाओं और शिलास्तम्भों पर खुदवाये है ताकि लोग उनको पढ़े और सुनें। ऐसे में कटोरे पर उसके खुदे होने का सवाल ही नहीं उठता। बाद में यह पता चला कि जालसाज ने दिनेशचन्द्र सरकार की पुस्तक में से यह लेख कटोरे पर नकल किया था।

काल निर्धारण– कुछ पाण्डुलिपियों की पुष्पिकाओं में ग्रन्थ की रचना अथवा उसकी प्रतिलिपि निर्माण की तिथि दी हुई रहती है। यह तिथि किसी संवत्

विशेष में हो सकती है संवत् अनेक हैं— यथा कलि संवत् (3101 ई. पू.) बुद्ध निर्वाण (487 ई. पू.) मौर्य संवत्, विक्रम (57 ई. पू.) (जो पहले कृत संवत् फिर मालव संवत् कहलाया) शक (78 ई.) कलचुरि (248 ई.) गुप्त (319 ई.) हर्ष (606 ई.) फसली (591 ई.) लक्ष्मणसेन (1119 ई.) वीर निर्वाण (527 ई पू.)। मौर्यसंवत् की ऐतिहासिकता संदिग्ध है। यदि चंद्रगुप्त प्रणीत मौर्य संवत् होता तो उसके वंशज अशोक और दशरथ उसका उल्लेख करते और अपने लेखों की तिथि अपने राज्याभिषेक से सन्दर्भित न करते। हाथीगुम्फा अभिलेख में काशीप्रसाद जायसवाल ने मौर्य काल पढ़ा जिसे कई विद्वान् सही वाचन नहीं मानते। वे 'मुरिय काल' (मौर्य काल) के स्थान पर 'मुखिय कल' (मुख्य कला) पढ़ते हैं।

पाण्डुलिपि में तिथि अंकों में हो सकती है अथवा शब्दों में। कभी शब्दों में अलग तरह से तिथि देते हैं, जिसमें चंद उदाहरण यहाँ दे रहे हैं। शून्य के लिए ख (आकाश), 1 के लिए चन्द्र, 2 के लिए पक्ष अथवा नेत्र, 3 के लिए गुण, 4 के लिए वेद, 5 के लिए पाण्डव अथवा तत्त्व, 6 के लिए रस अथवा दर्शन, 7 के लिए ऋषि अथवा पर्वत, 8 के लिए सिद्धि, 9 के लिए निधि और 10 के लिए दिशा। यह उल्लेखनीय है कि **'अङ्कानां वामतो गतिः ।'** के अनुसार अङ्कों में द्योतक शब्दों को उल्टा लिखा जाएगा और सीधा पढ़ा जाएगा, यथा शब्दों में 4231 लिखे को 1324 पढ़ा जाएगा। तिथि के साथ दिन, मास तथा पक्ष का भी उल्लेख मिलता है। **बीसलदेवरासो** के 'बारह से बहोतराहा,' से विद्वानों ने 1272 और 1212 दो अर्थ निकाले। किन्तु इसके साथ दिए मास, पक्ष और दिन के आधार पर गणना कर दूसरी तिथि स्वीकृत हुई। हिन्दी कवि सबल श्याम की ग्रन्थ रचना तिथि इस प्रकार दी गयी है—

संवत् सत्रह से सोरह दस, कवि दिन तिथि रजनीस वेद रस।
माघ पुनीत मकर गत भानू, असित पक्ष ऋतु शिशिर समानू।। मकर

उससे निम्नलिखित तिथि मिलती है: संवत् (1700 + 16 + 10 =1726) कवि दिन शुक्रवार, तिथि (रजनीश 1 + वेद 4 + रस 6) 11, माघ महीना, असित (कृष्ण) पक्ष, शिशिर ऋतु और भानु (सूर्य) मकर में। कभी संवत् के लिए सं., दिवस के लिए दि., हेमंत के लिए हे, और शुक्ल पक्ष के लिए शु. और इसी तरह के संक्षिप्तीकरण मिलते हैं।

जहाँ तिथि है पर संवत् उल्लिखित नहीं है, या तिथि है ही नहीं, वहाँ कृति में, अन्य कवियों का उल्लेख, अथवा अन्य कृतियों में उस कृति का उल्लेख

तिथि निर्धारण में सहायक हो सकते हैं। ऐतिहासिक घटनाओं का उल्लेख, कृति में वर्णित समाजिक, धार्मिक तथा राजनीतिक दशा, स्याही, ताड़पत्र, भूर्जपत्र अथवा कागज की दशा से कुछ सापेक्ष अथवा अनुमानित तिथि निर्धारण में सहायक होती हैं।

प्राचीन भारतीय इतिहास में अशोक का साम्राज्य सबसे विस्तृत था तथापि वह अपने लेखों में स्वयं को केवल 'राजा' कहता है। उसके लेख का प्रारम्भ सामान्यत: होता है— देवानं पिय पिअदसि। राजा हेवं आह। उस समय तक सभी स्वतन्त्र शासकों के लिए 'राजा' उपाधि प्रयुक्त होती थी। कलिंगराज खारवेल (द्वितीय या प्रथम शती ई. पू.) पहला भारतीय राजा है जिसने 'महाराज' की उपाधि धारण की यद्यपि उसका राज्य अशोक के राज्य के एक प्रांत के बराबर था। राजा की उपाधि में परिवर्तन भारतीय यूनानी राजाओं के प्रभाव के कारण हुआ जिन्होंने भारत की उत्तर पश्चिमी सीमा पर राज्य किया था, और 'राजाओं का राजा', 'महाराज' आदि उपाधि धारण की और उन्हीं के अनुगमन पर भारतीय राजाओं ने भी इस तरह की उपाधि धारण की। गुप्तकाल तक स्वतन्त्र राजा 'महाराजाधिराज' कहलाने लगे और कभी 'परमभट्टारक महाराजधिराज परमेश्वर।' इसी तरह राजपदाधिकारियों की उपाधियों में भी विकास दिखाई देता है। **दण्डनायक से महादण्डनायक, महाप्रचण्डदण्डनायक** उपाधि विकसित हुई। **कुमारामात्य** नामक पदाधिकारी का गुप्तकाल में पहली बार उल्लेख मिलता है। लेकिन भास के **प्रतिज्ञायौगन्धरायण** नाटक में 'कुमारविधिविशिष्टेन सत्कारेण प्रवेश्यताममात्य इति' मिलता है जिससे स्पष्ट है कि अमात्य को कुमार के अनुसार स्थान दिया गया था और ऐसे ही अमात्यों को हम कुमारामात्य के नाम से जानते हैं।

प्राचीन काल में अनेक लिपियाँ प्रचलित थीं। **ललितविस्तर** में 64 लिपियों का उल्लेख है जिनमें ब्राह्मी और खरोष्ठी की निश्चयपूर्वक पहचान की जा सकती है। इस ग्रन्थ में उल्लिखित कई लिपियाँ केवल लेखन शैली हैं, लिपि नहीं।

पाण्डुलिपियों के काल निर्धारण में लिपि का विशेष महत्त्व है। समय के साथ लिपि में परिवर्तन होता है। अक्षरों की बनावट, मात्रा लगाने आदि के भेद से हम मौर्य ब्राह्मी, शुंग ब्राह्मी, कुषाण ब्राह्मी, गुप्त ब्रह्मी, कुटिलाक्षर, देवनागरी लिपि (लगभग 1000 ई. के बाद) आदि नाम देते हैं। कश्मीरी क्षेत्र में शारदा लिपि का आविष्कार हुआ और दक्षिण में तमिल को संस्कृत में लिखने के लिए ग्रंथ-लिपि का। एक ही ग्रन्थ की विभिन्न पाण्डुलिपियों को लिपि के आधार पर

कालक्रम में अनुरूप आयोजित किया जा सकता है। क्षेत्रीय भाषाओं बंगला, उड़िया, आसामी, दक्षिण के तमिल, तेलुगु, कन्नड़, मलयालम आदि के लेख अपनी लिपियों में मिलते हैं। उनकी लिपियों का भी क्रमिक विकास हुआ है।

लिपि से तिथि अंकन का एक उदाहरण देना उपयुक्त होगा। **राउलवेलि** (राजकुल विलास) धार में शिला पर खुदा है किन्तु इसमें कोई ऐसा साक्ष्य नहीं जिससे इसकी तिथि निर्धारित की जा सके, किन्तु धार में ही भोजकृत **कूर्मशतक** भी शिला पर खुदा है और भोज की तिथि ग्यारहवीं शती हैं। दोनों की लिपि एकदम मिलती-जुलती है। अतः इसकी तिथि भी ग्यारहवीं शती निश्चित की गयी।

वसन्तविलास की तिथि के विषय में इस कृति से कुछ ज्ञात नहीं होता। 1460 ई० के लगभग रत्नमन्दिर गणि ने **उपदेशतरंगिणी** में इस कृति का उल्लेख किया है और **वसंतविलास** की 1451 ई० की एक प्रति उपलब्ध है। कुछ विद्वानों ने इस साक्ष्य तथा भाषा की विशिष्टता के आधार पर इस ग्रन्थ का रचनाकाल पन्द्रहवीं शती का प्रथम चरण निर्धारित किया। डॉ. माता प्रसाद गुप्त ने, इस ग्रन्थ में जिस तरह का उन्मुक्त आमोद-प्रमोद का वर्णन है, उसे 1193 ई. में जब मोहम्मद गोरी ने जयचंद को हराया अथवा 1299 ई. में जब अलाउद्दीन ने गुजरात पर अधिकार किया से पहले के काल का बताया है। इसका आध ार यह धारणा है कि कवि ने आमोद-प्रमोद का वर्णन अपने काल के अनुरूप किया होगा जो इन विजयों के पहले के काल का लगता है।

द्वितीय शती ई. पू. के बेसनगर अभिलेख के अंत में मिलता है :—

त्रिनि अमुत पदानि इअ सुअनुठितानि
नेयंति स्वगं दम चाग अप्पमाद

अर्थात् दम, त्याग और अप्रमाद तीन अमृतपद है जिनका अनुशीलन करने से स्वर्ग की प्राप्ति होती है। यह **महाभारत** के **'दमस्त्यागोऽप्रमादश्च ऐतेष्वमृतमाहितम्,** पर आधारित है। **महाभारत** ग्रन्थ क्रमशः कई शताब्दियों में विकसित हुआ। इस लेख के साक्ष्य से हम यह कह सकते हैं कि **महाभारत** का यह श्लोक द्वितीय शती ई. पू. अथवा उससे पहले का है।

इसी तरह गुप्तकालीन ताम्रपत्रों में उद्धृत और उसके बाद के ताम्रपत्रों में भी कुछ श्लोकों को व्यासनिर्मित कहा गया है और वास्तव में इनमें से कुछ महाभारत और पुराणों में मिलते हैं—

1. स्वदत्तां परदत्तां वा यो हरेत वसुन्धराम्
स विष्ठायां क्रिमिर्भूत्वा पितृभिः सह पच्यते।।
2. बहुभिर्वसुधा भुक्ता राजभिः सगरादिभिः।
यस्य यस्य यदा भूमिस्तस्य तस्य तदा फलम्।।
3. षष्टिवर्षसहस्राणि स्वर्गे मोदति भूमिदः।
आक्षेप्ता चानुमन्ता च तान्येव नरके वसेदिति।।
4. स्वदत्तां परदत्तां वा यत्नाद् रक्ष युधिष्ठिर।
महीं महीमतां श्रेष्ठ दानाच्छ्रेयोऽनुपालनम्।।

पाण्डुलिपियों के नष्ट होने के कारण—कभी ग्रन्थ बनने पर किसी आचार्य ने उसे कण्ठस्थ कर लिया और कुछ समय बाद पाण्डुलिपि प्रतिलिपि के अभाव में नष्ट हो गई। कुछ दुरूह तकनीकी ग्रन्थों की खपत कम होने से प्रतिलिपियां नहीं बनी या अत्यन्त अल्प संख्या में बनी जो नष्ट हो गई। धर्म परिवर्तन करने पर किसी व्यक्ति के पूर्व धर्म सम्बन्धी पाण्डुलिपियां उपेक्षा के कारण नष्ट की गई। व्याकरण जैसे दुरूह विषय पर पाणिनि द्वारा अत्यंत प्रामाणिक, विस्तृत और पूर्व वैयाकरणों के मतों का समावेश युक्त **अष्टाध्यायी** की रचना के बाद पाणिनि से पूर्व आचार्यों के ग्रन्थ, जिसमें से अनेक का उल्लेख पाणिनि ने किया है, उपेक्षित हो गए और नष्ट हो गए। यही बात कौटिल्य के **अर्थशास्त्र** पर भी लागू होती है। उसके द्वारा उल्लिखित आचार्यों के ग्रन्थ नहीं मिलते।

भारतीय जलवायु और मिट्टी ये दोनों पाण्डुलिपियों के संरक्षण के अनुकूल नहीं। ये अति गर्मी के कारण खस्ता हो जाती हैं और बरसात में नमी से प्रभावित होती है। मिट्टी में नमी और लवण इसे हानि पहुँचाते हैं। मध्य एशिया की बलुई जमीन में ये सुरक्षित रहीं। ठीक रखरखाव का अभाव होने से ये टूट फूट और मुड़ जाती हैं। दीमक, तिलचट्टे, चूहे और अन्य कीड़े-मकोड़े उसे हानि पहुँचाते हैं। तेज धूप से ये छिटकने लगते हैं। नमी से फफूंद लग सकती है। वातावरण में अम्लीय गैस होने से हानि पहुँचती है। आक्रमणकारियों द्वारा यथा बख्तियार खिलजी के नालन्दा विहार का पुस्तकालय जलाये जाने से पाण्डुलिपियों को हानि पहुँची। साम्प्रदायिक द्वेष से भी इनको हानि पहुँची। कभी पाण्डुलिपि के स्वामी पाण्डुलिपि के चित्रों अथवा उस पर लगी मुहर में ही रुचि रखते हैं और उसे पाण्डुलिपि से काटकर अलग कर देते हैं जिससे पाण्डुलिपि क्षतिग्रस्त हो जाती है। लोग उनका महत्त्व न समझकर उन्हें यो ही फेंक देते हैं। कभी उनको

पवित्र समझकर जीर्ण-शीर्ण होने पर उन्हें नदी में प्रवाहित कर देते थे और अभी भी करते हैं।

पाण्डुलिपियों के निर्माता उनकी सुरक्षा के प्रति सजग थे। मध्य एशिया के तुनहुआंग से प्राप्त कुछ पाण्डुलिपियों को पहाड़ी में खुदी गुफाओं के एक कक्ष में सुरक्षित रखा गया था। आरेल स्टाइन ने 14000 ऐसी पाण्डुलिपियों को खरीदकर इंग्लैंड भेजा। इनमें लगभग 380 ऐसी पाण्डुलिपियां थीं जिनकी तिथि 400 से 1000 ई. आंकी गई। इनमें **वज्रसूत्र** 868 ई. का था और ब्लाक से छाप लगाकर तैयार किया गया था, शायद यह विश्व की सबसे प्राचीन छपी पुस्तक है। जैन मन्दिरों में पाण्डुलिपियों को तहखाने में सुरक्षा की दृष्टि से रखते थे। जैसलमेर का जैन पुस्तक भण्डार रेगिस्तान में बनाया गया ताकि आक्रमणकारियों से उन्हें बचाया जा सके। बख्शाली पाण्डुलिपि सजाकर रखे बड़े-बड़े पत्थरों के नीचे सुरक्षित रखी मिली। गिलगित की पाण्डुलिपियां पुराने स्तूप के तहखाने में मिली थीं।

हमें पाण्डुलिपियों में इस तरह का निवेदन मिलता है कि पाण्डुलिपि कष्ट से लिखी गयी है उसकी यत्नपूर्वक रक्षा करें। एक लेखक कहता है—

अग्न् रक्षेत् जलाद् रक्षेत्
मूषिकेभ्यो विशेषतः।
कष्टेन लिखितं शास्त्रं
यत्नेन परिपालयेत्।।

दूसरी पाण्डुलिपि में कहा गया है कि पुस्तक कहती है कि उसकी जल, तैल, शिथिल बन्धन से रक्षा करनी चाहिए और उसे मूर्ख के हाथों में नहीं देना चाहिए।

तैलाद् रक्षेत् जलाद् रक्षेत्
रक्षेच्छिथिलबन्धनात्।
मूर्खहस्ते न दातव्यम्
एवं वदति पुस्तिका।।

पाण्डुलिपियों का संरक्षण—सबसे पहले पाण्डुलिपियों का परीक्षण कर देखना चाहिए कि क्या वे महत्त्वपूर्ण हैं और उनकी सुरक्षा करनी चाहिए। जो बिल्कुल ही काम की न हों उनका भलीभांति निरीक्षण कर और यदि संभव हो तो अन्य विद्वानों से परामर्श कर उन्हें अलग कर देना चाहिए, जिन्हें महत्त्व की समझें उनमें निश्चय करना चाहिए कि कौन ऐसी हैं जिनका तुरन्त उपचार होना चाहिए और कौन ऐसी जिन्हें विशेष उपचार की आवश्यकता नहीं अथवा

2

Mineral Science in the *Arthaśāstra*

Brajakishore Swain

Mining is resorted to where mineral or ore is found. Ever since the early man recognized these naturally occurring substances in the earth's crust for his use, either for aesthetic purposes, as gems and precious stones, or for purposes of making of ornaments, weapons, etc., that the search for their occurrences assumed an important human activity. In the earliest phase, these were mostly of chance findings. The obvious queries about the ore-deposits, as to how they are formed, where they are formed and when and why they are formed, must have haunted human mind. If not merely as knowledge–acquiring enquiries, but mainly the motive to possess useful metals and minerals, must have been the propelling inspiration to understand properly these questions. The primary requirements are the identification of the materials–minerals and ores–and establishment of the factors which would be utilized as guides for locating them. The former has extensively been recorded in the *Arthaśāstra* of Kauṭilya (*K.A.*). As regards the latter, a good amount of information has been provided by indicating geographic locations where various minerals and ores were found. In addition, the characteristic geomorphic locales which may be examined to look for different minerals/ores have also been indicated. Instance may be cited of the *K.A.* 2.12.2[1] where it is stated that liquid flowing 'inside a hole, a cave, a table land at the foot, a rock-cut cave or a secret dug-out in mountains' contains gold. *gūḍakhāṭeṣu antaḥprasyandinaḥ* can actually be translated as 'flowing in through the depth of crevices, gorge or canyons.' The *K.A.* conveys the idea of an aqueous medium flowing through deep open space as containing gold. When viewed in the light of the present-day knowledge of ore deposits, this resembles to processes involving aqueous medium.

It is natural that activities directed to locate the occurrence of minerals, gems and ores, which were considered as valuable commodities for the king's treasury, would be given highest importance and it is natural that the activities leading to discovery would be given royal support and encouragement. Though it has not been directly spelt out, but from the very plan and pattern of instructive compositions of the *K.A.*, appearing as dictums to be followed by practitioners in the field, it may not be wrong to infer that the purpose of such dictums was to disseminate the knowledge to people, make them conscious and educate them in working knowledge, so that they can go about looking for ores, minerals and gems. I the n *K.A.* 2.12.2 - it is suggested that the Director of Mines should be conversant with knowledge of metals, their mode of occurrcnce, their metallurgy, etc., and would take assistance of experts. He should look for such information for locating the occurrence of metals in the old mines. And such information, in addition to earlier descriptions about the properties of gems and minerals, would comprise indication about old mines, like (i) presence of dross, crucibles (obviously used for smelting), (ii) presence of coal and ashes, (iii) existence of ores in earth, (iv) other form of ores (having related to aqueous medium), with 'excessive colour' and 'heaviness' and with a strong smell and taste. The last two items demand elaboration in respect of the *K. A.* 2.12.1.[2] The contents of the *K.A.* deal with the instructions to the Director of Mines, about signs and symptoms, which would indicate prospective locations for undertaking mining. Indications of the presence of ores are to be looked into for any mining venture. In addition to the direct evidence of the presence of artefacts which were deployed for operations connected with mining and smelting, it has been said that the ores with 'excessive colour and heaviness and with a strong smell and taste' *(atyarthavarṇagauravam ugragandharasam)* are also sure indications of the favourable locations for the existence of ores.

The ground is splashed with distinct and bright colours, either due to the presence of colourful minerals, incrustations of coloured chemical compounds or it is painted with colourful solutions from decomposed ores or minerals. These happen during the process of chemical weathering. Chemical alteration of copper sulphide ores in the presence of minerals or rocks which can neutralize sulphuric acid, leaves malachite (copper carbonate having bright green colour) and azurite, (another copper carbonate with bright blue colour) in the oxidized and supergene enriched zones. Their presence, easily recognizable from the bright colours, indicates enrichments of ores in depth. This aspect requires elaboration.

After the formation of ores by primary processes, they undergo chemical weathering where some elements are taken out and some are added. Chemical weathering process involves the interaction of atmospheric air, gases, nitrogen, oxygen, carbon-dioxide, water vapours, etc. In the process, the compound mineral is broken, oxygen is added (oxidation), substracted (reduction), water is added (hydration), water is lost (dehydration) and similar such processes take place with other chemical elements or compounds.

In ore-geology, the process of oxidation in nature assumes a formidable role, particularly with the metals in combination with sulphur (sulphides). In oxidation zone, sulphides are decomposed, sulphur is converted to sulphate (with addition of oxygen) and the metals are carried away either in solution or otherwise fixed as stable compounds.

The ground peculiarities (topography), ambient hydrological conditions and the types of ores undergoing weathering, determine the metal connnection, their transportation and fixing locales, laterally or vertically from the original location and resulting to products which remain on the ground surface. The most common latter product is limonite, a compound of iron, oxygen and water, having brown, orange brown and reddish colour with mobility to influence colouring of surface rocks and soil. They are derived from iron bearing natural metallic compounds. Their presence in the form of characteristic structures and texture, indicates the presence of metal in the vicinity from which they have been derived. They invariably occur as capping known in geology as 'gossan' over concentrated metallic deposits underneath, derived out of chemical weathering and enrichment, as in copper deposits. Weathering processes also give rise to secondary minerals having catchy bright colours. Examples may be cited of bluish green malachite (a copper ore); nickel that occurs as one of the elements in a mineral containing iron and sulphur (pyrrhotite) normally leaches out from the oxidized outcrop, but may leave traces in the form of apple green stams; bornite a mineral of copper, iron sulphide, after oxidation, gives rise to prominent orange to orange yellow coloured limonite. There are innumerable such cases of oxidized and chemically transferred products having loud and bright colours.

In the weathering process, certain elements derived from ores and minerals get dissolved in water. Depending on the dissolved elements, water smells differently - often very strong and fowl. Hydrogen sulphide dissolved in water emits very strong smell, as of a rotten egg. Likewise, solution of gases, derived out of chemical process involved in weathering of rocks and ores, impart different odour to water.

Thus, oxidized minerals at the surface are often characterized by their colours. Strong smell of water flowing past such ground indicates what lies beneath the surface. Ground water in a mineralized locality, particularly where sulphides are oxidized, contains metals and sulphates in proportions ranging from traces to so much as to make water undrinkable. The water also gives off strong smell.[3]

These facts are well-established in modern sciences. These facts were also recognized then as is evident from the *K.A.* The *K.A.* 2.12.2 points out that a water body having colours similar to gold and presence of certain kinds of plants, are indicators of the occurrence of gold in the substrate or surrounding localities. These observations are explainable by the modern time practice of ore search based on the principles of geochemistry and geobotany. Geobotany and bio-geochemical methods have developed into a powerful tool of prospecting for minerals comparatively very recently, though in old folk-lore and legends, selective plants were attributed the distinctions as indicators of different metals in the substrate.[4]

The reasons for using vegetation as guide to occurrence of ore depends on (i) the suggestion that metals and other elements may influence the appearance of foliage, (ii) the fact that certain elements play a role in determining the growth and survival of certain species of plants in a given locality, and (iii) on the well founded observation that certain plants are capable of taking up and concentrating elements selectively from soil solutions. It is interesting to note the list of plants which are poisoned by certain elements in the soil, while others, if they do not actually thrive on the same substances, are at least able to tolerate them and thus grow more abundantly where competition is lacking. Similarly, water chemistry has been adopted in mineral exploration as an alternative useful method.[5]

From what have been conveyed in the *K.A.* 2, chapters 11 and 12,[6] there are strong suggestions that various directives meant for the Director of Mines, are actually guides to be followed, may be even by common people, in search of ores. As a matter of fact, there is indication in the *Arthaśāstra* that private prospectors were encouraged for necessary information on the occurrence of minerals, ore, mines or buried treasures. Such informers were to be rewarded variously depending on whether the informer was a state servant or not. The *K.A.* 4.1. 66-77[7] specifies such prizes. The private finder would get to the tune of one-sixth of the find; in case of a state-servant or those hired for the specific purpose of searching for ore-locations, this would be one-twelfth part. That practice of hiring personnel with promise of incentives was in vogue is brought out by the word *bhṛtakaḥ,* which originates from the root *bhr,* meaning hired, brought or fetched, as in the *K.A.* 4.1.51[8] and 9.1.7.[9] These hired personnel must have been those with faculties for identifying and locating occurrences of gems, metals and ores. This would ultimately assist the state authorities to undertake mining operations.

The guides that are contained in the *Arthaśāstra* can be classified as under

SI.No. Guiding Features [Modern Concept]	*Sūtras in the Arthaśāstra where the modern concepts are revealed*
1. Physiographic guides[9 a (i)]	• 2.11. 2. 38 • 2. 12. 2 • 2. 13.3
2. Muneralogical guides[9a (ii)]	
I. Physical nature of ores, minerals	• 2. 11. 2 to 5, 29 to 42
II. Alteration, mineralisation oxidation	• 2.12. 1 to 7, 12 to 17 • 2. 13. 2 to 4 13 to 15 20 to 29 31
3. Geochemical, geobotanical[9 a (iii)]	• 2. 12. 1.2
4. Strucatural guides (fractures, veins)[9 a (iv)]	• 2. 12. 1, 2

The *Arthaśāstra* does not speak at all about the techniques followed in mining. It is curious in the face of fact that though other features connected with the activities prior to mining or following mining operations, that is, of prospecting and metallurgy, have so elaborately been developed, this aspect remains completely untreated. That mining operations were in existence as early as the chalcolithic period have been definitely established in Rajasthan, at various localities within the Aravalli hills, Haryana, Bihar and in extensive area in South India, specially the gold fields near Kolar and Hutti. Evidences of superficial gouging of oxide rich ores have been found in pits. Heating and quenching of rock mass must have been resorted to for shattering and disintegration of rock mass containing ores. Besides, in six such sites deep mines were noticed.

All deep mines opened into galleries and narrow tunnels following natural configuration of chalcopyrite (copper ore) ore veins at different levels. All these deep galleries were provided with one to one and a half meter diameter ventilation holes at regular intervals.

It is interesting to note in connection with the ancient gold mining in south India that the contents of the *K.A.* 7.12.24[10] and 7.12.25[11] are vital. The sūtras indicate the preference of southern route, running southwards from Ganga Valley to the northern route towards Himavat, because the commodities, such as conch-shells, diamonds, rubies, pearls and gold are more plentiful on the southern route (7.12.24)[12] and because the route to the south has many mines (7.12.25).[13]

Subsequent indications are also present there to prove mining activities in these areas. Asokan inscriptions have been found in five such places within the Maski area and around. The historical evidences thus prove large-scale mining activities during Mauryan period, and its beginning or continuity from a time earlier than Asokan can be inferred without gross violation of historical and other indications.

It is also interesting to look afresh into a description given by Megasthenes about the Gold Digging Ants. The description about the diggers is not only curious, but appears to be hallucinative, though other associated facts as described in his account are very realistic. It is said that the diggers throw up heaps of earth at the mouth of the mines; the heap they throw up consists of gold, the purest and brightest in the world. The mounds are piled up close to each other in regular order like hillocks of gold dust. There used to be pilferage by the neighbouring people and whenever such attempts were made to plunder the mine-products, the diggers would chase after them. Megasthenes goes on to describe about the diggers that 'it hence appears that they understand the worth of gold, and that they will sacrifice their lives rather than part with it.' It is rather difficult to attribute all these, which are so typical human activities, to some creatures like ants.

Smelting of ores used to be carried out at mine head or near about, and the nature of smelting process were seen to be practiced in India. The culture in the process of mining, ore dressing and metallurgical practices seem to have had continuity through the proto-historic period to the modern times. Chemical analysis of the metal artefacts and slag indicate their source to be from known Indian natural deposits. It is logical to infer that the progress of metallurgical techniques as associated with recovery of metal-bearing ores from rock mass which contain them, could not have been divorced from the mining operation.

The reasons for the absence or descriptions on mining technology in the *Arlhśāistra* may be due to the fact that more emphasis was given on the economic aspects of the products and their various uses, once these were mined out. This is obvious from the following references, which are found related to mining operations.

1. Inspection of old or new mines, assisted by experts and implements. - 2.12.1[14]

2. Decision to be taken about undertaking mining venture by the State or private agencies - 2.12.21[12]
3. Penalties to be imposed on persons breaking mining laws.-2.12.21[16] and 2.12.24[17]
4. Collection of revenue, tax and penalties. - 2.12.47-48[18]

Kauṭilya (2.12).[19] actually speaks of the process of examining the prospects, before developing it, as in the two step-wise modern process of developing a mine.

The ore, in modern technical parlance, means a body of metal-bearing material, which can be treated at a profit and hence, the necessity of detailed examination. And the Director of Mines in the *Arthaśāstra* was assigned this responsibility to examine the old mines, after locating one such with guiding identification signs. The assistance to be had from the 'workmen skilled in the work' was meant, in all probability, not only to assess the technicalities, but also to act as a valuer, an assessor, to judge the viability of starting the mining operation. That this aspect of assessment, involving economic considerations, besides perhaps the technicalities of mining, was very much an essential part of the duties of the Director of Mines, is revealed in the *K.A.* 2.12.24.[20] As a matter of fact, the absence of such matters as the techniques of mining anywhere in the *Arthaśāstra,* but on the other hand, the reference of most prevalent and emphatic issues like tax, revenue, etc., make it more convincing that detailed pre-examination of a mineral prospect was with the purpose of assessing the economic viability of opening a mine.

The *K.A.* 2.12.24[21] elaborates this. It has been indicated that the Director of Mines should work on prospects which is less 'burdensome in point of expenses or working' and the problematic ones should either be mined on sharing basis or should be leased out on royalty basis. The move is not to be seen as an attempt to trim the responsibilities of state enterprise, but may indicate the perception about the economic holding of a prospect in terms of the scale and dimension of state enterprise. The private or individual undertaking with comparatively small overhead could cater economically to smaller requirements and demands. This might have been weighed against bigger enterprise by the state, in deciding as a policy to allow the prospect on lease or working in partnership. Yet, it has also been clearly indicated that mineral rights are vested with the state. Working on such properties without permission, and sale or purchase of mine-products and finished products elsewhere other than the state channels were punishable acts (2.12.9[22] and 2.12.21).[23] It is only with the permission of the state that mining could be undertaken by agencies other than the royal establishment. The absolute royal right over the minerals, mines and mine-products is also clearly spelt out in the *K.A.* 2.12. 47.43.[24] Thus the Director of Mines is to ensure the collection of price, share, surcharge, monopoly tax, penalty, duty, compensation, fine, inspection fee, manufacturing charges as well as metals and commodities made from them. Obviously, these are related to mining and manufacturing operations by non-royal agencies. The duties of state employees - Director of Mines and Metals, are fixed otherwise in case of state undertakings as in the *K.A.* 2.12.18,[25] 2.12.19[26] and 2.12.25.[27]

The concept of mineral resources as the monopoly right of the crown is expressed in emphatic terms in the *K.A.* 2.12.49[28] -that it is said the treasury has its source in the mines; from the treasury the army comes into being. With the treasury and the army, the earth is obtained with the treasury as its ornament–Kangle, pt. II, p. 110

It is observed that while very high degree of acumen is displayed in the *Arthaśāstra* in dealing matters with geology as applied to mineralogy specially their physical properties, identification, distinctiveness, quality, etc., mineral economics as applied to mining ventures, mining administration and metallurgy, here is remarkable absence of any treatment on the techniques of mining.

References

1. पर्वतानामभिज्ञातोद्देशानां बिलगुहोपत्यकालयनिगूढखातेष्वन्तः प्रस्यन्दिनो जम्बूचूततालफलपक्व-हरिद्राभेदगूडहरितालमनःशिलाक्षौद्रहिङ्गुलुकपुण्डरीकशुभमयूरपत्रवर्णाः सवर्णोदकौषधिपर्यन्ताश्चिक्कणा विशदा भारिकाश्च रसाः काञ्चनिकाः। कौ. अ. 2.12.2.

   Liquids that flow inside a hold, a cave, a or a obtain gold-ore, that are of the colour of the *jambū* the mango or the palm-fruit or of a cross-section of ripe turmeric or jaggery or of orpiment or red arsenic or honey or vermilion or white lotus or of the feather of a parrot or a peacock, that have in their environs water and plants of the same colour, and that are viscous, clear and heavy, are gold-bearing liquids.
2. आकराध्यक्षः शुल्बधातुशास्त्ररसपाकमणिरागज्ञस्तज्ज्ञसखो वा तज्जातकर्मकरोपकरणसम्पन्नः किट्टमूषाङ्गारभस्मलिङ्गं वाऽऽकरं भूतपूर्वमभूतपूर्वं वा भूमिप्रस्तररसधातुमत्यर्थवर्णगौरवमुग्रगन्धरसं परीक्षेत। कौ. अ. 2.12.1.

   The Director of Mines, being conversant with the science of metal veins in the earth and metallurgy, the art of smelting and the art of colouring gems, or having the assistance of experts in these, and fully equipped with workmen skilled in the work and with implements, should inspect an old mine by the marks of dross, crucibles, coal and ashes, or a new mine, where there are ores in the earth, in rocks or in liquid form, with excessive colour and heaviness and with a strong smell and taste.
3. The copper bearing springs were one of the significant signs which lead to the early discoveries of famous copper deposits of Northern Rhodesia. McKinstry, p.215.
4. Biogeochemical methods of exploration depend on the chemical analysis of plants or humus to obtain evidence of mineralization in the substrate. Whereas geobotanical methods involve a visual survey of the mineralization by means of plant distribution, the presence of indicator plants, or mutational or morphological changes induced by excess of certain elements in the substrate. Brooks, 1972, pp.1-2.
5. It is based on the fact that. . . . migration of metals shows itself in the transfer of their compounds from the source by waters in contact with the bed rock; and frequently in the repeated resolution and re-precipitation of deposited sediments. Hydrogenic chemical elements participate in the water balance of the earth's crust and yield hydrate minerals on their precipitation from aqueous solution. Some of the

hydrogenic elements are copper, molybdenum, nickel, silver, zinc, cobalt, mercury, chromium, arsenic, etc. Ginsburg, 1960, pp. 186-215.

6. कौ. अ. 2.11-12
7. खनिरत्ननिधिनिवेदनेषु षष्ठमंशं निवेत्ता लभेत, द्वादशमंशं भृतकः। शतसहस्रादूर्ध्वं राजगामी निधिः। ऊने षष्ठमंशं दद्यात्। पौर्वपौरुषिकं निधिं जानपदः शुचिः स्वकरणेन समग्रं लभेत। स्वकरणाभावे पञ्चशतो दण्डः प्रच्छन्नादाने सहस्रम्। कौ. अ. 4.1.69-72.

   In cases of information about mines, gems and buried treasure, the informant shall receive one-sixth part, one-twelfth part if he be a servant of the state. A treasuretrove over one hundred thousand *panas* shall go to the king. If less, he shall give one-sixth part to the finder. A native of the land who is upright, shall receive the entire trcasurc-trove buried by his forefathers after producing proof of ownership. In the absence of proof of owncrship, the fine is five hundred *paṇas,* one thousand for appropriating it secretly.
8. खनिरत्ननिधिनिवेदनेषु षष्ठमंशं निवेत्ता लभेत, द्वादशमंशं भृतकः। कौ. अ. 4.1.66.

   In cases of information about mines, gems and buried treasure, the informant shall receive one-sixth part, one-twelfth part if he be a servant of the state.
9. प्रभाववानुत्साहवन्तं राजानं प्रभावेनातिसंधत्ते तद्विशिष्टमन्यं राजानमावाह्य हत्वा क्रीत्वा प्रवीरपुरुषान्। कौ. अ. 9.1.7

   The king possessed of might, over-reaches the king possessed of energy, by his might by inviting another king superior to him in energy, by hiring or purchasing heroic men.
9. a. (i) ताम्रपर्णिकं पाण्ड्यकवाटकपाशिक्यं कौलेयं माहेन्द्रं कार्दमिकं स्रौतसीयं ह्रादीयं हैमवतं च मौक्तिकम्। कौ. अ. 2.11.2;

   That from the Tāmraparṇī, that from Pāṇḍyaka-vāṭa, that from the Pāśikā, that from the Kulā, that from the Cūrṇi, that from Mt. Mahendra, that from the Kardamā, that from the Srotasī, that from the Lake, and that from the Himavat, these are pearls.

   सभाराष्ट्रकं मध्यमराष्ट्रकं कास्तीरराष्ट्रकं श्रीकटनकं मणिमन्तकमिन्द्रवानकं च वज्रम्।

   कौ. अ. 2.11.37;

   Dimonds come from Sabhārāṣṭra, from Tajjamārāṣṭra, from Mt. Śrīkaṭanaka, from Mt. Manimanta and from Indravāna. *K.A.*

   पर्वतानामभिज्ञतोद्देशानां बिलगुहोपत्यकालयनगूढखातेष्वन्तःप्रस्यन्दिनो जम्बूचूततालफलपक्वहरिद्राभेदगुडहरितालमनःशिलाक्षौद्रहिङ्गुलुकपुण्डीकशुकमयूरपत्रवर्णाः सवर्णोदकौषधिपर्यन्ताश्चिक्कणा विशदा भारिकाश्च रसाः काञ्चनिकाः। कौ. अ. 2.12.2;

   Those liquids that now inside a hole, a cave, a table-land at the foot, a rock-cut cave, or a secret dug-out in mountains whose regions are known to obtain gold-ore, that are of the colour of the *jambū,* the mango or the palm-fruit or of a cross-section of ripe turmeric or jaggery or of orpirnent or red arsenic or honey or vermilion or white lotus or of the feather of a parrot or a peacock, that have in their environs water and plants of the same colour, and that are viscous, clear and heavy, are gold-bearing liquids.

जाम्बूनदं शातकुम्भं हाटकं वैणवं शृङ्गशुक्तिजं जातरूपं रसविद्धमाकरोद्गतं च सुवर्णम्।
कौ. अ. 2. 13.3

That from the Jambū river, that from Mt. Śatakumbha, that from Hāṭaka, that from Venu, that produced in Śṛṅgaśukti, that found in a natural condition, that transmuted by means of liquids and that produced from mines, - these are types of gold.

9.a. (ii) ताम्रपर्णिकं पाण्ड्यकवाटकं पाशिक्यं कौलेयं चौर्णेयं माहेन्द्रं कार्दमिकं स्रौतसीयं ह्रादीयं हैमवतं च मौक्तिकम्। शुक्तिः शङ्खः प्रकीर्णकं च योनयः। मसूरकं त्रिपुटकं कूर्मकमर्धचन्द्रकं कुञ्चुकितं यमकं कर्तकं खरकं सिक्थकं कामण्डलुकं श्यावं नीलं दुर्विद्धं चाप्रशस्तम्। स्थूलं वृत्तं निस्तलं भ्राजिष्णु श्वेतं गुरु स्निन्धं देशविद्धं च प्रशस्तम्। कौ. अ. 2.11.2-5.

That from the Tāmraparṇī, that from Pāṇḍyaka-vāṭa, that from the Pāśikā, that from the Kulā, that from the Cūrṇi, that from Mt. Mahendra, that from the Kardamā, that from the Srotasī, that from the Lake, and that form the Himavat, these are pearls. The shell, the conch and miscellaneous are the sources of pearls. A pearl that is lentil-shaped, triangular, tortoise-shaped, semi spherical, with a layer, coupled, cut up rough, spotted, gourd-shaped, dark, blue, and badly perforated, is defective. That which is big, round, with out a flat surface, lustrous, white heavy, smooth and perforated at the proper place is excellent.

मणिः कौटो मालेयकः पारसमुद्रकश्च। सौगन्धिकः पद्मरागोऽनवद्यरागः पारिजातपुष्पको बालसूर्यकः। वैदूर्य उत्पलवर्णः शिरीषपुष्पक उदकवर्णो वंशरागः शुकपत्रवर्णः पुष्यरागो गोमूत्रको गोमेदकः। इन्द्रनीलो नीलावलीयः कलायपुष्पको महानीलो जाम्ब्वाभो जीमूतप्रभो नन्दकः स्रवन्मध्यः। शुद्धस्फटिको मूलाटवर्णः शीतवृष्टिः सूर्यकान्तश्च। इति मणयः। षडश्रश्चतुरश्रौ वृत्तो वा तीव्ररागः संस्थानवानच्छः स्निग्धो गुरुरर्चिष्मान्तर्गतप्रभः प्रभोनुलेपी चेति मणिगुणाः। मन्दरागप्रभः सशर्करः पुष्पच्छिद्रः खडो दुर्विद्धो लेखकीर्ण इति दोषाः। विमलकः सस्यकोऽञ्जनमूलकः पित्तकः सुलभको लोहिताक्षो मृगाश्मको ज्योतीरसको मालेयकोऽहिच्छत्रकः कूर्पः प्रतिकूर्पः सुगन्धिकूर्पः क्षीरवकः शुक्तिचूर्णकः शिलाप्रवालकः पुलकः शुक्लपुलक इत्यन्तरजातयः। शेषाः काचमणयः। सभाराष्ट्रकं तज्जामाराष्ट्रकं कास्तीरराष्ट्रकं श्रीकटनकं मणिमन्तकमिन्द्रवानकं च वज्रम्। खनिः स्रोतः प्रकीर्णकं च योनयः। मार्जाराक्षकं शिरीषपुष्पकं गोमूत्रकं गोमेदकं शुद्धस्फटिकं मूलाटीपुष्पकवर्णं मणिवर्णानामन्यतमवर्णमिति वज्रवर्णाः। स्थूल गुरु प्रहारसहं समकोटिकं भाजनलेखि तर्मुभ्रामि भ्राजिष्णु च प्रशस्तम्। नष्टकोणं निरश्रि पार्श्वापवृत्तं चाप्रशस्तम्। प्रवालकम् आलकन्दकं वैवर्णिकं च, रक्तपद्मरागं च **करटगर्भिणिकावर्जमिति।** कौ अ. 2.11.28-42

Gems come from Koṭi, from the Mālā, and from beyond the sea. The ruby, of the colour of the red lotus, of the colour of saffron, of the colour of pārijāta-flower and of the colour of the morning sun. The berly, of the colour of the blue lotus, of the śirīṣa flower, of the colour of water, of the colour of green bamboo, of the colour of the parrots wing, yellow-coloured, of the colour of cows urine and of cows fat. The sapphire, with blue lines, like the *kalāya*-flower, deep blue, having the lustre of the *jambū*-fruit, having the lustre of dark cloud, the delither and the streaming interior. The pure crystal, of the colour of *mūlāṭa* flower, shedding a cool shower and the sun stone. These are the gems. Hexagonal, square or round, of a flashing colour, having a suitable form, clear, smooth, heavy, lustrous, with lustre inside and imparting lustre, these are the excellences of gems. With a dull colour and lusre, with grains, with a hole in the bloom, broken, badly bored, and covered with 'scratches, - these are blemishes. The *vimalaka*, the *sasyaka*, the *anjanamulaka*, the *pittaka*, the *sulabhaka*, the *lohitākṣa*, the *mṛgāśmaka*, the *jyotīrasaka*, the *māleyaka*, the *ahicchatraka*, the *kūrpa*, the *pratikūrpa*, the *sugandhikūrpa*, the *kṣīravaka*, the *śukticūrṇaka*, the *śilāpravālaka*, the *pulaka*, the *śuklapulaka*, - these are subsidiary types of gems. The rest are glass-crystals. Diamonds come from Sabhārāṣṭra, from Tajjamārāṣṭra, from Kāstīrarāṣṭra, from Mt. Śrikaṭanaka, from Mt. Maṇimanta and from Indravāna. The mine, the stream, and miscellaneous are the sources. Like the cats eye, the *śirīṣa* flower, cow's urine, cow's fat, pure crystal, or the *mūlāṭa*-flower, and of the colour of any one of the gems, - these are the colours of diamonds. A diamonds that is big, heavy, capable of bearing blows, with symmetrical points, capable of scratching a vessel, revolving like a spindle and brilliantly shining is excellent. That with points lost, without edges and defective on one side is bad. The coral from Alakanda and from Vivarṇa, red and of the colour of the lotus is excellent, with the exception of that which is eaten by insects and which is bulging in the middle.

आकराध्यक्षः शुल्बधातुशास्त्ररसपाकमणिरागज्ञस्तज्ज्ञसखो वा तज्जातकर्मकरोपकरणसंपन्नः किट्टमूषाङ्गारभस्मलिङ्गं वाऽऽकरं भूतपूर्वमभूतपूर्वं वा भूमिप्रस्तरसधतुमत्यर्थवर्णगौवमग्रगन्धरसं परीक्षेत। कौ. अ. 2.12.1;

The Director of Mines, being conversant with the science of metal veins in the earth and metallurgy, the art of smelting and the art of colouring gems, or having the assistance of experts in these, and fully equipped with workmen skilled in the work and with implements, should inspect an old mine by the marks of dross, crucibles, coal and ashes, or a new mine, where there are ores in the earth, in rocks or in liquid form, with excessive colour and heaviness and with a strong smell and taste.

पर्वतानामभिज्ञतोद्देशानां बिलगुहोपत्यकालर्यानगूढखातेष्वन्त:प्रस्यन्दिनो जम्बूचूततालफलपक्वहरिद्रा-भेदगुडहरितालमनः शिलाक्षोद्रहिङ्गुलुकपुण्डरीकशुकमयूरपत्रवर्णाः सवर्णौदकौषधिपर्यन्ताश्चिक्कणा विशदा भारिकाश्च रसाः काञ्चनिकाः। कौ. अ. 2.12.2;

Those liquids that flow inside a hole, a cave, a table-land at the foot, a rock-cut cave, or a secret dug-out in mountains whose regions are known to obtain gold-ore, that are of the colour of the *jambū,* the mango or the palm-fruit or of a cross-section of ripe turmeric or jaggery or of orpiment or red arsenic or honey or vermilion or white lotus or of the feather of a parrot or a peacock, that have in their environs water and plants of the same colour, and that are viscous, clear and heavy, are gold-bearing liquids.

अप्सु निष्ट्युतास्तैलवद्रिसर्पिणः पङ्कमलग्राहिणश्च ताम्ररूप्ययोः शतादुपरि वेद्धारः।

कौ. अ. 2.12.3;

If, when thrown in water, they spread on the surface like oil and absorb mud and dirt, they are capable of transmuting copper and silver up to one hundred times their own weight.

तत्प्रतिरूपकमुग्रगन्धरसं शिलाजतु विद्यात्। कौ. अ. 2.12.4;

Exactly similar to that in appearance, but with a strong smell and taste, he should know to be bitumen.

पीतकास्ताम्रकास्ताम्रपीतका वा भूमिप्रस्तरधातवो भिन्ना नीलराजीवन्तो मुद्गमाषकृसरवर्णा वा दधिबिन्दुपिण्डचित्रा हरिद्राहरीतकीपद्मपत्रशैवलयकृत्प्लीहानवद्यवर्णा भिन्नाश्चुञ्चुवालुकालेखाबिन्दुस्वस्ति-कवन्तः सगुलिका अर्चिष्मन्तस्ताप्यमाना न भिद्यन्ते बहुफेनधूमाश्च सुवर्णधातवः प्रतीवा-पार्थास्ताम्ररूप्यवेध्ना कौ. अ. 2.12.5;

Ores in earth or rocks, which are yellow or copper-coloured or reddish-yellow, which, broken, show blue lines or are of the colour of the *mudga* or *māṣa* bean or kṛsara, which are variegated with spots or lumps as of curds, which are of the colour of turmeric or myrobalan or lotus-leaf or moss or liveer or spleen or saffron, which, when broken, show lines, spots or *swastikas* of fine sand, which are possessed of pebbles and are lustrous, which heated, do not break and yield plenty of foam and smoke, are gold-ores, to be used for insertion, as transmuters of copper and silver. *K. A.* 2.12.5

शङ्खकर्पूरस्फटिकनवनीतकपोतपारवतविमलकमयुरग्रीवावर्णाः सस्यकगोमेदकगुडमत्स्यण्डिकावर्णाः

कोविदारपद्मपाटलीकलायक्षौमातसीपुष्पवर्णाः समीसाः साञ्जनाः विस्रा भिन्नाः श्वेताभाः कृष्णाः कृष्णाभाः श्वेताः सर्वे वा लेखाबिन्दुचित्रा मृदवो ध्मायमाना न स्फुटन्ति बहुफेनधूमाश्च रूप्यधातवः। कौ. अ. 2.12.6;

Ores of the colour of a conch-shell or camphor or crystal or butter or a dove or a pigeon, or *vimalaka* gem or jaggery or unrefined sugar, or of the colour of the flower of kovidāra, or lotus or patali -flower or the flower of flax or of linseed, and containing lead, containing antimony, smelling like raw flesh, when broken either black with a white shimmer or white with a black shimmer, or all variegated with lines and spots, soft, which when being smelted do not split and yield plenty of foam and smoke, are silver-ores. *K.A.* 2.12.6.

सर्वधातूनां गौरववृद्धिः सत्त्ववृद्धिः। कौ. अ. 2.12.7

In the case of all ores, when there is increase in heaviness there is increase in metal content. *K.A.* 2.12.7.

भारिकः स्निग्धो मृदुश्च प्रस्तरधातुर्भूमिभागो वा पिङ्गलो हरितः पाटलो लोहितो वा ताम्रधातुः। कौ. अ. 2.12.13;

Ore from rocks or a region of the earth, which is heavy, unctuous and soft and which is tawny, green, reddish or red in colour is copper-ore. *K.A.* 2.12.12.

काकमेचकः कपोतरोचनावर्णः श्वेतराजिनद्धो वा विस्रः सीसधातुः। कौ अ 2.12.13;

That which is crow-black or of the colour of the dove or yellow pigment or studded with white lines and smelling like raw flesh, is lead-ore. *KA.* 2.12.13

ऊषरकर्बुरः पक्वलोष्ठवर्णो वा त्रपुधातुः। कौ. अ. 2.12.14;

That which is grey like saline earth or of the colour of a baked lump of earth is tin-ore. *K.A.2.12.14*.

कुरुम्बः पाण्डुरोहितः सिन्दुवारपुष्पवर्णो वा तीक्ष्णधातुः। कौ. अ. 2.12.15;

That which is made up mostly of smooth stones, is whitish-red or of the colour of *sinduvāra*-flower is iron-ore. *K.A.* 2.12.15.

काकाण्डभुजपत्रवर्णो वा वैकृन्तकधातुः। कौ. अ 2.12.16;

That which is of the colour of *kākāṇḍā*, crow egg or brich-leaf is vaikṛntaka-ore.

अच्छः स्निग्धः सप्रभो घोषवान् शीतस्तीव्रस्तनुरागश्च मणिधातुः। कौ. अ. 2.12.17.

That which is clear, smooth, lustrous, possessed of sound, cold, hard and of a light colour is gem-ore.

विशिखामध्ये सौवर्णिकं शिल्पवन्तमभिजातं प्रात्ययिकं च स्थापयेत्। जाम्बूनदं शातकुम्भं हाटकं वैणकं शृङ्गशुक्तिजं जातरूपं रसविद्धमाकरोद्गतं च सुवर्णम्। किञ्जल्कवर्णं मृदु स्निग्धमनादि भ्राजिष्णु च श्रेष्ठम्, रक्तपीतकं मध्यमम्, रक्तमवरम्। 2.13.2-4;

In the middle of the market highway he should establish the Goldsmith, skilled in his prefession, of noble birth and trustworthy. That from the Jambū river, that from Mt. Śatakumbha, that from Hāṭaka, that from Veṇu, that produced in Śṛṅgaśukti, that found in a natural condition, that transmuted by means of liquids and that produced from mines, these are types of gold. Gold of the colour of the lotus-filament, soft, smooth, not producing a sound and lustrous is best, reddish-yellow is of a middling quality, red of the lowest quality.

तुत्थोद्गतं गौडिकं काम्बुकं चाक्रवालिकं च रूप्यम्। श्वेतं स्निग्धं मृदु च श्रेष्ठम्। विपर्यये स्फोटनं च दुष्टम्। 2.13.10–12;

That originating in Tuttha, that from Gauḍa, that from Kambu and that from Cakravāla, – these are types of silver. Silver which is white, smooth and soft is best. The opposite kind and that which tends to burst is bad.

सुवर्णं पूर्वं निकष्य पश्चाद्वर्णिकां निकषयेत्। समरागलेखमनिम्नोन्नते देशे निकषितम्, परिमृदितं परिलीढं नखान्तराद्वा गैरिकेणावचूर्णितमुपधिं विद्यात्। जातिहिङ्गुलुकेन पुष्पकासीसेन वा गोमूत्रभावितेन दिग्धेनाग्रहस्तेन संस्पृष्टं सुवर्णं श्वेतीभवति। सकेसरः स्निग्धो मृदुर्भ्राजिष्णुश्च निकषरागः श्रेष्ठः। कालिङ्गकस्तापीपाषाणो वा मुद्गवर्णो निकषः श्रेष्ठः। समरागी विक्रयक्रयहितः। हस्तिच्छविकः सहरितः प्रतिरागी विक्रयहितः। स्थिरः पूरुषो विषमवर्णश्चाप्रतिरागी क्रयहितः। छेदश्चिक्कणः समवर्णः श्लक्ष्णो मृदुर्भ्राजिष्णुश्च श्रेष्टः। 2.13.17–25;

After rubbing the gold it is to be tested on the touchstone, he should afterwards rub the standard gold on it. That with a streak of the same colour as the standard on places on the stone that are neither depressed nor. elevated, he should know as properly tested; what is over-rubbed or lightly rubbed or powdered over with red chalk from underneath the finger-nail, he should know as deception. Gold, touched with the forepart of the hand smeared with *jāti*, vermilion or sulphate of iron dissolved in cows urine, becomes white. The streak of the gold on the touchstone, that has filaments, is smooth, soft and lustrous is best. Stone from the Kaliṅgas or from the Tāpi, which is of the colour of the mudga-bean, is best. That which shows the exact colour is advantageous for either sale or purchase. That which has the colour of an elephant, with a green tinge, is over-sensitive to colour and is advantageous for sale. That which is firm, hard and of uneven colour, is not sensitive to colour and is advantageous for purchase. The cut of gold that is sticky, of even colour, smooth, soft and lustrous is best.

श्यावो नीलश्चाप्राप्तकः कौ. अ. 2.13.27

That which is dark or blue shows impurity.

9.a (iii-1)—आकराध्यक्षः शुल्बधातुशास्त्ररसपाकमणिरागज्ञस्तज्ज्ञसखो वा तज्जातकर्मकरोपकरणसंपन्नः

किट्टमूषाङ्गारभस्मलिङ्गं वाऽऽकरं भूतपूर्वमभूतपूर्वं वा भूमिप्रस्तररसधातुमत्यर्थवर्णगौरवमुग्रगन्धरसं परीक्षेत। कौ. अ. 2.12.1;

The Director of Mines, being conversant with the science of metal veins in the earth and metallurgy, the art of smelting and the art of colouring gems, or having the assistance of experts in these, and fully equipped with workmen skilled in the work and with implements, should inspect an old mine by the marks of dross, crucibles, coal and ashes, or a new mine, where there are ores in the earth, in rocks or in liquid form, with excessive colour and heaviness and with a strong smell and taste.

पर्वतानामभिज्ञातोद्देशानां बिलगुहोपत्यकालर्यानगूढखातेष्वन्तः प्रस्यन्दिनो जम्बूचूततालफलपक्वहरिद्राभेदगड-हरितालमनःशिलाक्षोद्रहिङ्गुजुलुकपुण्डरीकशुकमयूरनपत्रवर्णाः सवर्णोदकौषधिपर्यन्तश्चिक्कणा विशदा भारिकाश्च रसाः काञ्चनिकाः। कौ. अ. 2.12.2

Those liquids that flow inside a hole, a cave, a table-land at the foot, a rock-cut cave, or a secret dug-out in mountains whose regions are known to obtain gold-ore, that are of the colour of the *jambu*-the mango or the palm-fruit or of a cross-section of ripe turmeric or jaggery or of orpiment or red arsenic or honey or vermilion or white lotus or of the feather of a parrot or a peacock, that have in their environs water and plants of the same colour, and that are viscous, clear and heavy, are gold-bearing liquids.

9. a. (iv) *ibid.*

10. कम्बलजिनाश्वपण्यवर्जाः शङ्खवज्रमणिमुक्तसुवर्णपण्याश्च प्रभुततरा दक्षिणापथे। की अ. 7.12.24

These with the exception of the commodities of blankets, skins and horses, besides the commodities of conch-shells, diamonds, rubies, pearls and gold are more plentiful on the southern route.

11. दक्षिणापथेऽपि बहुखनिः सारपण्यः प्रसिद्धगतिरल्पव्ययव्यायामा वा वणिक्पथः श्रेयान्, प्रभूतविषयो वा फल्गुपण्यः। कौ. अ. 2.12.25.

Even in the case of the route to the south, the trade-route with many mines, with commodities of high value, with well-secured movements, or requiring little expenditure and exertion, is preferable or one with commodities of small value, with an extensive scope for sale.

12. कम्बलाजिनाश्वपण्यवर्जाः शङ्खवज्रमणिमुक्तासुवर्णपण्याश्च प्रभुततरा दक्षिणापथे। कौ, अ. 2.12. 24.

These with the exception of the commodities of blankets, skins and horses, besides the commodities of conch-shells, diamonds, rubies, pearls and gold are more plentiful on the southern route.

13. दक्षिणापथेऽपि बहुखनिः सारपण्यः प्रसिद्धगतिरल्पव्ययव्यायामो वा वणिक्पथः श्रेयान्, प्रभूतविषयो वा फल्गुपण्यः। कौ. अ 2. 12.25

Even in the case of the route to the south, the trade-route with many mines, with commodities of high value, with well-secured movements, or requiring little expenditure and exertion, is preferable or one with commodities of small value, with an extensive scope for sale. *KA*. 2.12.25.

14. अकराध्यक्षः शुल्बधातुशास्त्ररसपाकमणिरागज्ञस्तज्ज्ञसखो वा तज्जातकर्मकरोपकरणसंपन्नः किट्टमूषाङ्गारभस्मलिङ्गं वाऽऽकरं भूतपूर्वमभूतपूर्वं वा भूमिप्रस्तररसधातुमत्यर्थवर्णगौरवमुग्रगन्धरसं परीक्षेत। कौ. अ. 2.12.1.

The Director of Mines, being conversant with the science of metal veins in the earth and metallurgy, the art of smelting and the art of colouring gems, or having the assistance of experts in these, and fully equipped with workmen skilled in the work and with implements, should inspect an old mine by the marks of dross, crucibles, coal and ashes, or a new mine, where there are ores in the earth, in rocks or in liquid form, with excessive colour and heaviness and with a strong smell and taste.

15. व्ययक्रियाभारिकमाकरं भागेन प्रक्रयेण वा दद्यात्, लाघविकमात्मना कारयेत्। कौ. अ. 2.12.23.

He should let for part-share or on lease a mine that is burdensome in point of expense or working; a light one, he should work himself.

16. आकरिकमपहरन्तमष्टगुणं दापयेद् अन्यत्र रत्नेभ्यः। कौ. अ. 2.12.20.

He should make, a miner who robs, pay eight-fold, except in the case of jewels.

17. स्तेनमनिसृष्टोपजीविनं च बद्धं कर्म कारयेत् दण्डोपकारिणं च। कौ. अ. 2.12.21.

The thief and the person who lives by mining without permision, he should bind him and force him to work in the mines, also the person who offers personal labour in place of a fine.

18. एवं मूल्यं च भागं च व्याजीं परिघमत्ययम्।
शुल्कं वैधरणं दण्डं रूपं रूपिकमेव च।।
खनिभ्यो द्वादशविधं धातुं पण्यं च संहरेत्।
एवं सर्वेषु पण्येषु स्थापयेन्मुखसंग्रहम्।। कौ. अ. 2.12.47-48

Thus from the mines he should collect the price, the share, the surcharge, the monopoly tax, penalty, duty, compensation, fine, inspection fee, and manufacturing charges as well as the twelve kinds of metals and commodities made from them. In this way he should fix the collection of income under various heads in the case of all commodities.

19. आकराध्यक्षः शुल्बधातुशास्त्ररसपाकमणिरागज्ञस्तज्ज्ञसखो वा तज्जातकर्मकरोपरणसंपन्नः किट्टमूषाङ्गरभस्मलिङ्गं वाऽऽकरं भूतपूर्वमभूतपूर्वं वा भूमिप्रस्तररसधातुमत्यर्थवर्णगौरमुग्रगन्धरसं परीक्षेत। कौ. अ. 2.12.1

The Director of Mines, being conversant with the science of metal veins in the earth and metallurgy, the art of smelting and the art of colouring gems, or having the assistance of experts in these, and fully equipped with workmen skilled in the work and with implements, should inspect an old mine by the marks of dross, crucibles, coal and ashes, or a new mine, where there are ores in the earth, in rocks or in liquid form, with excessive colour and heaviness and with a strong smell and taste.

20. व्ययक्रियाभारिकमाकरं भागेन प्रक्रयेण वा दद्यात् लाघविकमात्मना कारयेत्। कौ. अ. 2.12.24.

He should let for part-share or on lease a mine that is burdensome in point of expense or working; a light one- he should work himself.

21. *ibid*

22. यवमाषतिलपलाशपीलुक्षारैर्गोक्षीराजक्षीरैर्वा कदलीवज्रकन्दप्रतीवापो मार्दवकरः। कौ. अ. 2.12.9.

The insertion in the ore of the bulbous roots of the *kadalī* and the *vajra,* along with the caustic of the ashes of barley, *māṣa*-bean, sesamum, *palāśa* and *pīlu* or along with the milk of the cow and the goat, is productive of softness.

23. स्तेनमनिसृष्टोपजीविनं च बद्धं कर्म कारयेत, दण्डोपकारिणं च। कौ. अ. 2.12.22.

The thief and the person who lives by mining without permision, he should bind and force him to work in the mines, also the person who offers personal labour in place of a fine.

24. एवं मूल्यं च भागं च व्याजीं परिघमत्ययम्।
शुल्कं वैधरणं दण्डं रूपं रूपिकमेव च।।
खनिभ्यो द्वादशविधं धातुं पण्यं च संहरेत्।
एवं सर्वेषु पण्येषु स्थापयेन्मुखसंग्रहम्।। कौ. अ. 2.12.35-36

Thus from the mines he should collect the price, the share, the surcharge, the monopoly tax, penalty, duty, compensation, fine, inspection fee, and manufacturing charges as well as the twelve kinds of metals and commodities made from them. Thus taxes (*mukhasaṅgraha*) on all commodities intended for sale shall be prescribed once for all.

25. धातुसमुत्थं तज्जातकर्मान्तेषु प्रयोजयेत्। कौ. अ. 2.12.18.

What is produced from ores, one should put to use in factories for the respective metals.

26. कृतभाण्डव्यवहारमेकमुखम्। अत्ययं चान्यत्र क्रेतृविक्रेतृणां स्थापयेत्। कौ.अ 2.12.19.

He should establsih trade in manufactured goods in a single place, and lay down a penalty for those who manufucture, purchase or sell elsewhere.

27. लोहाध्यक्षस्ताम्रसीसत्रपुवैकृन्तकारकूटवृत्तकंसताललोहकर्मान्तान् कारयेत्, लोहभाण्डव्यवहारं च। कौ. अ. 2.12.23.

The Director of Metals should establish factories for copper, lead, tin, *vaikṛntaka,* brass, steel, bronze, bell-metal and iron, also establish trade in metal-ware.

28. आकरप्रभवः कोशः कोशाद्दण्डः प्रजायते।
पृथिवी कोशदण्डाभ्यां प्राप्यते कोशभूषणा।। कौ. आ. 2.12.37.

The treasury has its source in the mines; from the treasury the army comes into being. With the treasury and the army, the earth is obtained with the treasury as its ornament.

Bibliography

1. Adams, F. D., 1938, *The Birth and Development of Geological Science,* Dover Publication.
2. Allchin, F. R. K, 1962, 'Gold mining in Ancient India,' *Journal of the Economic and Social History of the Orient,* Vol. 5.
3. Brooks, B. R., 1972 *Geobotany and Bio-geochemistry in Mineral Exploration,* Harper and Row Publishers.
4. Dey, R. C., 1983, 'A Note on the ancient smelting in South-Western Haryana: Indian Minerals,' *Geological Survey of India.* Vol. 37. No.3.
5. Dwivedi, D. N., 1964, *Geographical data in Arthaśāstra;* XXVI International Congress of Orientalists, New Delhi, Bhandarkar Oriental Research Institute, Poona.
6. Ginsburg, I. I., 1960, *Principles of Geochemical Prospecting,* Pergamari Press.
7. Hegde, K. T. M., 1991, *An Introduction to Ancient Indian Metallurgy,* Geological Scoiety of India.
8. Jain, Ramachandra, 1972, *Ancient India* as *described* by *Megasthenes and Arian,* Today and Tommorow Printers and Publishers, New Delhi.
9. Kangle, R. P., 1969, 1972 *Kauṭilya's Arthaśāstra,* Bombay University.
10. Sen Sarma, S., 2001 *Kauṭilya'* s *Arthśāastra in the light of modern science and technology,* New Delhi, D. K. Printworld.

3

Text and Context of the *Caryāpada*

Rama Kanta Chakravarty

THE ARTICLE "Text and Context of the *Caryāpada*" is going to be discussed here in three parts. In the first part the various opinions expressed by different scholars on linguistic and other aspects of these ancient Buddhist songs and *dohās* will be discussed briefly.

In the second part an account of the esoteric concepts expressed in songs what has been called *'Sandhā Bhāṣā'* or 'intentional language has been given.

In the last part, the context of these songs and *dohās* will be communed.

The first section is bibliographical. Mahāmahopādhyāya Haraprasad Sastri, a great and indefatigable scholar, found the *Caryācaryaviniścaya* in the Darbar Library of Nepal in 1907. In that year he found in the same library the *Dohākośa* of Saraha and its commentary written by Advayavajra, and the *Dohākośa* of Kṛṣṇācārya or Kāṇha. In 1897-98 Haraprasad Sastri had discovered the *Dākārṇava,* a Tāntrika work, in which occur some non-Sanskrit writings. In 1916, when Haraprasad Sastri was the President of the Vangīya Sāhitya Pariṣad of Kolkata, he published these works with the title *Hājār Bacharer Purāṇa Bānglā Bhāṣāy Bauddha Gān o Dohā.* The publication was financed by Rāja Yogindranayana Raya of Lalgola, situated in the District of Murshidabad. Haraprasad Sastri wrote for this highly important work, an introduction in simple and charming Bengali language. The third edition of this work has been published by the Vangīya Sāhitya Pariṣad in 2008 with the bibliographical entries form *Tengyur* Catalogue of Tibetan manuscripts.

The *Bauddha Gān o Dohā* was published at a time when what is called 'Bengali Nationalism,' a consequence of the widespread agitation against the partition of Bengal by Lord Curzon, was very strong.

The first publication was, hailed as an incontestable evidence of the great antiquity of the Bengali language and the Bengali nation.

In 1926, Dr. Suniti Kumar Chatterji meticulously studied the language of the *Bauddha Gān o Dohā* in his monumental work titled *The Origin and Development of the Bengali Language* which is now shortly known as ODBL (pp.110-23). He opined that only the *Caryācaryaviniścaya* was written in old Bengali. But the *dohās* of Saraha and Kāṇḥa were composed in eastern Apabhraṁśa, and that the language of the *Dākārṇava* was western Apabhraṁśa. Dr. Chatterji, whose respect for Haraprasad Sastri was boundless, contradicted his view that many Bengali idioms were found in the *dohās* and in the *Dākārṇava.* He had some reservations concerning Haraprasad's idea or suggestion that the concept of *śūnyatā* or void, preached in the Buddhist songs, which was supposed to be very popular in contemporary Bengal, prevented the dissemination of Śaṅkarācārya's commentary on the Vedānta in Bengal. We should also note that the *Caryāpada*-s have a fundamental significance in Haraprasad's Bengali novel *Beṇer Meye* (Daughter of the Merchant) wherein we find a delineation of the social context of the Buddhist songs and *dohās.* (Vide, Haraprasad Sastri, 'Bengali Buddhist Literature,' *Calcutta Review,* 1917).

According to Suniti Kumar Chatterji the songs and the *dohās* were composed between AD 950 and AD 1200. During

this period, the influence of western Apabhraṁśa is also discernible in some of the old Bengali idioms of the *Caryāpada.* (S.K. Chatterji, *Bānglā Bhāṣā Ār Bāngalī Jātir Goḍār Kathā,* 1926.

Dr. Muhammad Sahidullāh (1885-1969), in his French work *Le Chants Mystiques de Kanna et Saraha* (Paris, 1928) thoroughly discussed the *dohās* of Saraha and Kāṇha, and used for the *dohās* the title *Āścaryacaryācaya.* This work has recently been translated into English by Pranabesh Sinha Ray and published by the Asiatic Society (February, 2007). Sahidullāh's analysis of phonology and grammar of the *Dohākośa* (Asiatic Society edition) is characterized by great thoroughness (pp. 35-68).

In ascertaining the exact character of the *dohās,* it was essential for the scholars to discover their Tibetan translations. Muhammad Sahidullah had meanwhile come to the conclusion that the *caryā* songs were composed between the eighth and the twelfth century AD., a view which was later supported by Rahul Sankrtyayana in his exceptionally rigorous translation from the Tibetan language Saraha's *Dohākośa* (Patna, 1957), into Hindi. However, credit must first be given to Dr. Prabodh Chandra Bagchi for the translation of the *Dohākośa* from the Tibetan Language in his essay on *Materials for a Critical Edition of the Old Bengali Caryāpadas* which was published in 1938 in the *Journal* of *the Department of Letters* (Calcutta University, Volume XXX). Bagchi found in the Tibetan version the last four missing lines of song numbered 23 of Haraprasād's edition and the Tibetan translations of the 24th, 25th, and 48th songs. The commentary on these songs, written in the light of Tibetan versions, is given in the *Caryāgītikoṣa of Buddhist Siddhas,* which was edited and annotated by P.C. Bagchi in collaboration with Santi Bhiksu Sastri. (Viśvabhāratī, 1956).

A list of words used in the *Caryāgīti* was prepared by Professor Sukumar Sen in *Index Verborum of the Old Bengali Caryā Songs and Fragments* (*Indian Linguistics,* Volume X,

Calcutta, 1948). Professor Sen discussed the symbolic and metaphorical meanings of these songs in the *Caryāgīti-padāvalī* (Vardhamān Sāhitya Sabhā, 1956).

The other notable scholars, who have done meaningful research on the *Caryāpada* are Manindramohan Basu (1885-1952), who also deeply investigated Sahajīyā Vaiṣṇava literature of Bengal, Shashibhusan Dasgupta (1911-1964), Tarapada Mukhopadhyaya (1928-1972), Nirmal Kumar Das (b.1941), Nilratan Sen (1925-2000), Jahnavikumar Chakravarti (1916-1992), Asitkumar Bandyopadhyaya (1920-2003), and a host of Bangladesi scholars led by Dr. Ahmad Sharif and Dr. Anisujjaman. (*Bauddha Gān o Dohā*, third edition, part III, pp. 38-56).

It is interesting to note that the *Bauddha Gān o Dohā* of Haraprasad Sastri was claimed to be composed in ancient Assamese language by Dr. Parikshit Hazarika and Dr. Satyendranath Sarma. Dr. Hazarika's *Caryāpada* was published in 1973, and Dr. Sarma's *Asamiyā Sāhityer Samīkṣātmaka Itivṛtta* was published in 1981. These gifted scholars of Assam seem to be oblivious of the fact that during the middle ages, the language of Assam and Bengal was similar. Satyendranath Sarma was of opinion that Luipāda, Saraha, and Siddhācārya Mīnanātha were Assamese Buddhists. Their songs were written in Māgadhi and Śaurasenī Apabhraṁśa, traces of which are found in the language of Assam.

It was claimed by the Oriya scholar Dr. Khageswar Mahapatra in his *Caryāgītikā* (first edition 1965) that the Buddhist *Caryās* were composed in Oriya language. This claim was supported by Kusumakar Kar in *Āścaryacaryācaya* (1969). These two scholars have tried to show the Oriya origins of these songs by a comparative grammatical analysis. Harekushna Mahatab tried to show in his *History of Orissa* that the composers of these songs belonged to the age of the so-called Bhauma kings of Orissa.

Jayakanta Misra wrote *A History of Maithili Literature*

(Volume 1,1949) in which he expressed the view that the *Caryāpadas* constituted the earliest form of Maithili literature and language. He attributed to the Bengali scholars an intentional tampering with the text, which does not seem to be a correct view, and which obviously emanated from a provincial bias. Haraprasad Sastri might have committed a mistake in describing the language of the *Bauddha Gān o Dohā* as *'Hāzār Baccharer Purāṇa Bāngla.'* But the charge of tampering with the text levelled against him was basically wrong and an unseemly exaggeration.

The *Caryās* and *dohās* have been studied by a number of Hindi scholars, the foremost of whom was Rahul Sankrtyayana and Dharmavira Bharati. Sankrtyayana's *Dohākośa* of Saraha and some other Buddhists is characterized by great scholarship. Dharmavira Bharati's *Siddhasāhitya* (Prayag, 1955) threw new light on the biography of the Siddhas and on their spiritual culture.

Per Kvaerne's *An Anthology of Buddhist Tantrika Songs: A Study of Caryāgīti* was published in Oslo in 1977. Dr. Kvaerne is an eminent Tibetologist and has a deep knowledge of Sanskrit. He has studied the commentary of Munidatta in the light of Tibetan translation of the songs and the esoteric views expressed in them.

Manjusri Roychaudhuri has recently recorded the singing of these Buddhist songs in accordance with the musical tradition still extant in Nepal. Dr. Arnold Bake has also worked in this area of study.

A summary of the basic concepts expressed in the *Bauddha Gān o Dohā* has been dealt in the second section. If it were possible to write a philosophical history of India, it would have revealed the pervasive character of Indian idealism which is powerfully expressed in the thirteen principal Upaniṣads. Idealism, associated with the theory of illusion, is the fundamental feature of the *Caryāpadas.* This sort of idealism is very obvious in the Mādhyamika and Vijñānavāda schools of Buddhism. It greatly influenced the Siddha spiritual culture which is expressed in the *caryās* and *dohās*.

'The very first song of *Bauddha Gān o dohā*, composed by Lui, and beginning with the lines, *Kāyā, Taruvara Pañca Bi Ḍāla/Cañcala Ciye Paiṭho Kāla/*, which is to be sung in Paṭamañjarī Rāga, asserts that illusion is born in the human mind (*citta.*). Illusion connotes an illusory world conceived in the restless mind which is affected by the factor of time. Mental unstability creates all sorts of differentiations which, according to Kāṇha, are attributable to existence :

Te Tini Te Tini Tini Ho Bhinna
Bhanai Kāṇhu Bhava Paricchinna. *Caryā 7.*

Kāṇha also thinks that our thoughts, born in a mind in endless flux, are, obviously transitory. He, therefore, concludes that the world, like our fleeting thoughts, is transitory, too. Since it is transitory, it is an illusion.

But purity is the nature of Ultimate Reality. Existence and non-existence are both pure, and all beings carry the essence of purity. Essentially this is a theory of social egalitarianism. *Chadgai Saragai Sāla Sahāve Sūdha Bhāvābhāva Valāga Na Chudha.* (Song 9)

This is a Mādhyamika doctrine, according to the commentator, who quotes to Nāgārjuna.

However, the empirical world is like a stage for dramatic performance. Nothing is real or lasting in our empirical existence. Everything is just a creation of our mind in eternal flux. Pure knowledge brings tranquility of mind in which illusion remains subdued.

Mati, En Thākuraka Parinivittā
Avaśa Kariyā Bhavavala Jitā. (Song 12, to be sung in Bhairabī tune)

Here the word *Thākura* means, according to the commentary, the afflicted mind of tranquilized by the consciousness of *Nirvāṇa.* The thought-process recollected in tranquility creates a perception of a world of dream, though our external experiences remain unchanged. This is, to say the least, pure mysticism which cannot be fully explained. He merely writes :

Nisia Andhārī Susāra Cārā
Amia Bhakhaha Musā Kara A Āhārā. (Song 21)

'Nisi a Andhārī' means the darkness of ignorance which leads to baseless imagination.

The Yogin is asked to kill this rat of the vital mind. The rat or the restless mind has to be suppressed for the attainment of inner enlightenment. The rat brings about all sorts of instincts, the combination of which is the hole in which it hides itself. The rat is Time, the passage of which brings about annihilation. Bhusuka advises the destruction of bondage that develops in time.

Bhusuka doubtlessly was a talented poet. In the sixth song, the blundering stag, ensnared by hunters, escapes at the call of the doe. Bhusuka uses 'intentional language to explain emancipation from the snares of illusion of Māra, the enemy of the Buddha, at the call of pure, unblemished consciousness, the doe, which says:

Hariṇī Bola A Harinā Suna Hariāto
E Bana Chāḍī Hohu Bhānto.

Here the stag represents the unsteady mind, jeopardized by all sorts of desires and hankerings, or by its own flesh. *Āpanā Māṁse Hariṇā Bairī.* The doe calling upon the stag to struggle for emancipation represents *Nairātmya* or the state of being essenceless or perfect void, and she shows the stag the way to *Prajñā,* or *Mahāsukha,* Great Bliss.

In Song 22, composed by Saraha, *avidyā,* ignorance, is described as something eternal, which causes the concepts of the world and also *Nirvāṇa.* From this concept emerges bondage. If there is no bondage, there cannot be *Nirvāṇa.* Both are interlinked, but, according to Saraha, the *acintya* (supraphenomenal) Yogin does not care for all these things, and equalizes life and death for the achievement of *Mahāsukha.* The Yogin seeks for a particular 'juice' that takes him above death. According to Shashibhusan Dasgupta, this particular song of Saraha "refers to the practice of Rasāyana school of Yogins, who tried to escape death through a Yogic process, akin to the process of *Rasāyana,*" which might have originated in Mongolia. (S.B. Dasgupta, *Obscure Religious Cults,* Revised edition, 1962, p.39, fn.). *Rasāyana* is mentioned in many manuscripts in Haraprasad Sastri's descriptive Catalogue of Buddhist manuscrips, vol.I (Asiatic Society's reprint, 2005).

In Song 29, Lui, who was, according to Sankrtyayana, was once a minister, says that there is neither existence, nor non-existence, only pure consciousness exists; *Bhāba Na Hoi Abhāba Na Jāi/Āisa Sambohen Ko Patiāi.//* In this body, speech and mind play together in three *dhātus* or physical-mental states, but never become attached to them. The matter of *Tattva* has no form or colour. It is, therefore, incomprehensible or unexplainable. Lui says that he himself does not know what he should say about the subject. But it is believed that when *citta* is fully merged in *Sahaja* bliss, all the impure and false conceptualisations disappear:

Astam Gate Candramasīva Nūnam
Nīrendavah Samharaṇaṃ Prayānti.
Quoted from *Āgama*
Cittam Hi Tadvat Saje Nilīne
Naśyantamī Sarvavikalpadoṣāh.
(*Bauddha Gān o Dohā,* p. 49)

There is no morality, no immorality, no merit, no demerit. All are provisional. This is the theory of the *Mādhyamikavṛtti,* which is explained in its Chapter 1. This is also a contention of the Tāntrika Buddhists.

From this brief account of the theoretical standpoint of the *Caryāpadas,* we may conclude that these songs and *dohās* reflect the spirit of criticism of Brahmanical formalities, the caste-system, and what Surendranath Dasgupta describes as socio-ethical 'patternization' in *The History of Sanskrit Literature: Classical Period,* volume I (S.N. Dasgupta and S.K. De. University of Calcutta, 1947, Introduction, pp. xxxii, xi) The composers of these songs say nothing about the value of ascetisism and renunciation and about cultivation of knowledge. These Buddhists preach that Truth is intuitive, and may be comprehensible in an unconventional manner through initiation in the *Tattva* and the practice of Yoga, which is natural, and therefore easy or *Sahaja.* A great emphasis is laid on a constructive coordination of human nature without which the Ultimate Truth is unrealizable. In this Yogic culture the natural propensities of man are of greatest significance. In this culture there cannot be any place for mere scholarship. Scholars, according to Kāṇha, are incapable of knowing the secret truth: *Yo Mana Goara. So U āsa* (Song no. 7). The Buddha resides in the body, but the scholars do not know it.

Saraha, who, was a great scholar, took a dim view of religious and social conventions in his *Dohākoṣa.* He thought that everybody regardless of caste and sex should be allowed to recite the Vedas so that everybody might be regarded as a Brāhmaṇa, by the act of recitation of the Vedas. Saraha also criticizes the Jaina *Kṣapaṇakas* whose practices are abnormal. Meditation or *dhyāna* has no value according to Saraha and Lui. The Yogin Kāṇha says that his nerves are fully under control. He is a Kāpālika Yogin, and his body has a non-dual form.

A basic fact of the spiritual culture, as described in the *Bauddha Gān o dohā,* is that it necessitates the co-operation of an initiated female partner. The female partner is very often referred to as a *Ḍombī,* a *Cāṇḍālī,* a *Yoginī,* a *Śuṇḍinī,* who belong to untouchable castes. In song number four, Guṇḍurīpāda says: *JoiniTani Binu Khanahi Na Jibami/To Muha Cumbi Kamalarasa Pībami.*

It means a Yogic practice, in which the *Avadhūtika* pulse running from the beginning to the end of the spinal chord, when properly used during the act of coitus, leads to an upward movement of the male sperm towards the head wherein *Mahāsukha* or Great Bliss is realized. This practice was later adopted by the Bāuls of Bengal. The commentary on this verse is a description of this secret practice. This secret practice, however, ultimately led to sexual perversion. The *Ekallavīracaṇḍamahāroṣaṇa Tantra* (Asiatic Society Manuscript numbered 9089), for instance, advises and describes the practice of incest and scatological rites. Since there is neither virtue nor sin, which are mental constructions, even the *Hevajra Tantra* advises the neophyte to indulge in unthinkable evil practices. Alex Wayman and D.L. Snellgrove, however, think that such advice should not be literally interpreted (Alex Wayman, *The Buddhist Tantras*, London, 1974; D.L. Snellgrove, *Hevajra Tantra*, London, 1959, Vol. II, p. 84 and p.154). But the *Yogaratnamālā* commentary on the *Hevajra Tantra* literally interprets this evil practice.

The last point of this discussion, which would help us understand the context of the Buddhist songs and *dohās*, is the frequent references in Kṛṣṇācārya's commentary to several Tāntrika Buddhist works like the *Rativajra* which insists on the retention of the male sperm. *Sampuṭodbhava Tantrarāja, Guhyasamāja Tantra, Hevajra Tantra, Āgama, Śekoddeśaṭīkā, Herukatantra, Caturdevīparipṛccha, Mahāyogatantra, Anuttarasandhi, Advayasiddhi, Prajñāpariccheda* and so on. In the *Bauddha Gāno Dohā* there are numerous references to the experiences of the common people. This is explained by the fact that the composers of the *dohās* and songs lived among the people. They had not renounced the world, as the *Vedāntī Sannyāsins* had done. Since the

delusion of phenomena and unite the spiritual searcher with the eternal.

It is indubitable that Buddhist-Haṭhayoga is an expression of the method of attaining gnosis. Gnosis means immediate knowledge of spiritual truth. Gnosis as a concept is discernible in Hellenic, Roman, Iranian, and Chinese civilizations. The Haṭhayoga-Tāntrika Buddhists also studied the beliefs of the folk.

The combination of Tantra and Haṭhayoga put considerable stress on experience, and placed it above the cultivation of purely scriptural knowledge. This is evident in the *Bauddha Gān o Dohā* where we find numerous references to ordinary experiences in life. At the same time, as the *caryās* show, the experienced Siddha translated intellective knowledge into an inwardly experienced psychological drama. In this drama *Prajñā,* gnosis, is the central point, the incomparable combination of everything. Translated into a symbol, *Prajñā* becomes a Goddess, a Divine Mother, invested with unlimitable power.

Sunk in ignorance, man is unconscious of the divine spark in himself. This divine spark, *Bodhicitta Prakṛtiprabhāsvara,* is realized after consecration.

In Siddha-Tāntrika-Kāpālika spiritual culture, as in the gnostic systems like the Chinese Tao, sexual symbolism is very important. It is a derivative of the concept of cosmos as a living entity. Sex is esoterically treated in secret spiritual culture or *Guhyasamāja* into which only the properly initiated persons are admitted. Initiation makes the neophyte capable of belonging to a spiritual brotherhood which does not have to abide by the laws of social life.

These ideas or concepts might have originated in India. The homology between macrocosm and microcosm is a central point of *Yoga. Antaḥ śarīre jyotirmayaḥ,* says the *Muṇḍakopaniṣad* (3, I, 5) In Bāul Lalan Fakir's song, *Jyotirmaya* is called *acin Pākhī,* unrecognizable bird, caged in the human body.

But this does not rule out the parallelism and contemparaneity with gnostic systems which were, supposed by G. Tucci, to exist particularly in India's frontiers connected to caravan highways and trade routes, on which ideas and merchandise were exchanged. (G.Tucci, *Tibetan Painted Scrolls,* Vol. I, SDI Publications, Thailand, Vol. I, 1999,p. 212, Introduction) A Tāntrika work titled *Mahācīnā-cārakrama,* for instance, is said to have been imported into India from China.

Śrī Samāja, or *Guhyasamāja,* mentioned in the *Bauddha Gān o Dohā* (P.3, 2006 ed.) is linked by tradition to Indrabhūti and Uḍḍīyāna. Acoording to Tucci (op. cit., p. 212) Uḍḍīyāna was not in Orissa, as some scholars believed, but in Swat Valley. The date of Indrabhūti is supposed to be the seventh century AD. by some historians (Chavannes, *Documents sur le Toukien,* p.121). Other traditions, which reached Tibet from the Indian schools, attributed to Uḍḍīyāna, its ruler Indrabhuti, and his sister Lakṣmīṅkarā, the origin of Buddhist esoteric cults. In Uḍḍīyāna a particular place named Dharmagañja is said to have become a famous centre of Tāntrika Buddhism. Here we should refer to an unidentifiable place called Jñānagañja, situated possibly in the Hindukush mountains, which was frequently mentioned by Viśuddhānanda, a mystic saint, in his conversation with Mm. Gopinath Kaviraj at Benares. However, it is a probability that Śrī Samāja originated in the Swat Valley between the end of the seventh century and the beginning of the eighth century AD. The Swat is a river in Pakistan that flows into the Kabul river.

Śāntideva, who prominently figures in Haraprasad Sastri's Introduction to the *Bauddha Gān o Dohā* (pp. 9-12) was, according to Haraprasad, another name of Bhusuka. But Śāntideva, author of the *Bodhicaryāvatāra,* the *Śikṣāṣamuccaya,* and the *Sūtrasamuccaya* was essentially a Mahāyāna philosopher, where as Bhusuka is well-known as the author of a number of *caryās.* A manuscript preserved in the Asiatic Society (numbered G-4801—*Caturābharaṇa* by Bhusukapāda, Folio 7 date 1281 AD. which explains *Sahaja*, is attributed to Bhusuka, in which there are accounts of construction of what may be called Tāntrika huts eating specially prepared food, and drinking of wine, etc. Bhusuka's female partner belonged to the untouchable caste of Caṇḍāla. He describes himself as a Bengali :

Aji Bhusu Bangāli Bhaili.
Niya Ghariṇi Caṇḍālī Leli.
(*Bauddha Gān o Dohā*, Intro. p.12, song 43)

Here *Caṇḍālī* is interpreted as unpurified Avadhūtikā wind by the commentators. This statement may or may not have a symbolic meaning. We do not exactly know when and how Tāntrika-Sahajīyā concepts came to Bengal. Apart from Nāgārjuna, the eminent Mādhyamika philosopher, there was another Nāgārajuna, a Siddha, and a Brāhmaṇa of Kāñcī. He is said to be a disciple of Saraha. It is to be noted that the exact identification of the persons who composed the *caryās* and the *dohās*, and their link with the schools of Buddhist Tantricism constitute a subject of intensive and extensive research.

At least G.Tucci is sure that the Buddhist esoteric circles had a deep contact with the frontier populations living in the outskirts of the main stream of Indian culture. Tucci's theory is corroborated in Kṛṣṇamiśra Yati's allegorical drama, *Prabodhacandrodaya* (Bombay, Nirnayasagar Press, 1935, pp.176-77) where it is said that a Hindu-Brahmanical revivalism based on Mīmāṁsā drove all deviant sects to the frontier regions. The Buddhists went to Sindhu, Gandhāra, and Iran:

Saugatāstāvat-Sindhugāndhāra (variant reading *Gāndhāra-magadha) Pārasika-Māgadhāndhrahūnavaṅgakaliṅgādīn Mleccha-pradhāna Praviṣṭāḥ.*

That the frontier regions included Tibet is attested by the *Jayadratha Yāmala*, a text of the ninth century AD. (P.C. Bagchi, *Indian Historical Quarterly*, 1931, pp. 1 ff.) In the *Dākārṇava Tantra,* Tibet is included in the twenty-four countries beginning with Uḍḍīyāna and ending with Malaya and Pullira. Pullira is mentioned in the *Hevajra Tantra* (Vol. II) in a song (p. 62):

Kollāire tthiā bolā Mummunire kakkolā
ghua kibiḍa ho vajjāi kiāl rolā.

In course of time, both Śaivism and Tāntrika Buddhism had an unrestricted proliferation, and had greatly influenced each other. Both drew their inspiration from the same experiences and gave the same interpretation to the spiritual urge of the masses. But, while the Śaivas put some stress on social work, the Buddhist Sahajīyā Siddhas, emphasized personal sublimation. This might be one of the reasons behind the gradual transference of Tāntrika Buddhist spiritual culture to far Tibet, while Saivism never waned into insignificance in India and countries like Thailand.

In Tāntrika Buddhism gods are born of ritual objects. *Vidyās* take on a body. Hevajra had, according to Snellgrove, (I, p.ll) his origin as a Tantrik god 'amidst outcastes and voluntary outcastes, some of whom, by the cultivation of magical powers, became *Vidyādharas*.' Snellgrove thinks that Hevajra was conceptualized by Kampala and Saroruha. Saroruha was also known as Padmavajra. Kṛṣṇa or Kāṇha wrote the *Yogaratnamālā* commentary on the *Hevajratantra.* The date of the *Hevajratantra* is assigned to the eighth century A.D. (*Hevajratantra,* I, p. 14)

Śaiva and esoteric Buddhist culture had a strong hold on the masses, and competed with each other in promoting the popular yearning for mystic power, *yoga,* and even witchcraft. Witchcraft of the Tāntrika Buddhist type is catalogued by Benayatosh Bhattacārya, Haraprasad Sastri's son, in the *Sādhanamālā* (GOS, Vols. XXVI, XLI).

A time came when Islamic invaders occupied large parts of the Indian sub-continent. The Buddhists, in particular, were aware of the danger of Islam. According to Benayatosh Bhattacharya, the *Vimalaprabhā* commentary on the *Kālacakra Tantra* records that all invitation was extended to the highest Hindus to embrace the worship of Kālacakra in order to ward off the evil of Mleccha civilization. . . . The Hindus could join the Buddhists only on two conditions, namely, interdining and intermarriage.' (B. Bhattacharya, ed. *Niṣpannayogāvalī*, GOS, 1949, Intro., p. 22) Incorporation of Hindu deities and Hindu concepts of *yoga* were thus a necessity in troublous times.

In the *Mahāparinirvāṇasūtra* (Taisho ed. Vol.XII, p. 382 A) violation of *Ahiṁsā* is ignored when other interests, such as the community's very existence, are at stake.

The Tāntrika Buddhist Sahaja culture had also a sexual connotation. It stated in the *Hevajratantra* (Vol.II, op. cit., p. 2).

evam mayā śrutam ekasmin samaye bhagavān sarvatathāgatakāyavākcittahṛdaya vajrayoṣidbhageṣu vijahāra.

Kṛṣṇācārya or Kāṇha interprets this curious statement in a symbolic manner (op. cit., p. 103). Perhaps in this context Saraha wrote:

yenaiva viṣakhaṇḍena mriyante sarvajantavaḥ.
tenaiva viṣatattvajño viṣeṇa sphūṭayed viṣaṃ.
(*Dohākośa.* Intro. p.13)

At any rate, in the *Bauddha Gān o Dohā*, a synthesis is clearly noticed of *Kṛyā, Caryā, Yoga,* and *Anuttara* Tantras, which have the same object: realization of Absolute Truth, and the removal of the false view of existence as it already is. The *Caryāpadas* show, in 'intentional' language, that the whole training consists in learning to conceive of existence in the knowledge of its non-existence. If this knowledge is gained, one will then automatically realize the true nature, which is innate or *Sahaja*, and a matter of self-experience (*svasaṃvedya*). But this can materialize if only one knows the use of existence as a praxis or *upāya.*

4

Reality and the Written Word– The Envisioning of Akbar

Shireen Moosvi

MEDIEVAL MANUSCRIPTS of historical works and archival documents mostly belong to the Mughal period. All books written in Mughal times were naturally written, transcribed and circulated in manuscript. Today, when some of these have been printed, it is not yet a safe policy to overlook the manuscripts. One needs, for one thing, to verify the actual text with the manuscripts, not only to establish the most reliable readings of individual words, but also because some manuscripts come up with material that other copies do not have. Such variant versions can sometime alter or improve our knowledge considerably. The same must be said of the manuscript records of governments, which for a historian constitutes a primary source. For far too long and even for times as recent as those of Akbar, historians have remained largely content with just dealing with historical works and hardly ever looked at the primary documents. For this reason, and for the additional one that the present year marks the fourth centenary of Akbar's death (1605), the theme chosen for this address with the object of showing as to how by combining the study of manuscript material with a scrutiny of the historical context we can better reconstruct the Akbar's world view and that of Abū al-Fadl's, who was his major spokesman, adviser, minister and ideologue. He can formally be called a court historian but not, perhaps, a mere flatterer; one could certainly believe that he was a sincere admirer of his master. Abū al-Fadl seems to have found in Akbar a vehicle for introducing thoughts which, according to him, were most relevant and useful for mankind. So his praise of Akbar is one with a larger cause than simply that of personal advancement. He does not even shy away from criticizing Akbar, for he does so wherever it seems necessary in describing actions that do not meet the requirements of his own declared ideals.

An attempt has been made here to show how our manuscript documentation can challenge the widely adopted view that Akbar's policy of religious tolerance, in its initial phase, mainly originated out of his relations with the Rajputs, the point of departure being his marriage with Raja Bharmal's daughter in 1562. That there were in fact other sources of tolerance, perhaps lying instinctively in Akbar's own personality, is now shown by the discovery of a rare set of *farmāns* issued by him in 1561 and subsequent years. The matrimonial alliance with the Rajput clan took place in 1562, till now considered by most historians to be the real point of departure and the beginning of the policy of tolerance. These *farmāns* beginning with 1561, were issued in favour of a very modest man whose name was Ramdas and he was a dyer, though a master dyer because the second *farmān* says, Ustad Rangrez Ramdas; and these tell us that solicitude for ordinary persons may have had also much to do with the unfolding of Akbar's policy of religious tolerance.

The first of the three *farmāns* is dated 1561, the second 1562 and the third fixed 1568. The first one issued on 7 April 1561, concerns the remuneration or *alufa* fixed for Ramdas as a dyer in imperial service. It is very important for those who are interested in Mughal history, for this is among the earliest *farmāns* in which the word *jagīrdār* is found, used for a land-assignee. In his making a Hindu dyer a *jagīrdār*, one cannot hold Akbar to be in any way dictated by political exigencies because the recipient of the *jagīr* and other favours was a very modest man who could have had no military or political influence. He was not a noble nor did he belong to an important martial clan, whom Akbar might have been trying to win over. It must be seen as an instance of the tolerance of the emperor, though one does not know whether it was a deliberate act of tolerance or simply born of his personal indifference to the religious views of those who served him. He granted this *jagīr* in 1561 just after the end of Bairam Khan's regency and at the beginning of the taking over control of administration.

The third *farmān*, of March-April 1569, recites that the same Ramdas had come to Akbar to complain that a person named Darayyā had borrowed money from him and was now refusing to return it. In response to this complaint a *farmān* was issued. The *farmān* required the local revenue officer (incidentally, a Hindu) to take the matter to the *qāḏī* and see to it that the payment was made. The seal reads: *Just conduct wins the approval of God; I saw no one being led astray by a just man.* One would have expected that up to 1569, which according to Prof. Iqtidar Alam Khan marked the high point of the period of Akbar's orthodoxy (when he asserted in the *Fataḥnāma-i-Chittor* that he was a *Ghazi* a victor in war against Non-Muslims) he would have emphasized in the invocation an allegiance to Islam and its Sharia', rather than to mere 'justice'. Clearly, Akbar's bow to Muslim orthodoxy even in 1569 was only one facet of his policy; it did not affect his attitude to matters of internal administration, or modify his concern for the welfare of an old employee. We find a number of seals of this legend appearing in Bilgram documents belonging to the same period, in most of which it is not very clear but here it is much easier to read. It is interesting that the source for Prof. Iqtidar Alam Khan's suggestion (in one of his very seminal papers on the different phases of Akbar's religious policy) to the effect that Akbar was turning to a conventional Islamic posture in 1568-69 too comes from a manuscript collection, the *Munshia't Namkin*, which contains the *Fatḥnāma* of Chittor and not any formal historical narrative of the time. Thus our manuscript sources present us with two different pictures that we need to reconcile.

Furthermore, there are two other *farmāns* which need to be considered here. These were issued in favour of the priests and temples of Vrindavan in 1565 and 1568, during exactly the same period, which is regarded by Prof. Iqtadar Alam Khan as the period of Akbar's orthodoxy. In 1565 a grant was issued in favour of the temples of Vrindavan of Chaitanya sect, and the document is preserved in National Archives of India, New Delhi.

In 1568 there another grant was made on the recommendation of Raja Todarmal whose name is mentioned with honorifics. Thus, we know that Todarmal was not only holding a high position then, but was also influential enough to secure a grant for a temple. The title of *rājā* had already bestowed upon him and this official document carries this title. So, the unearthing of more documents, manuscript *farmāns* and other documents is important for understanding the complex manner in which circumstances proceeded on the ground. These documents in favour of Ramdas and the Vrindavan temples also throw light otherwise not available about the development of Akbar's religious beliefs. For instance, we find that in the Vrindavan documents, the invocation is just *Hu al-Ghani*, 'He is Rich', at the top and not the usual Islamic invocation of '*Bismillah*'.

If we leave archival documents for the time being and look at the textual sources of Akbar's time, we should certainly first turn to his official biographer, Abū al-Fad̲l, who is supposed to be instrumental in framing his thought. One has thus to look at his *Akbarnāma* and the *Ā'īn-i Akbarī*.

The *Ā'īn-i Akbarī* is not a separate work, but is actually the continuation or concluding part of the *Akbarnāma.* During Akbar's own reign it was not known as a separate book because whenever Niẕām al-Din Āhmad or Badāyūnī, contemporaries of Abū al-Fadl, mention any piece of information drawn from the *Ā'īn-i Akbarī,* they always call the source *Akbarnāma.* It is the third or the last volume of the *Akbarnāma.* Perhaps, this was so different in nature from the content of the *Akbarnāma* which was arranged in a chronological manner, that sometime by the early years of Jahangir it came to be treated as a separate work. Thereafter, by a general readers' consensus it came to be known as the *Ā'īn-i Akbarī.*

Abū al-Fadl himself states how the *Akbarnāma* came to be prepared and it is interesting to know that it was also based on a number of documents and personal memoirs, which were specially ordered to be written for the purpose. An order was issued by the Emperor that whoever had any information or was privy to what had happened earlier, should write his memoirs, so that Abū al-Fadl could use it in compiling an accurate and detailed history of the reign. Thus, Gulbadan Begum wrote her memoirs. Bayazid Bayat was not very well-versed in writing Persian and he tells us that Abū al-Fadl's clerk used to come to him and he dictated to him whatever he knew of past events, even when supervising the work of the Imperial kitchen. One will also find the use of a number of 'Hindavi' words in his writings. There were many other works, which Abū al-Fadl had used, and the *Akbarnāma* was thus based on a number of documents or diaries, memoirs that were written deliberately for his use. He tells us that he worked on the *Akbarnāma* for seven years, prepared five drafts, kept on revising and was on the verge of taking up the sixth revision when the order came from Akbar that he should now finally present his work formally to him. So the text was written down in its final form. On 21st of March 1598 Akbar ordered Abū al-Fadl to make a formal presentation before him. One is sure that there ought to have been earlier versions of the *Akbarnāma* that were circulated and read at the court in front of nobles and other persons like Badāyūnī, Nizām-ud-Din and many others, since Nizam-ud-din Ahmad, d.1594, used one of them. We are, indeed, fortunate in having a copy of at least one such earlier version. The manuscript at the British Museum, London, is one of the early drafts, not the final version. When the two are compared, one comes across a number of interesting documents and statements dropped or modified in the final version. In the first draft Abū al-Fadl mentions that in the twenty seventh reignal year Todarmal presented a memorandum to Akbar regarding a set of proposed reforms in the Revenue Department. This contains a number of recommendations and after each recommendation there are remarks of Akbar which are written on the margin. The language used by Todarmal is rough, technical and almost crude such as when he refers to those who were above the peasant but below the Mughal administration, and who later came to be known as *zamīndārs.* Akbar's comments are rather off-hand and do not reflect any great care. In the final version of the *Akbarnāma,* the original texts of Todar Mal's memorandum and Akbar's remarks are replaced by a polished text where all rustic words have been removed or replaced with literary expressions. As a result apart from losing its rusticity, the document loses much of its technical accuracy, and sometimes vagueness replaces precision. Akbar's point-by-point observations have been omitted, it being stated in the end in just one sentence that the Emperor in his benevolence accepted all the recommendations. The reader is thus deprived of the means of knowing that Akbar really did not seem to have had much grasp over detailed matters of revenue administration.

The total disappearance of another important document form the final version is also very interesting. This is Prince Murad's letter written to Akbar in 1591. He was sent to Malwa and while leaving Lahore to take charge of the province he made certain requests to Akbar, among which there is one to send him a book which he can read, that is not based on traditional knowledge or "what is called *taqlid*". Akbar replied, that "such a book is almost non-existent but I am sending you a translation of the Mahābhārat a which has recently been translated at the court and is an interesting work and might be of some use to you." Further on, Murad says, "there are certain people in my contingent who are all the time keen to offer prayers in the form of physical exercises which they call *namāz,* and who insist on fasting from morning till evening which they call *roza,* and treat this as a form of worship. Shall I forbid this?" The language used by Murad for these Muslim rituals is quite harsh. Akbar replies in a cautious manner and states "every person recognizing and worshipping God in whatever way is welcome. Preventing insensitive simpletons, who consider body exercise to be divine worship, from practising this type of worship would amount to preventing them from remembering God at all". Abūa al-Fadl includes this entire document, which also contains Akbar's comments on administrative matters, and on particular persons, in his earlier version. Obviously this was held later, by him or by Akbar, to be one not fit entirely for the public ear, and so is omitted from the final version of the *Akbarnāma.* If we did not have a manuscript copy of the earlier version, we would thus have lost an important window to Akbar's private religious views.

Thus when one looks at different versions in different manuscripts, he sometimes strikes unexpected finds. Only two instances have been mentioned here but if somebody compares the earlier Akbarnāma version with the final text sentence by sentence, there will doubtless be many others. (This is not a complete copy for it ends well before the fourtieth regnal year).

Studying the manscript copies of the *Ā'īn-i Akbarī* is equally important. With its extremely rich statistical, ethnographic and descriptive material, as Barthold recognized, this is the most magnificent statistical work ever produced in Persian. It has been edited and printed right from 1811. Gladwin started printing a translation and then Sir Syed Ahmed Khan put his hand to it (1855) whereafter came the Naval Kishore's edition of 1869. H. Blochmann edited a critical text over a period of years (1867-77). But one cannot depend even on Blochman's much used version (and a subsequent Naval Kishore edition based on it). How misleading dependence on edited versions can here be and how important it is to go back to the original manuscript, can be explained very briefly. In the *Ā'īn-i Akbarī.* the third book, the *Mulkābādī* ('The Prosperity of the Country) presents the revenues and other information in a tabular form for the provinces of the empire. In the manuscripts these are given in columns and rows: the columns carry the headings of *parganah, qilā, jamadami, suyurghal, zamīndārs, sawār,* and *pyādā,* while the rows have headings of territorial units. Blochman decided to do away with columns altogether and with these, the headings of the columns were gone too. So his text just gives the figures in *bighā, dām, sawar* in rows that also contain names of castes: Rajput, Gehlot etc. But the reader does not know what exactly the figures and castes names represent. Jarrett in his translation (vol.II, ed. J. Sarkar, 1949) tried to restore the column-wise presentation; but he changed the order of the columns, and put headings of his own invention, so that the confusion became worse. For example, whereas Abū al-Fa<u>d</u>l gave the heading *Zamīndār/Būmī* and thereunder wrote names of castes holding superior land rights, Jarrett simply puts 'Castes' at the head of the column and so the reader has no means of knowing why these castes are recorded here. By putting the columns for cavalry and foot ahead of that of 'Castes', Jarrett further muddies waters, since the fact that these were numbers of *zamīndārs*' retainers not local officially employed troops is now obscured. If someone wants to look at the religious policy of Akbar he has to realize that Akbar had to deal not only with his nobility but also with the *zamīndārs,* whose military strength was an important factor to be taken into consideration. Of this one can get a true idea only from the actual manuscripts rather than from an edited versions. Akbar knew there were more than four million troops under the control of local chiefs a majority of them being non-Muslims. Most of them were not fulltime retainers but peasants who were part-time troopers and footmen as well those who came to fight only if summoned. This entire import is missed in both Blochmann's printed text and Jarrett's translation.

In the translations there are some further difficulties as well. Jarrett renders the word Hindi, which means Indian, as Hindu. So the entire sense is lost. The meaning of certain expressions is also misinterpreted. The heading *Ā'īn-i-Rehmāmonī*, 'guidance of the people', has been translated by Blochmann, the translator of that portion of the *Ā'īn-i Akbarī.*, as "ordinances of divine faith" which has nothing to do with the original phrase; and the misrendering has become the basis for the belief that Akbar was bent on establishing a new "faith" or religion. Similar misinterpretations are being found elsewhere also.

It is generally held that the development of Akbar's religious policy was mainly owing to his political exigencies. He did not want to depend on only one group of nobility. Therefore he first tried to balance the *Irani* with the *Turani* but that was not sufficient and he found the indigenous Rajputs to be the most reliable. In fact this suggestion comes from a seventeenth-century text, the *Dabistān-i Mazāhib*, which suggests for the first time, that Akbar sought to have the services of all those who were worthy, so as to have a composite nobility. It is an attractive proposition and has been accepted unquestioningly by nearly all scholars, including Professors Irfan Habib, Iqtidar Alam Khan and Athar Ali. But perhaps this cannot be the only or even the main reason for his adoption of a policy of full-blooded tolerance because he was from the beginning greatly attracted to the common people of different faiths than those holding political and military positions. Another suggestion has been given that it was his association with Rajput queens and his interaction with Brahmans which brought this change in his attitude. Such influences were undoubtedly noted by the contemporary historian, Badāyūnī. There is still another suggestion that there was on him also the influence of higher Hindu philosophy and thoughts or even perhaps the idea of *māyā* and pantheism developed by Śaṅkarācārya. There is still another intellectual source mentioned by Badāyūnī which seems rather more plausible as far the question of higher Hindu thought is concerned, viz. the translation of the Mahābhārata, that become available after 1584. But it may be argued that the opening to all such possible influences was created by a previously enunciated policy of tolerance: cause and effect may thus be inverted here. There is yet another explanation for the development of Akbar's inter-religious interests which appears to have been largely overlooked.

Badāyūnī states that Akbar in the early years of his reign encountered a number of personal risks. In nine days he reached Gujarat with a handful of troops and overthrew a powerful rebel army. He thought that this was due to some special favour from God and in gratitude he had to do something by way of thanksgiving. With a view to finding a path of conduct appropriate to this end, he established the '*Ibādat Khāna.* It was originally a secluded place, which was used by Akbar for meditation. Subsequently, he built a splendid structure to hold consultations: this has now been satisfactorily identified with the building containing the Anup Talao. When discussions began here, it was but natural to turn to the *ulema* to seek ways to return thanks for all that Almighty had bestowed on him. Yet since from the beginning, the *ulema* ceaselessly quarrelled with each other he was unable to satisfy himself intellectually. The *ulema* were unable to provide answers that Akbar had been seeking since 1570. So finally the *lbādat Khāna* was thrown open to the Brahmins and the Jesuits, and others. But there was another stream of thought that came to Akbar from outside the discussions at the *Ibādat Khāna* —from ibn '*Arabī* through not only Abūa l

Fadl and his father Shaikh Mubarak, both well-versed in ibn Arabī's doctrine, but also through Ṭaju'ddin, held to be a particular master of that stream of thought, being known as 'Taju'l 'Arifīn' (the Crown of Gnostics). Badāyūnī tells us how Ṭāju'ddīn used to be smuggled into the palace at the dead of night where he told Akbar all about the concepts of *insān-i kāmil* (Perfect Man) and *wahadut-ul-wujūd* (Unity of Existence). He was told that the difference between the world and religion, *dīn* and *dūniyā* is illusory. Akbar, it was now argued, was the *insān-i kāmil,* the perfect man to see beyond all these differences and bring about unity out of diversity. This could be done not by suppressing any creed, but by tolerating all, because all creeds were in essence equally illusory. Such tolerance was to be accompanied by the pursuit of Reason, which alone could bar the path to narrow-minded tradition (*taqlid*). Given this position, a dim idea of human progress also took root. Abū al-Fadl is reported by Badāyūnī to have said that "had Abū Ḥanīfah been living in our times he would have written a different *fiqh* (jurisprudence)." According to another source Abū al-Fadl treated as "nonsense" Ghazali's rejection of Sciences that had no foundation in the Quran and Traditions. A different line of mystic thought going back to Shihābu'ddīn Maqtūl (twelfth century), called *Ishrāqī* or Illuminationist, was built on the notion that light was the source of all purity, and that the just monarch was the ray of light from the source of light, or the Creator, being himself the *kayān ḳhorā* — recipient and reflector of divine light.

We come across a valuable reflection of these ideas in a document relating to Gujarat where there were some Jains, against whom there was an allegation of throwing spells, which resulted in drought. The Emperor issued a *farmān,* for their relief, which can be translated thus:

> "All classes of peoples, faiths and communities such as the gentry and the lowly, big and small, rich and poor, wise and ignorant, each one of them are emissions of divine

light and so while following their own type of worship, customs and purposes, they should live in prosperity and safety. This is the purpose of God in giving sovereignty and headship over classes to one man who thus becomes a ray or *partav* of the light of the Compassionate one. One should pursue the path of affection and amity, making divine wisdom his source of guidance. If he cannot reach the stage of absolute love (*moḥabbat-i-kāmil*), let him at least settle at the stage of absolute peace (*sulh-i-kul*) and pursue a kind conduct and benevolent demeanor towards all the creatures of the Creator."

So by 1590 it is clear that Akbar was seeking a totally different position from that of conventional Islam, although paradoxically the roots of this search lay largely within the four corners of Islamic mystical and philosophical speculation.

We see that the line of thought adopted served both as a justification and as an incitement to tolerance: The *farmān* to the Jains brings out this logical connections most concisely in terms of the idiom of Islamic mystical doctrines: A just ruler—the epitome of the Perfect Man—must not discriminate between different sects of people since all differences are illusory. It was argued that this is exactly the intention of the Creator Himself who nourishes and patronises all the different sects equally. This latter argument was so much driven home that even Aurangzeb invokes it in a *parwāna* he issued as a Prince to Rana Raj Singh of Mewar in 1658. This reads as follows:-

"The persons of the great kings are the shadows of the great God. The attention of these pillars of God is devoted to the end that people of different communities should live in peace and pass their days in prosperity. No one should interfere in the affairs of others. Anyone of this group who resorted to intolerance became the cause of dispute, disrespect and harm to the people at large. In reality such a king endeavoured to devastate the creation of God and God-created fabric, which is a habit to be rejected and cast off. And, God willing when the true cause (that is, Aurangzeb's own cause) is successful and the wishes of the sincerely loyal ones are fulfilled, the benefits of such a revered practice and established regulations of my great ancestors, who are so esteemed by the worshipful ones, will cast lustre in the four cornered inhabited world."

Even if Aurangzeb later on went through certain discriminatory measures of his disturbed "the God-created fabric", it is important to remind ourselves these words of his in a document preserved in the royal archives at Udaipur, which summed up so well an essential element of the theory and practice of the Mughal Empire as bequeathed by Akbar. It was the product of a vision, half mystical half-rational, profoundly pluralistic, if only potentially secular. It was an immense achievement for its day. Narrative histories (and their translations) only partly introduce us to its sources and roots. Archival documents and manuscript texts in some remarkable ways both modify and complete the story, and so must not be neglected.

5

The Methods and Stages of the Preservation of Scriptures in Ancient India: Oral Tradition

Radha Madhav Bharadwaj

THE HISTORY of preservation of scriptures in ancient India is a glorious chapter of intellectual history and is a unique gift to the people of the world. The ancient Indian scriptures are great treasure-houses of knowledge which have been fostering intellectual growth in the Indian subcontinent and other parts of Asia since the Vedic ages. The uniqueness about this great sources of knowledge is that this was preserved for a very long time through oral tradition. A great part of the canonical literature, particularly the Vedic, the Buddhist and the Jain, was composed, told, recalled and retold much before the time when the Indians came to devise proper scripts and writing materials for themselves. Till the time when writing method became very common, the learned Indians preserved their respective scriptures and allied texts orally by dint of their sharp intellect and great memorizing power with the help of their *ācāryas* (teachers).[1]

Great controversies have raged round the question whether the art of writing was known in India in very ancient times, whether it was used for literary purposes in the times of Pāṇini and whether the Brāhmī alphabet was an indigenous product. Max Müller in his *History of Ancient Sanskrit Literature* stated that writing for literary purposes was unknown to Pāṇini.[2] Then Bühler wrote his famous work *On the Origin of the Brahmi Alphabet,* relying mainly on the resemblances of a few letters of the Asokan script with an ancient Semitic alphabet and came to the conclusion that the Brāhmī alphabet was derived from Semitic script sometimes around 800 BC.[3] But Kane refutes them all by saying that the Indians had a kind of writing on the Harappan seals bearing some undeciphered script which are five thousand years old.[4]

But this is a well-known fact that the first glimpse of writings that appear in India, are the Asokan inscriptions in Prakrit language and other languages and scripts in the third century BC. and Sanskrit was adopted as an epigraphic medium in the second century AD.[5] Our oldest manuscripts are not older than the fourth century A.D., and have been found in Gilgit and central Asia.[6] We know that the Vedic canonical literature began to be composed at least around 3000 BC and continued to be composed till the end of the later Vedic literature and perhaps even later. Lord Buddha and Mahavīr delivered their teachings in the sixth-fifth centuries BC and many of their disciples also gave sermons orally many centuries after their masters. Now this is a matter of conjecture as to how the people of these systems of thought preserved their canonical literature in the absence of writing? When was the Vedic literature put down to writing is a matter of debate. There is also no proof of the Buddhist canonical literature being put down to writing before a great Buddhist council was held in Sri Lanka during the reign of the great king Vaṭṭagāmaṇi Abhaya in the first century BC. Thus, we are forced to believe that the ancient canonical literature of the Indians was preserved and transmitted through the medium of oral tradition (*śruti paramparā*).

Through this paper, a humble attempt has been made at tracing the methods and the stages through which the canonical literature of the different systems of religious thought (mainly Vedic and Buddhist) were preserved and transmitted by the ancient Indians till the writing method became much prevalent.

The methods and tools employed to preserve the Vedic scriptures seem to be very scientific, yet interesting, which led to its preservation in its original and correct form.

The first institution which helped preserve the Vedic scriptures was the *kula paramparā,* i.e. family tradition, where the Vedic seers used to inculcate the knowledge of the scriptures to their sons, daughters, nephews and grandsons in their families itself. In the *Kaṭhopaniṣad,* Naciketas was the disciple of his own father sage Uddālaka.[7] Then began the *guru-kula paramparā* (teachers' family tradition), where the knowledge was inculcated into students in the families of the teachers and where the knowledge seekers wandered far and wide in search of knowledge of the scriptures.

The whole Vedic literature is replete with such references where the pupils lived with their teachers till they acquired knowledge of their choice and at the end gave *guru dakṣinā* to the teacher. In the above mentioned system, the father-teacher or the teacher *(guru* or *ācārya)* used to make their pupils learn the scriptures by reciting through the system of mugging and memorizing. They were made to memorize the scriptures again and again till the time when it was supposed that the scriptures won't slip out of their mind.[8]

The study of the Vedas did not merely consist in learning the *mantras* (hymns) by heart but one also had to understand its meaning. The *Nirukta* (I. 18) quotes two verses which condemn one who only commits to memory the Vedas and does not know the meaning, 'that man is indeed a tree, a stump, a mere carrier of a load; he alone, who knows the meaning, secures all happiness; his sins being shaken off by knowledge and he reaches heaven.[9] Dakṣa (11.34 quoted by *Mitākṣarā* on Yājñavalkya III. 310) says that the study of the Vedas involves five things, viz. memorizing the Vedas, then reflection over its meaning, keeping it fresh by repeating it again and again inaudibly muttering by way of prayer, and imparting it to pupils.[10] The Vedic teachers divided life into four āśramas (stages) and the first, i.e. *brahmacarya* (that of celibate student) was solely devoted to the study of the Vedas. It appears from certain passages of the Upaniṣads that the usual duration of *brahmacarya* was of twelve years *(Chāndogyopaniṣad,* IV.10.1).[11] The *Gopatha Brāhmaṇa* (II. 5) states that the period of studenthood for learning all the Vedas is of forty-eight years.[12] The *Chāndogyopaniṣad* talks of *Naiṣṭhika brahmacārin* (perpetual studenthood) who stayed all his life with the teacher, to learn the scriptures, and led a life of self-restraint.[13] To preserve the ancient heritage, the ancient sages hit upon the plan of enlisting the entire population by making it their duty to devote as much time as they could to the study and conservation of the Vedic literature. Not only was the study of the Vedas made an absolute duty for all belonging to the three higher *varṇas,* but the study of the Vedas was essential for the performance of the sacred Vedic sacrifices (Jaiminī, III. 8.18).[14]

It would be interesting to notice the kind of punishment to be given to the pupils in ancient times. Gautama (II. 48-50) lays down that pupils are to be regulated (ordinarily) without beating, but if it is not possible to control the pupil (by words), then he may be struck with a slender rope or a split bamboo; but if the teacher strikes in any other way, the teacher should be punished by the king. The *Mahābhāṣya* (Vol. I, p. 41) refers to the fact that when a pupil pronounced a wrong accent (e.g. *anudātta* in place of *udātta*), the *upādhyāya* slapped him (on the back probably).[15]

The role of various sacrifices (Yajñas):

In ancient times, one of the ways of practising the religion was the organization of various sacrifices (like *Somayajña* and others) by the Vedic sages and the ruling chiefs for the acquisition of religious merit and influence. But these sacrifices served one great purpose in the sense that they helped preserve the scriptures in pure and correct form. Jaimini (III.8.18) lays down that it is only he who knows the Vedic portion necessary for a Vedic sacrifice, is entitled to perform that sacrifice.[16] In the *yajñas,* more particularly the *Somayajña,* there used to be four kinds of priests—the *Adhvaryu,* who used to prepare the altar as well as chant the *mantra* from the *Yajurveda;*[17] the *Hotṛ,* who used to chant the hymns from the *Ṛgveda;*[18] the *Udgātṛ,* who used to sing the hymns from the *Sāmaveda*[19] and the *Brahman,* who was the most learned of them all and was required to know the three Vedas (the *Ṛgveda,* the *Yajurveda* and the *Sāmaveda),* to supervise the sacrifices and to set right the mistakes in case they happen.[20] In this way, the hymns of the first three Vedas used to get recited time and again at these sacrifices and set corrected by the ultimate priest—the *Brahman.* In the *Ṛgveda* (X.71.11). itself reference is made to the mention learnt by the four principal priests *(Hotṛ, Adhvaryu, Udgātṛ* and *Brahman).*[21]

Emergence of Grammar and Other Auxiliary Sciences

Correct pronunciation of the hymns of the scriptures was of utmost importance which was to play a key role in the preservation of the unwritten vast canonical literature in its correct form. Therefore, we find great emphasis on correct pronunciation and correct use of grammar in ancient times. Great care was taken to preserve the proper accentuation of the Vedic texts. There is a well known story alluded to in the *Pāṇinīya Śikṣā* (*Pān.*, VI. 1.223 and VI. 2.1) as to how Tvaṣṭṛ repeated the words *'Indraśatrur-vardhasva'* in wrong accents and caused fire to be existinguished instead of inflaming it against Indra as he had intended.[22] The Vedas were to be recited not only with proper modulation of the voice to convey the accents, but the accents were indicated also by the movements of the head, hand and fingers.[23]

Hence, some kind of grammatical rules had to be devised to pronounce the scriptures correctly for their preservation. This need was felt by the Vedic seers in the backdrop of the expanding nature of the Vedic literature into four Vedas, varoius Brāhmaṇas, Āraṇyakas and Upaniṣads. Hence, a kind of grammar, called the *Prātiśākhyas* emerged. There were four *Prātiśākhyas*— one was attached to the *Ṛgveda,* two with the *Yajurveda* and one with the *Atharvaveda.* These *Prātiśākhyas,* apart from expounding some rules regarding the changes of *varṇas* or letters and joining of the letters also expounded the method of pronunciation of the words of these scriptures.[24] Then came a glossary of Vedic words called the *Nighaṇṭu* on which Yāska wrote his famed commentary called the *Nirukta.*[25] We also see the emergence up of the *Vedāṅga*-s i.e. auxiliary sciences to the Vedas which were six in number,—*Śikśā* or the science of pronunciation; *Chandas* or the metrics of the hymns; *Nirukta*—the book of etymology which explained the words of the Vedas; *Kalpa*-the book on *Karmakāṇḍa* or Vedic rituals and *Jyotiṣa,*—the astronomy and mathematics.[26] Writing of grammatical works in India started very early. Tradition ascribes the earliest work to Maheśvara, followed by that of Indra, though works by neither is extant. Paṇini (sixth/fifth centuries BC) refers by name to ten of his predecessors. Pāṇini's grammar was a great work by any standard which must have helped the students understand the formation of the words and pronounce them correctly. Then came the *Vārttika* by great Kātyāyana, which formulated critical supplimentary rules to the *Aṣṭādhyāyī.* Then came the great Patañjali who wrote his *Mahābhāṣya* (the great commentary) on Pāṇini and explained the rules of grammar which could not be accommodated by these grammarians. Pāṇini's tradition was sueceeded by a number of later schools who tried to simplify the rules of Sanskrit grammar. Among the works of the later schools mention must be made of the *Kātantra* (or *Kalāpa*) by Śarvavarman (first/second century AD) and *Cāndra Vyākaraṇa* by Candragomin (sixth century AD.) This way we see that the ancient Indians composed and wrote books on grammar and phonetics which were very useful to the teachers and the students for understanding the meaning, the phonetics and the semantic development of the words long before the development of classical and mediaeval scripts in which the Vedic literature is preserved till today.

Different Councils

The Vedic tradition used to call councils to perform religious rituals and chant Vedic hymns. We have certain words like *Vidatha, Sabhā, Samiti, Pariṣad, Saṁgāyana* and *Saṁgai* in our ancient most texts. *Sabhā, Samiti* and *Pariṣad,* apart from serving the political purposes, also served the literary and religious one. References point to the religious character of the *Vidatha* where the people worshipped Vedic gods and sung hymns in their honour *(Ṛgveda,* III. 1.18, 14.1; I.130; I.153.3).[27] Most allusions to the *Vidatha* from the *Atharvaveda* show that this institution continued to function primarily as a religious body in subsequent times.[28] Religious activities were not altogether absent in the *Sabhā* where the members offered prayers (to their gods) and sacrifices.[29] *Mantras* used to be recited in the *Samiti* as both the *Ṛgveda* and the *Atharvaveda* stress the need for concord in the *Samiti* as the poet says that the *mantra* be common, the *Samiti* be common.[30] R.S. Sharma says that among the Aryans, the *Pariṣad* also functioned as a religious assembly in which they offered oblation to Agni and sung hymns in his honour.[31] A later Brāhmaṇa mentions *Daivī Pariṣad* (divine assembly) along with *Sabhā* and *Saṁsad (Jaiminīya Upaniṣad Brāhmaṇa,* II.11.13-14).[32] The *Śatapatha Brāhmaṇa* (a seventh century BC text) and the *Kātyāyana Śrautasūtra* discuss the meaning of the word *Saṁgāyana* as singing together or chanting in chorus[33] which must be in connection with the chanting of the scriptures. This in all probability would have been the basis of the later day Buddhist and Jain *Saṁgītis.*

Śāstrārtha: Debates regarding the Scriptures and allied texts

The present day meaning of the word *Śāstrārtha* is analytical and polemical discussion on any topic, related to the Vedic scriptures, philosophy, grammar, poetic literature or the like. India has had a great tradition of *Śāstrārtha.* It has its origin in the *Ṛgveda. Śāstra* means the Vedas, *Dharmaśāstra* and various knowledge systems.[34] We have a reference in the *Ṛgveda* (X. 71.7) where co-students feel elation when their friend wins in a debate in an assembly.[35] *Śāstrārtha* must have helped preserve the texts in its correct form. One instance can be cited of this kind of *Śāstrārtha* between Aṣṭāvakra and another Paṇḍita at the court of king Janaka of ancient Mithila. Aṣṭāvakra was crippled from eight angles but was very proficient in the scriptures by dint of which he defeated his rival and became the court philosopher of the said king. The applause and appreciation of the organizers and audience for the winners and the insult that would have been heaped on the loosers must have led them to learn the scriptures very carefully and devotedly which would have helped in the preservation of the texts.

Recognition of the Power of Intelligence (Medhā)

As the oral tradition was carried on through learning ability of the pupils, the Vedic seers and later exponents attached much importance to the power of intelligence. The references to words like *medhā (*mental power, intelligence, wisdom–*Ṛgveda), Medhāsūkta* (name of a particular Vedic hymn) and *medhāvat* (Pāṇini, V.2., 121),[36] *Prajñā* (to know—*Ṛgveda;* wise or prudent–*Māṇḍūkyapaniṣad;* knowledge– *Śatapatha Brāhmaṇa* and *Atharvaveda);*[37] *mati*[38] (the mind, intelligence) in the early Vedic literature point to the fact that the Vedic seers well understood the value of intelligence. In the *Taittirīyopaniṣad* III. a teacher wishes for the growth of intelligence in his pupil at the time of teaching of the *Saṁhitā* (collection of Vedic hymns): "*saḥ nau yaśaḥ/ saḥ nau brahma-varcasam/athātaḥ saṁhitāya upaniṣadaṁ vyākhyāsyāmaḥ*" (We both the teacher and the student, grow together, our divine mental vigour grow together so that we would be able to explain the intricacies of the Upaniṣads).[39] At another place in the same Upaniṣad (4th *anuvāka)* the pupils request god Indra to bestow *medhā on them (Indro medhayā spṛṇotu)* and the mental and bodily strength so that he could preserve whatever he has studied *(śrutaṁ me gopāya*).[40] Manu speaks highly of a well-studied young student:

na tena vṛddho bhavati yenāsya palitaṁ śiraḥ/
yo vā yuvāpyadhīyānastaṁ devāḥ sthaviraṁ viduḥ//

It is not he, whose hairs have grown grey, is a learned man. The gods consider him to be a senior who is erudite even though young in age.

Based on this background Indian tradition formulated twelve or sixteen *saṁskāras* (sacraments) in the *Gṛhyasūtras.*[41] It believed that as the material things need brushing occasionally and refinement, so does one's mental abilities. The *medhā-janana-mantra* (intelligence-producing hymn), enumerated in the *Taittirīya Āraṇyaka* (X. 40.1) was recited in the ear of a child in the *Jātakarma saṁskāra* (naval-cord cutting ceremony to enhance the child's intellect.

karṇayorupanidhāya medhājananaṁ japati/
medhāṁ te devaḥ savitā medhāṁ devī Saraswatī/
medhāṁ te Aśvinadevāvadhattāṁ puṣkarsrajāvitī)"

May god Savitṛ, goddess Sarasvatī and the gods Aśvins wearing wreaths of the blue lotuses produce in you intelligence.[42]

The *Cūḍākarman* (first tonsuring of head) was performed on a child in his first or third year to begin the study of alphabet and arithmetic during the ancient times.[43]

The *Upanayana* or the sacred thread ceremony was a ritual in which the Guru (teacher) 'drew the child towards himself' *(Upanayana)* and invested him with the sacred thread (all three classes of twice borns) and thus endowed him/her with sacred or spiritual birth and qualified him/her to learn the Vedas by heart *(Āśvalāyana Gṛhyasūtra,* I. 19-22; *Śāṅkhyāyana Gṛhyasūtra,* II, 1-6; *Manu* II, *Yāñjyavalkya,* I. 14).[44] P.V. Kane quotes the *Hārtadharmasūtra* in saying that there existed a category of *brahmavādinī* (i.e., women students of sacred lore) and they had to go through *Upanayana* ceremony, i.e., keeping fire, studying the Vedas and begging in one's own house.[45] In the *Bṛhadāraṇyaka Upaniṣad* (VI. 4.17) there is also a mention of a rite prescribed for one who desires to have a learned daughter.[46]

Role of Philosophers, specially the Naiyāyikas (logicians)

No less important was the role of philosophers of different schools in saving the scriptures. The Buddhist philosophy and way of life were fast spreading as it had the elements of scientific knowledge, morality and life of renunciation of monks to attract people. If Vedic scriptures had to be saved, it was necessary to re-establish its tenets and attack those of the Buddhists. Buddhism did not believe in the existence of god, soul, the divine creation of the Vedas, the authority of the word as proof in itself (*śabda-pramāṇa*) and believed that everything is impermanent (*sarvamanityam*).[47] But this is also the base of Vedic scriptures and philosophy. Hence, there arose various schools of philosophy to counter these tenets of Buddhism and re-establish the basic tenets of the Vedic religion. Jaimini, through his sūtras, tried to re-establish the Vedic rituals (Karmakāṇḍa), Akṣapāda Gautama, through the *Nyāyasūtra* tried to re-establish the tenets like the eternity of God, the soul and attacked the tenets of Buddhism,[48] and Bādarāyaṇa, through his *Vedāntasūtra* tried to re-establish the existence of Upaniṣadic *Brahman* and *Ātman*.[49] But the real onus of saving the Vedic religion and scriptures from the Buddhist intellectual onslaught fell on the logicians and we see a whole lot of them coming forward to protect Vedic tenets and attack Buddhism. Uddyotakara, Vātsyāyana, and Vācaspati Mśra—their attack on the Buddhists continued even during the mediaeval and the modern ages. The neo-school of Philosophy (Navyanyāya) established by Udayanācārya and Gangeśopādhyāya produced brilliant logicians like Pakṣadhara Miśra, Vāsudeva Sārvabhauma, Raghunātha Śiromaṇi and Gadādhara Bhaṭṭacharya. M.R. Bodas in his Introduction to *Annambhaṭṭa's Tarkasaṁgraha* said that Udayana's logic spelt the death knell for the Buddhists in India.[50]

Buddhist Traditions

Let us now turn to the methods the Buddhists adopted to preserve their scriptures the *Tripiṭaka* and others. Buddhist scriptures are found in different languages and scripts –Pāli, Sanskrit, Prakrit, Sinhali, Tibetan, Burmese, Chinese and the others. The Buddhists also faced numerous problems in preserving their scriptures, i.e. the absence of writing, lack of protection and patronage at times, enmity and jealousy of the rival faiths, attack by the marauders and others.

Among all the sects of Buddhism, Sthaviravāda is believed to be the most orthodox and the adherents of this sect claim to have in their possession the most authentic teachings of the Buddha. The original teachings of the Buddha is compiled in a canon called *Tripiṭaka* which means 'Three baskets.' It is so called because it is divided into three parts viz., the *Vinaya,* which comprises the monastic rules, the *Sutta (Sūtras)* which comprises the teachings for the monks and the general public and *Abhidhamma (Abhidharma)* which deals with the Buddhist philosophy. Now, it is interesting to know how this vast *Theravāda* canon was compiled and transmitted. It is to be borne in mind that the teachings of the Buddha were delivered orally and continued to be preached orally for several centuries before they were written down in Pali by the Theravādins and in Sanskrit by the Sarvāstivadins and others. We have several evidences of its being compiled and preserved through oral tradition. First is that, when it began to be compiled at the First Council at Rājagṛha by the *theras* (monks), every section starts with the phraseology *"evam me sutam"* in Pāli and *"evaṁ mayā śrutam"* in Sanskrit, meaning, "thus I have heard." Other evidences of the orality are the deviation from the paths of *Dhamma- Vinaya* (monastic rules) by a section of the monks and the various repetitions found in the scriptures. Thus, the compilation and the preservation of the *Tripiṭaka* through the oral tradition is well established.

Amongst different methods of compilation and preservation, first in the list of their attempts is the calling of various councils *(Saṁgītis)*. Buddhist councils have played the most crucial role in the compilation and preservation of the canons. The tradition tells us that immediately after the demise of the Lord, his direct disciples called a council at Rājagṛha for the compilation and preservation of *Budhavacana* (teachings of the Buddha) before they got distroyed. The *Vinaya* rules were recited by venerable Upāli and *Dhamma* (which comprised the *Sutta*) by Ānanda and a few others. And thus was compiled the corpus of Buddhist teachings. This was indeed a great historical achievement of its time. This Council took seven months to compile the corpus and after it was compiled and accepted by all the monks present there, it was recited by all the monks to retain it in their mind. But within one hundred years, transgressions began to appear in the conduct of the monks because there was nothing in writing. Hence, around 383 B.C. a second council was called at Vaiśālī, where the purist Theravādins expelled ten thousand deviant monks who caused a split in the order and held a parallel council at Kauśāmbī. They called themselves *Mahāsāṁghikas* and compiled their own *Tripiṭaka* in Prakrit by breaking up the order and distorting the original *Tripiṭaka.* During the time of the Emperor Aśoka, the Third Council was convened at Pāṭaliputra under the chairmanship of monk Moggaliputta Tissa. Aśoka and the purist Theravādin monks were pained at the distortions that had set in the Buddhist order *(Saṁgha).* The Saṁgha had come to be divided into eighteen different sects and the monks behaved against the monastic rules. Aśoka had come to realize that it was only to get food and clothing that the fake monks had come to join the *Saṁgha,* Aśoka asked them certain questions to test their knowledge of the authentic teachings of the master and after finding that a great many of them had deviated from the original path in *Dhamma* and *Vinaya,* not only expelled them from the *Saṁgha* but also snatched monkship from them and derobed them. He patronized the Sthaviravādins and recognized them as men of merit and character who could carry forward the teachings of the Buddha in the purest form. But even then, the canon was not put down to writing.[51] Aśoka did one great thing at this Council by deciding to send religious missions to different parts of India and the world to spread the message of the Master for the welfare of mankind. It was against this backdrop that he allowed his son Mahendra and daughter Sanghamitrā to go to Sri Lanka to preach Buddhism. They even taught Buddhism orally over there.[52] We know from the *Mahāvaṁsa,* the Pāli chronicle of Sri Lanka that during the reign of King Vaṭṭagāmaṇi Abhaya (101-77 BC) a council (second Council in Sri Lanka) was convened where the Theras (Theravādin monks) recited the *Theravāda Tripiṭaka* which was then reduced to writing in the Pāli language, after noticing a sharp decline in the memory of the contemporary people.[53] There is not much of a problem in accepting the theory of oral tradition and its being reduced to writing in the first century BC during the time of King Vaṭṭagāmaṇi except the fact that writing became prevalent in India in the third century BC, during Aśoka's time and that he issued a guideline for Buddhist monks and nuns in his Bhabru inscription that they should listen to the teaching *(Dhamma Paliyāya)* contained in the *Vinaya-samukase, Aliyavasāṇi, Anāgatabhayāni, Munigāthā, Moneysuta, Upatisapasine* and *Lāhulovāde.* Although these teachings could not be exactly identified in the Pāli *Tripaṭaka* (but was highly imbued with Buddhist teaching as the *Lāhulovada Sutta)* and although the languages of the Aśokan inscriptions and the Pāli *Tripiṭaka* were different, nonetheless was he hinting at any written text? Had some portion of the teachings been written down by his time?[54] Scholars hold the view that the *Theravāda Tripiṭaka* that is available to us in the Pāli language was finalized under the patronage of King Vaṭṭagāmaṇi in the first century BC.[55]

In the first century AD., during the Emperor Kaṇiṣka's time, the Fourth Buddhist Council was convened. Mahāsthavira Pārśva sermonized him that there is no unanimity among the monks and thus there is a need to call a council. This indicates that the *Buddhavacana* had yet not been written down in India. The council was convened at perhaps two centres—Śrīnagara (Kashmir) and Puruṣapura (Peshawar in modem Pakistan), and commentaries *(Vibhāṣa*-s*)* on all the three *Piṭakas* were written in Buddhist-Hybrid Sanskrit on copper plates and put in stone boxes to be put inside the high *stūpas* (Buddhist dome like structure containing the relics of the Master) so that the monks may not carry them away. The different councils held in India and Sri Lanka (Councils were also held in Thailand in the eighteenth century and in Myanmar during ninteenth and twentieth centuries) played a great role in the compilation and preservation of the Buddhist scriptures.

Acceptance of intelligence as a force

Intelligence was one of the very important elements that helped in the preservation of the Buddhist scriptures. The Buddha has been quoted as having declared the Kaccāyana, one of his most intelligent disciples, as his principal disciple.[56]

In those days, when mind was the only store house where knowledge could be stored, men of intelligence were most revered. The Buddha had eighty chosen disciples who must have been selected because of their devotion, hardwork, moral conduct and sharp intellect. When the First Council was convened, only five hundred monks were selected to recite and recommend the *Buddhavacana*. Rest of the monks, who were clearly asked not to go towards the venue of the Council, must have been ordinary monks not worthy of attending the council. In the Second Council, only seven hundred were called. Thus, it seems that intelligence was much valued and relied upon in the days of oral transmission.

Use of Grammar

To memorize any scripture, it was very essential to have a knowledge of grammar. The Pāli grammarian Kaccāyana has explained the objective of writing his grammar with a view to understanding the meaning of the teachings of the Lord.[57] The Buddha himself had indicated about the importance of grammar for better understanding of the language and declared that Mahākaccāyana would write a text on grammar.[58] Many hold the view that Kaccāyana, the writer of Pāli grammar was the same Mahākaccāyana, the disciple of the Buddha, and the son of a minister of king Caṇḍa Pradyota of Avanti in the fifth century BC.[59] But this raises many questions. Since the present Kaccāyana Pāli grammar has taken the help of Pāṇini's grammar[60] (held to have flourished in the fifth century BC) and also of *Kātantra* of later date it is difficult to imagine for a person in those days to include matters from a contemporary work. Secondly, Pāli was the lingua franca and seems to have been in its early stage of development to have provided conditions for the birth of a text on grammar. Hence, the present Kaccāyana is said to have belonged to the middle of the first millennium of the christian era. The question arises as to which grammatical rules the monks followed while learning their scriptures? It is sugested that since the language of Pāli and Vedic as well as common (*laukika*) Sanskrit is so similar in syntax and pronunciation[61] that the Pāli grammarians Kaccāyana, Moggalāna and Aggavaṃsa have profusely drawn from the Sanskrit grammarians (Kaccāyana from Pāṇini and *Kātantra;* Moggalāna from Pāṇini, *Kātantra* and Chandragomin)[62] and because of this affinity and in the absence of Pāli grammar for well about thousand years, the Buddhist *theras* (monks) must have tried to understand the basics of Sanskrit grammar to tackle the linguistic difficulties. Although this suggestion is a subject of speculation, it needs to be explored in greater details by the scholars.

Meditation and mental and physical exercises (Dhyāna and Vipaśyanā)

While memorizing the texts, one element which would have greatly helped the monks was *dhyāna* (meditation) and *vipaśyanā.* It has a long history in Buddhism. This could have greatly helped the monks in keeping well physically and concentrating on the texts. This is one reason why the Buddhists used to live in secluded caves and Vihāras far from the settlements.

Prohibition of collecting gold and silver

The monks were asked to beg only for one time meal and not to accept gold and silver. This was foreseen by the Master that once the monks collect more and accept precious metals, they will get habituated and will deviate from the path of good conduct and, will not then be able to concentrate on their mission. This gets amply proved by the behaviour of the Vaiśāli monks who followed their own ten rules of conduct and started accepting gold and silver as gifts and even consuming an intoxicating brew. But soon they were held guilty of deviating from the original path and were expelled from the Saṁgha by the purist

Theravadins. If they would not have been expelled by the purists, many hold the view that the original *Buddhavacana* would not have been preserved in the form it is available to us today.

Development of Buddhist Logic

In the entire journey of the preservation of Pāli *Tripiṭaka,* the development of Buddhist logic should also be given its due importance. Not only was it important to have devoted monks of sharp intellect and good moral character for memorizing and preserving the canonical literature but they also needed the help of the logicians. The science of logic was very important to protect the Buddhist religion and scriptures from the unfriendly rival sects, particularly the *Mīmāṁsā (*Analysis of Vedic rituals) and *Nyāya* (Logic) philosophers. It is to be borne in mind that the learned rulers, intelligentsia and the ordinary householders were always very important for all religious sects. All the sects always tried to influence them with their ideology and philosophy since it was their patronage which was of immense value to them. It was on the basis of the science of logic that one sect would downgrade the philosophical ideas of the other and establish the sanctity of their own to win the mind of the rulers and the people. Hence, logic developed as a natural corollary in course of time. The first instance of the use of logic to quell the differences among the monks is seen at the Third Buddhist Council when the monk Tissa discarded the view of *non-Sthavirvadins* in his *Kathavatthuppakarana.* The value and use of logic as a tool had perhaps been sensed. The critique of Buddhist philosophy by *Mīmāṁsakas* and *Naiyākikas* led to the birth of some of the most brilliant Buddhist logicians like Dignāga (about 450 AD) who wrote his *Pramāṇa-samuccaya* and Dharmakīrti, (about 600 AD) who wrote *Pramāna-vārttika.* These Buddhist logicians wrote these treatises with objective of countering the criticisms of the Vedic philosophers and re-establishing the philosophy of the

Buddha.[63] Hence, the development of Buddhist logic was not just the development of a new branch of learning and a gift of Buddhism to the world but was also a tool to use it as and when the need arose to quell the rival enthusiasts.

Buddhist art

The painting of Buddhist lores and the making Buddha's images should not just be seen as art objects. Has anyone ever given a thought to the fact for whom were the mural paintings of Ajanta caves (second century BC.–fourth century AD.) and Bagh caves, depicting scenes such as the Buddha, being lured by the enchantresses and his remaining untouched by such emotions, created? Who would have seen them in such secluded hilly regions, except the monks and some of their devotees? These were naturally created for the monks to remain inspired by the life of the Master, otherwise there were chances of their deviating from the path as the ones we have seen at the Second and Third Councils. Hence, the role of such paintings would have played a role in keeping the emotion of the monks in control and leading them to concentrate on their mission.

Production of Poetic literature related to the Buddha

Although this may seem unrelated to the method of preservation but scholars may appreciate the fact that the writing of works like the *Buddhacarita* and the *Saundarananda* in Sanskrit by Ācārya Aśvaghoṣa and other poetic works related to life and character of the Buddha by others must have played, albeit indirect, a role in the preservation of Buddhist religion and philosophy. This is a matter of conjecture that in the absence of rituals and poetic literature in Buddhism, what could have engaged the mind of the neutral scholars and the laymen? Production of poetic literature in Sanskrit depicting Buddha's compassionate personality and his teachings must have created a conducive atmosphere which would have indirectly helped in the growth of respect for Buddhism among neutral intelligentsia and the laymen on the other side of the fence and provided a protective wall for the practising Buddhists.

Coming of the method of writing

Did the advent of writing stop the transmission of scriptural knowledge through orality? Although we do see the writing in the third century BC. in Asokan inscriptions but it is doubtful if the Buddhist canons were reduced to writing because there is no mention of its being written down anywhere. Mahendra and Samghamitrā did take the canons to Sri Lanka but there also they orally. It was only in the first century BC., during the reign of King Vaṭṭagāmaṇi Abhaya of Sri Lanka that we have the solid proof of the Pāli *Tripiṭaka* being put to writing. Even then, it must not have been available to the great mass of Indian monks. Even though the commentaries were written down on copper plates in the Fourth Council, they were in Sanskrit and were locked in stone boxes and put inside the *stūpas* lest they be carried away by the enthusiastic monks. Hence, it is clear that even after the popular practice of writing, the monks still had to rely on their power of retaining the knowledge and passing them on to the next generation through oral tradition. The Pāli *Tripiṭaka* was absent from Indian mind except some monks from the Chittagong hill tracts and its contiguous zone, who are said to have preserved them.[64] It was in 1871 that we hear that in Burma (Myanmar), the entire Pāli *Tripiṭaka* was recited one hundred times, to purge it from unauthentic later additions and written down in the Burmese script. We still are at a loss to determine as to in whose possession this Pāli *Tripiṭaka* was. Perhaps the method of oral transmission continued upto even nineteenth century and the practice continues even today by great many monks in many parts of Asia. Thus, oral method of teaching and transmission was the sole method in the process of the preservation of the Buddhist scriptures in Pāli and other languages for a very long time.

In conclusion, it may be said that facing uncounted number of odd, and in the absence of writing facilites so easily, the ancient Vedic people and the Buddhists deserve all the praise for their great memorizing and retaining power in order to prererve their respective scriptures which are great sources of knowledge of the religious and philosophical systems of ancient India.

References

I. P.V. Kane, *History of Dharmaśāstra,* Vol. II, Part I, Bhandarkar Oriental Research Institute, Poona, 1941, p. 348.
2. Ibid.
3. Ibid.
4. Ibid.
5. R.S. Sharma, *Ancient India,* N.C.E.R.T. Latest edition, p. 14.
6. Ibid.
7. Harikrishna Goyandka, *Īśādi Nau Upaniṣadẽ* Hindi), Gita Press, Gorakhpur. Samvat 2059 (23rd edn), p. 53. (*Kaṭhopaniṣad,* 1.5).
8. Kane, *Dharmaśāstra,* Vol. II, p. 347
9. Ibid., p. 357.
10. Ibid.
11. Ibid., p. 349.
12. Ibid., p. 350.
13. Ibid., p. 375.
14. Ibid., pp. 351-52.
15. Ibid., p. 362.
16. Ibid., p. 352.
17. M.Monier–Williams, *A Sanskrit-English Dictionary,* MLBD, Delhi, 1997 (rept), p. 24. The writer has taken the meaning of the word from the *Śatapatha Brāhmaṇa* and even *the Ṛgveda.*
18. Vaman Shivram Apte, *Sanskrit Hindi Kośa,* MLBD, Delhi, 1997 (rept), p. 1181.
19. Ibid., p. 195
20. Williams, *Dictionary,* p. 738. He has quoted the *Ṛgveda* as to the meaning and functions of the *Brahman,*
21. Kane, *Dharmaśāstra,* Vol. II, p. 353.
22. Ibid., p. 347.

23. Ibid. also see, Goyanda, *'Upaniṣads "* (*Taittirīyopaniṣad,* 2nd anuvāka), p. 307-8.
24. Apte, *'Koṣa',* P. 689.
25. Ibid., p. 523; also see, Williams, '*Dictionary*', p. 546.
26. Ibid., p. 975; also see, Williams; '*Dictionary*', pp. 1016-17.
27. R.S. Sharma, *Aspects of Political Ideas and Institutions in Ancient India* MLBD, Delhi, 1st ed. 1959, pp. 85-86
28. Ibid., pp. 87-88
29. Ibid., pp. 97-99
30. Ibid., p. 106
31. Ibid., p. 124
32. Ibid.
33. Williams, '*Dictionary*', p. 1129.
34. Apte, '*Kośa*', p. 1014, Williams, '*Dictionary*', p. 1069.
35. Kane, *Dharmasastra,* Vol. II, p. 353.
36. Williams, '*Dictionary*', p. 833.
37. Ibid., p. 659.
38. Ibid., p. 783.
39. Goyanda, *Upaniṣadē,* p. 309.
40. Ibid,p. 315.
41. William, '*Dictionary*', p. 201.
42. P.V. Kane, *'History of Dharmaśāstra,* Vol. V, Part I, Bhandarkar Oriental Research Institute, Poona, 1958, p. 35: see, *Āśvalāyana Gṛhyasūtra,* I. 15.2
43. Kane, *'Dharmaśāstra',* Vol II, p. 370, also see Williams, '*Dictionary*', p. 401
44. William, '*Dictionary*', p. 201
45. Kane, *'Dharmaśāstra,'* Vol. II, p. 366.
46. Ibid.
47. Rahul Sankrityayana, *Darśana-digdarśana,* Kitab Mahal, Allahabad, rep. 1994, pp. 632-44.
48. Ibid., p. 644.
49. Ibid., pp. 661-62; M.R. Bodas (ed.), *Annambhaṭṭa's Tarkasaṁgraha,* 1st edition, Bombay, 1897, Introduction, p. XVII.
50. Bodas, *'Tarkasaṁgraha,"* Introduction, p. XLII
51. Satkari Mukhopadhyaya, 'Glimpses of Buddhist canons and their Divisions' in Ratna Basu (ed.), *Buddhist Literary Heritage in India: Text and Context,* National Mission for Manuscripts, Delhi, 2007, p . 11.
52. Ibid.
53. Wilhelm Geiger (ed.), *Mahāvaṁṣa* of Mahānāma, London, 1958 (rep.), 33. 100-101.

54. Mukhopadhyaya, *'Glimpses,'* p. 11
55. Laxmi Narayana Tiwari and Birbal Sharma (ed.), *Kaccāyana Vyākaraṇa,* Varanasi, 1989, Introduction, p. 20.
56. Bhikshu Satyapal (ed.), *Kaccāyana-nyāso,* Buddha Triratna Mission, Eastern Book Linkers, New Delhi, 1991, p. 6.
57. Tiwari and Sharma, *'Kaccāyana Vyākaraṇa',* p. 44.
58. Ibid., Introduction.
59. Ibid.
60. Ibid. p. 47; also see Wilhelm Geiger, *Pāli Literature and Language,* MRML, p. 53.
61. Tiwari and Sharma, *Kaccāyana Vyākaraṇa,* Introduction.
62. Ibid., Introduction, p. 66.
63. Bodas, *Tarkasaṁgraha,* Introduction; also see, Sankrityayana, *Darśana-Digdarśana,* pp. 740-806.
64. Tiwari and Sharma, *Kaccāyana Vyākaraṇa,* Introduction.

6

A Rare Manuscript of the *Jagannāthavijaya* of Veṅkāmātya

H.V. Nagarajarao

THE HISTORY OF Sanskrit poetry is very old, and rich as well. There are numerous works that are still dormant in the old manuscripts and have survived the ravages of time. As Nīlakaṇṭha Dīkṣita, a poet of the seventeenth century observes :

कति कवयः कति कृतयः कति गुप्ताः कति शिथिलाः, कति चरन्ति।

Numberless are the poets, uncountable are their works; many are hidden, many are in fragments and many more lost for ever and many are in circulation.

It is our earnest duty to discover and bring them into light. The Oriental Research Institute, Mysore, has preserved many valuable works of many famous and many not so famous poets. Many works are also being edited and published, but many of them are yet to recive due attention. One of such important work that deserves our attention is the *Jagannāthavijaya*.

The *Jagannāthavijaya* is a work of the great savant of the

eighteenth century known as Veṅkāmātya or Pradhāni Veṅkappayya. He was a prolific writer both in Kannada and Sanskrit as revealed by the introductory verses in some of his works. For instance, we find in the prologue of one of the plays, namely *Kāmavilāsabhāṇa,* the following verses:

यः श्रीरामपदारविन्दविहरद्भृङ्गायमाणामल-
स्वान्तःश्रीपवनात्मजप्रसदनस्वाधीननानाकलः।
येनाकारि कवीन्द्रनन्दितरसं सीताविवाहाभिधं
काव्यं श्रीहनुमज्जयेन च समं कर्णाटरामायणम्।।
शब्दार्थोभयमर्मसौरभकलां जानन् रसस्य ध्वने-
र्यः पुम्भावसरस्वतीति कवयज्जालेषु जेगीय्यते।
आशास्यार्पणतः समागतवतामासेतुशीताचलं
सञ्चिन्वन् विमलं यशो विजयते धर्मो वपुष्मानिव।।

From these verses we understand that Veṅkāmātya was a devotee of Rāma and Hanumān. He had written works like the *Sītāvivāhakāvya,* the *Hanumajjaya* and the *Karṇāṭarāmāyaṇa,* etc. in Kannada. He was also known as Puṁbhāvasarasvatī or the Goddess of knowledge in male form.

From the same work, we can gather some personal information of our poet in the following verses:

विश्वानन्दिनि मौनिभार्गवकुले दुग्धाम्बुधौ प्रोज्ज्वले
हम्पार्याभिधमन्त्रिणः समुदितो वाबाम्बिकागर्भतः।
आजन्मप्रथमानमानविलसत्सौशील्यसाम्राज्यभू-
र्वेङ्कप्यप्रभुरुन्नतो गुणगणैस्सोऽयं न केन श्रुतः।।

Veṅkāmātya was born in a family of Brāhmaṇas of the Maunibhārgava gotra. His father was Hampāyya and mother Vābāmbikā (or Vāmāmbikā according to some manuscripts). (Hampārya was also a minister of some king unknown to us). From his another work *Lakṣmīsvayaṁvara Samavakāra,* we learn that Veṅkāmātya was referred to as a new incarnation of Hanumān:

विदित एवास्य प्रभावो नवाञ्जनेयावतारस्य ।

It is also known from the same work that our poet was adept in the art of war too. He himself says:

यस्याङ्गणे श्रीमदनीकिनीनां किरीटसङ्घर्षणजातरेणुः ।
दिशत्युदारोत्सवभागिनीनां दिगङ्गनानां पटवासलक्ष्मीम् ।।

It is also evident that Veṅkāmātya was well off when he wrote this work because he says:

नटी—सर्वगुणपूर्णस्याप्येतस्य विश्राणनं नाम विशेषतः प्रशंसन्ति सर्वेऽपि ।
सूत्रधारः-प्रिये गुणरत्नं खलु वितरणं नाम ।
ये वेङ्कप्यार्यसामीप्यमालम्ब्य सफलाशयाः ।
त एवान्यार्थिसङ्घानां तद्याच्ञाफलदायिनः ।।

This means that the supplicants received so much from the generous Veṅkappayya that they were able to satisfy other supplicants themselves. So the poet's wealth can be guessed.

We learn that Veṅkāmātya was a gifted poet and he was able to compose poems even as a child. He boasts:

पवनात्मभवस्मृतिर्वचा नवनीतं रघुनाथसेवनम्।
शिशुतासमयेऽपि साहिती पयसस्तौल्यमवाप यत्कवेः।।

Veṅkāmātya was proficient not only in Kannada and Sanskrit, but also in Telugu according to his statement in the *Ūrvaśīsārvabhaumehāmṛga:*

कथं गीर्वाणकर्णाटान्ध्राद्यनेकभाषाकवयितुः प्रबन्धगणनावकाशस्तस्य।

Works of Veṅkāmātya in Sanskrit

Titles of various works of this poet are given in some of his dramas. A list may be given here. Dramas:

1. *Kāmavilāsa-bhāṇa*
2. *Kukṣimbharabhaikṣava-prahasana*
3. *Mahendravijaya-ḍima*
4. *Vīrarāghava-vyāyoga*
3. *Lakṣmīsvayaṁvara-samavakāra*
6. *Sītākalyāṇa-vithī*
7. *Rukmiṇīmādhavāṅka*
8. *Ūrvaśīsārvabhaumehāmṛga*

Manuscripts of these works are available in the Oriental Research Institute, Mysore and some other libraries. They have been critically edited by the scholars and published by the same Institute. We can safely surmise that Veṅkāmātya should have written two more dramas because there are ten main types of drama in Sanskrit as stated in the *Daśarūpaka* of Dhanañjaya:

नाटकं सप्रकरणं भाणः प्रहसनं डिमः।
व्यायोगसमवकारौ वीथ्यङ्केहामृगा दश।।

Search for manuscripts of Veṅkāmātya's Nāṭaka and Prakaraṇa should continue. Other literary works of Veṅkāmātya are the following:

9. *Kuśalavacampū*
10. *Āñjaneyaśataka*
11. *Sudhājharī*
12. *Jagannāthavijaya*

A work by Veṅkāmātya on poetics

13. *Alaṁkāramaṇidarpaṇa*

A work on Advaita Philosophy

14. *Cidadvaitikā*

From the above list, it is clear that Veṅkāmātya wanted to write an example for many known genres of literature. Some other works penned by Veṅkāmātya may be found in future.

Veṅkāmātya's Date and Life

It is history that comes to our help in deciding the date of Veṅkāmātya. He was known as Amātya and Pradhāni because he served as a minister in the kingdoms of Keladi and Mysore. The last ruler of Keladi or Bidanur province was Vīrammāji. Veṅkāmātya entered service under Vīrammāji in the year 1757 according to historical records. Unfortunately that queen was not an able administrator. She had lost popular support due to her character. Veṅkāmātya was sent to a place called Hosangaḍi in the South Cannra District as an agent of Keladi kingdom. This was the time when Hyder Ali had risen to power in Mysore and was trying to expand his territories. He took advantage of the volatile conditions of Keladi and invaded the small kingdom with a strong army. Queen Vīrammāji fled and the capital city fell to the invader. Hyder Ali captured Vīrammāji and threw her into jail. She later died and that was the end of the Keladi's Nāyaka dynasty. However this gave an opportunity to Hyder Ali to know the talent and caliber of young Veṅkāmātya. He was brought to Śrīraṅgapaṭṭana by Hyder Ali and given a respectable post along with the title of Pradhāna. He was sent back to Bidanur as its administrator.

Veṅkāmātya now had an opportunity to show his skill and ability. He suppressed all forces inimical to the rule of Hyder Ali and eradicated fraud. The revenue increased. Hyder Ali's confidence in Veṅkāmātya thrived. The later was appointed as the negotiator for a peace treaty with the Marathas. Probably Veṅkāmātya knew Marathi well. The negotiations succeeded and Veṅkāmātya's wisdom was proved also in the realm of politics.

The poet was not only a literary giant and a wise negotiator, but also a good soldier and military strategist. When there were rebellions in Hasan, Belur and some other parts of the Mysore State, he was asked to put down the palegars (local chiefs) and accomplished the job successfully. In 1771, there was a battle with the Marathas near Melukote in which Veṅkāmātya fought with great fervour and took Tippu, Hyder Ali's son to Mysore safely.

But this bon homie did not last long. Listening to the words of same back-biters, Hyder AIi put Veṅkāmātya behind bars charging that he had misappropriated the money of the state treasury. Later, one Appāji Ram revealed the truth and Veṅkāmātya became free. But the injustice done to him by Hyder Ali had taken its toll.

Veṅkāmātya suffered from diabetes and breathed his last in unhappy conditions, in the year 1782.

Veṅkāmātya tells that he hailed from a village or town known as Śrīrāmapura:

इति भीमद्रामपुराधीशश्रीरघुनाथचरणद्वन्द्वाराधनलब्धसम्पत्सारस्वतवैभवविश्व-जनीनविद्य-श्रीवेङ्कवार्यप्रधान-शिरोमणि-विरचिते जगन्नाथविजये . . . ।

There are many villages that go by the name of Śrīrāmapura and it is difficult to identify the place. Some scholars opine that it is a village near Mysore, but more probably it is a village in the Taluk of Śīra. From the history of Mysore, it is learnt that he married for a second time in the year 1771 at his old age. He is silent about his sons. He lived his happy days in Śrīraṅgapaṭṭana, the capital city of the then Mysore State. He describes that city in glowing terms in the *Kāmavilāsabhāṇa.*

The Jagannāthavijaya

The *Jagannāthavijaya* of Veṅkāmātya is a Mahākāvya in twenty-eight cantos. The theme of the poem is the well-known story of Lord Kṛṣṇa as depicted in the *Bhāgavata.* The poet has followed the original story line faithfully. There are numerous works in Sanskrit on the life of Lord Kṛṣṇa and so there is no novelty in the work as far as the theme is concerned. But the speciality of the work is in the fact that it is a Śāstrakāvya. Its main purpose is to teach Sanskrit grammar in the garb of kāvya. In this way, the *Jagannāthavijaya* of Veṅkāmātya is comparable to the *Rāvaṇavadha* of Bhaṭṭi. Bhaṭṭi tells the story of Rāma and uses the narration to illustrate the aphorisms of Pāṇini and Veṅkāmātya does the same while narrating the story of Lord Kṛṣṇa.

For the scholars proficient in Sanskrit grammar, the *Jagannāthavijaya* is a feast. For those that are deficient in the knowledge of grammar, the work may appear difficult and impregnable. The words of Bhaṭṭi at the end of his poem come to memory:

> दीपतुल्यः प्रबन्धोऽयं शब्दलक्षणचक्षुषाम्।
> हस्तामर्ष इवान्धानां भवेद् व्याकरणादृते।।
> व्याख्यागम्यमिदं काव्यमुत्सवः सुधियामलम्।
> हता दुर्मेधसश्चास्मिन् विद्वत्प्रियतया मया।।

> This poem is like a lamp to those who have grammar as their eyes. Without the knowledge of grammar, one may just touch this work as a blind person touches a picture. This work is accessible only with the help of a commentary. This is a feast for the intelligent, but a disappointment for dunces, because I love only the bright.

These words of Bhaṭṭi can be applied verbatim to the *Jagannāthavijaya* also. Bhāmaha, the author of the *Kāvyālaṁkāra*, did not like kāvyas of this type and said:

> काव्यान्यपि यदीमानि व्याख्यागम्यानि शास्त्रवत्।
> उत्सवः सुधियामेव हन्त दुर्मेधसो हताः ।।

> If even kāvyas become so difficult as to be understood only with the help of commentaries like the Śāstra works, only the brilliant people will have a treat, and the dull-witted are lost.

Well, we cannot condemn the Himālaya because the weak cannot climb it. It is there and those that have the strength, training and desire may climb it. Similarly, those that are ready to work hard and wish to master the maze of Sanskrit grammar should read works like the *Jagannāthavijaya*. For others, it is just a distant star, shining brightly but inaccessible. However, it is very interesting that a person born in Karnataka, that too one engaged in statecraft, could compose a kāvya of this type.

It would be very nice to know where Veṅkāmātya acquired such knowledge of astonishing proportions and who his teachers were. The Keladi kingdom had patronised great Sanskrit scholars like the famous grammarian Bhaṭṭoji Dīkṣiṭa. Veṅkāmatya should have studied under such stalwarts to be able to compose works of a very high standard. Now it is hard to find even scholars that can comprehend and appreciate the nuances and beauty of his works.

The Manuscript

There is only one manuscript of the *Jagannāthavijaya* in the whole world. It is preserved in the Oriental Research Institute, Mysore. Even though multiple manuscripts of other works of Veṅkāmātya are available, it is unfortunate that only one manuscript of this work is now extant. The manuscript is in paper and not at all in good condition. Many pages are worm-eaten and so many words of the poet are lost to us. We have to guess what the poet might have written in several places. It is heartening to know that the manuscript has been microfilmed.

Detailed contents of the Jagannāthavijaya

Canto I

This canto is called Śap-vilāsa and contains verbs of the first group of verb roots called *Bhvādigaṇa.* There are twenty-seven stanzas in this sarga. There are lacunae in many places. The work begins with the following benedictory verse eulogising Lord Rāma.

जयतु जलधरश्रीजन्मभूमीमनीषा-
(कर) बहुलतनूभाभासमानोऽसमानः।

जनकदुहितृवक्षोजातशैलावमर्दे
परिणतगजराजः प्रौढसाकेतराजः॥

Here the verb *ji jaye* is used in the imperative mood. The present participle of *bhāsṛ dīptau* may also be noted. The next verse praises Rāma's devotee Hanumān. Then the story begins with the description of the city of Mathurā. An example to show the style of the poet in this work may be cited here:

निनिक्ष सा सालशिखाभिरभ्रं
जजक्ष माणिक्यरुचा सुमेरुम्।
ततक्ष लेखालयभाग्यरेखां
पपक्ष लक्ष्मीमिव शार्ङ्गिमूर्तिः॥

The city kissed the sky with its tall ramparts; it was laughing at Mount Meru with the shine of its gems. It was thinning down the glory of heaven. It embraced beauty as the form of Viṣṇu embraces goddess Lakṣmī.

Here the past perfect forms of three verb roots of the first group namely *ṇikṣa cumbane, jakṣa bhakṣahasanayoḥ, takṣa tanūkaraṇe* are found. The fourth verb *pakṣa parigrahe* is found in the tenth group, but Veṅkāmātya has used it without *ṇic* so that it conforms to the rules of the first group.

It may also be noted here that Veṅkāmātya is following the tradition of poets according to which it is mandatory to describe a city, ocean, mountain etc. in a Mahākāvya. Daṇḍin says in the *Kāvyādarśa*:

नगरार्णवशैलर्तुचन्द्रार्कोदयवर्णनैः । etc.

Regarding metre, Veṅkappayya has not followed the norm of using a single metre throughout the sarga and changing it only in the end. Instead, he has freely used various metres according to convenience. Description of Mathurā is followed by the description of the marriage of Vasudeva and Devakī and Kaṁsa's anger when he is told by the celestial voice that he would be killed by a son of the couple. He is pacified by the soft words of Vasudeva and desists from the attempt to kill Devakī.

Canto 2

The second canto is called '*Lug-vilāsa.*' According to the Paninian rule "*adiprabhṛtibhyaḥ śapaḥ*" (II. 4. 72), the suffix *śap* becomes zero by elision (*luk*). This rule applies to the roots of the second group. The first stanza of the second sarga gives an idea of the forms of the verbs of this group:

अद्विक्षतासुरगणः परमर्षिसङ्घ-
माशास्त धर्ममपनेतुमतीव लोके।
आदत् क्रतुष्वपि हवींषि यदा तदानीम्
अख्यद् धरा समुपगम्य सुरान् स्वरेतत्।।

Here the verbs द्विष अप्रीतौ, आङः शासु इच्छायाम्, अद भक्षणे, ख्या प्रकथने have been used in the past tense. Various verbs of this group are used in different tenses and moods in this sarga. There are fifty-six stanzas. Despite the compulsion of using the difficult forms of verbs, the poet is able to bring in some alliteration also in a few places. For instance:

ऐरिष्ट हर्षेण च, कंसभीत्या
स्तब्धान्तरः किञ्चन नैष्ट वक्तुम्।
कथञ्चनाविष्कृतधीर्यथावद्
ऐडिष्ट तं मुष्टविशिष्टकष्टम्।।

In this sarga, there is the story of Bhūdevī's request to gods and in turn their prayer to Brahmā. Brahmā with all of them comes to the milky ocean and prays to Viṣṇu to rescue them from the clutches of Kaṁsa. Kaṁsa goes on killing all the children of Devakī. Viṣṇu enters her womb to be born as her eighth child. When he is born in divine form, Vasudeva praises His excellences. According to the wish of the child Vasudeva carries Him to Nandagokula and places Him in the cradle of Yaśodā's child. That female child is brought and Kaṁsa comes there and tries to kill it but she escapes. There is festivity in the house of Nanda. In this sarga also various metres are used.

Canto 3

The third canto is '*Ślu-vilāsa*' and here we have forms of verbs that belong to the third group. Here the verb root is duplicated according to the rule *'Ślau.'* This is very clearly visible in strong or Sārvadhātuka tenses and moods. For instance, see the seventh śloka of this canto:

अदधादुपायनशतं यदकस्माद्
अददाच्च नन्दसविधे जनजातम्।
अमिमीत को नु मनसापि महांस्तत्
प्रसमीक्ष्य तत्र धनदो यदजिह्रेत्।।

The people brought hundreds of gifts and gave them to Nanda. Who could measure all that wealth even by the mind? Seeing that abundant wealth, even Kubera was ashamed (of his own limited wealth).

In this example, the past indefinite forms of four verb roots of the third group are given. The verbs which are rarely used by other writers have also been used by Veṅkāmatya. See the next śloka (III.8):

ये कंसादबिभयुरग्रतो मुनीन्द्राः
त्रेतायां हविरपि नो चिरादहौषुः।
देवर्षीन् अससरुराकुलीकृतत्वाद्
आमोदं दधुरधिकं हृदन्तरे ते।।

There are thirty-six ślokas in this sarga. Naming ceremony of Kṛṣṇa, Nanda's travel to Mathurā, Putanā's death, Śakaṭā-sura's end etc. are described in this sarga.

Canto 4

The fourth canto is named '*Śyan-vilāsa*'. It has eighty ślokas. The verb roots of the fourth group are treated here. The root *div* which is the first in this group has been used four times in the first śloka of this sarga. Thus:

दीव्यति यत्र मुरारिः
द्यावाभूम्यौ च दीव्यतस्तत्र।
दीव्यन्ति विधातृमुखाः
सोऽयमदीव्यच्छिशुत्वभृद् घोषे।।

The earth and the heaven, rejoice and Lord Brahmā performs his duty when Lord Viṣṇu shines. That Lord Viṣṇu played in the village of cowherds.

One can observe the various meanings of the root *div* exploited by the poet here. There are three verbs *tima, ṣṭima* and *ṣṭīma,* all meaning 'to become wet.' It is worth noticing that how cleverly the poet has used all three verbs in the same stanza:

अस्तिम्यदम्बुधिसुता(मृत)भृत्कटाक्षै-
र्यः प्राक् सुधाजलधिबिन्दुभिरप्यतिम्यत्।
अप्राकृतोदितमरन्दझरैरतेमीद्
अस्तीम्यदञ्जलिजलैर्व्रजयोषितां सः।। (IV.4)

The Lord who had become wet once with the nectar bearing glances of the daughter of the ocean, and again who was wet with the drops of the milky ocean, and who was again drenched by the fountains of the honey, was now becoming wet with the waters poured by the cupped hands of the women of Vraja.

Various plays and sports of Kṛṣṇa in the Nandagokula are described in this sarga. Killing of demon Tṛṇāvarta, vision of the whole world in the mouth of child Kṛṣṇa by Yaśodā, stealing of fresh butter by Kṛṣṇa, etc. are also described.

The poet has used various denominative verbs (*nāma-dhātus*) and desiderative forms (*sananta*) in different moods and tenses in this sarga. It is a challenge to any grammarian.

Canto 5

The fifth canto is called '*Śnu-vilāsa*.' This is a short canto having only twenty-four ślokas. Verbs of the fifth group are dealt with in this sarga. An example:

चिनोति सूनुस्तव नन्द सम्पदं
मिनोति यस्मादखिलाशुभानि नः।
शिनोति तेजःप्रसरं समन्ततः
सिनोति नैजैस्सुगुणैर्मनांसि नः॥

O Nanda, your son collects all wealth for us. He removes all our troubles. He spreads brightness all around and binds our hearts with his good qualities.

Praise of Kṛṣṇa by the cowherds and adventures of Kṛṣṇa and Balarāma are described in this sarga. *Ṇamulanta* forms are abundantly used by the poet in this sarga. It is a mirror to his vast knowledge of Sanskrit grammar.

Canto 6

The sixth sarga called '*Śa-vilāsa*' gives the forms of verbs of the sixth group. It contains seventy-five ślokas. The story of a demon called Dhenuka and his assassination by Kṛṣṇa are described here. An example:

अकुर्वन् पतिता दूरादगुवन् धैनुकाः खराः।
अलुम्पन् वनमापातैरम्रियन्त बलार्दिनः॥

The donkeys (brought by) Dhenuka fell and shouted and defecated. They destroyed the trees of the forest and finally died when smashed by Balarāma.

The story of the big venomous serpent Kāliya is also narrated here. There is also a description of the summer season. The episode of Pralamba's death at the hands of Balarāma is also found in this sarga. The description of the rainy season follows.

Canto 7

The seventh sarga deals with the verb roots of the seventh group called *'Rudhādi.'* Description of the Śaradṛtu (autumn) is the main subject of this sarga. Let us see a stanza.

युयुजिम चतुरङ्गिणीभिरस्त्रै-
र्विविचिम शत्रुबलानि तानि तानि।
चकृतिम भुवनं रथैर्यशोभी
रुरुधिम(चेति) शिशेष राजलोकः।। (VII. 7)

The group of kings praised itself saying 'We amassed the armies, we pulverised the enemy armies with weapons, we covered the whole earth with chariots, we stopped all oppositions.'

Canto 8

The eighth sarga describes the winter (Hemanta ṛtu). The cowherdesses go to Yamunā and worship her. Kṛṣṇa steals their clothes and returns when they show their true devotion. This sarga contains only twenty ślokas and presents the forms of verbs of the roots of the eighth group. Hence this is called '*U-vilāsa*'. An example:

तृणोति योऽभीषुचयैस्तमिस्त्रं
तर्णोति य(स्ताप)वशात् पयोधीन्।

मन्देहदर्पं तृणुते मुहुर्य-
स्तं तर्णुति स्माहिमगुं हिमानी।। (VIII. 2)

The winter snow was eating up that sun who normally eats up (removes) darkness with his rays and who dries up the oceans with his heat and who destroys the arrogance of demons called 'Mandeha'.

Here the verb root *'tṛṇu adane'* has been used in the same sense four times to show its four possible forms.

Canto 9

This sarga is called *'Śnā-vilāsa'* or *'Śnāvikaraṇavilāsa'* and gives the forms of the verb roots of the ninth group. The story described is as follows: Nanda wants to perform a *yajña* to propitate Indra and Kṛṣṇa opposes it and tells that they should worship Govardhana mountain instead. Indra becomes very angry. An example:

प्रीणीते यजनपणेन वर्षधारां
क्रीणीते यदि मघवेति निश्चयो वः।
द्रूणीते तमपि कथं नु मौनिशाप।
क्नूनीते श्रुतिरत एव कर्म मूलम्।।

If your conclusion is that Indra grants rain only if he is pleased with your sacrifices, how is it that the curse of the sages torments him? That is why the Veda proclaims that action is the cause of all.

The nouns used in this sarga are examples the of rules in the Taddhita section.
For instance:

रथिकशाकटिकाश्विकहास्तिक-
क्रयिकमान्त्रिकतान्त्रिकहाविकाः।
गणककौटिलिकाक्षिकमार्गिका
झटिति पिप्लियुरद्रिमगोधिषुः।। (IX.28)

> The people that travelled by chariots, carts, horses or elephants, and merchants, magicians, triksters, entertainers, astrologers, hunters, gamblers and wayfarers went to the mountain and occupied it.

Thus a study of this poem enriches our vocabulary in many ways. This sarga has thirty-six ślokas.

Canto 10

The tenth sarga treats the verb roots of the tenth group and contains one hundred and two slokas. It is rightly called '*Ṇij-vilasita*' or '*Ṇij-vilāsa*'. An example from the sarga:

यत्नं यतोऽकुट्टयदत्र यागे
कृष्णो यदस्मेटयदेष नन्दः।
रोषं ततोऽबाधयदात्मनीन्द्र-
स्तद्बाधनेऽश्राथयदात्तदर्पः॥

> Since Kṛṣṇa made the enthusiasm (of the people) dwindle in the Yāga, and as a result Nanda became indifferent, Indra allowed hatred to grow in his mind and made efforts to trouble Nanda and his tribe, being very arrogant himself.

Here we have the story of saving the people by Kṛṣṇa from the torrential rain released by the clouds under the order of Indra. Kṛṣṇa's love sports with cowherdesses follow. The sound of Kṛṣṇa's flute is described. The songs of cowherdesses separated from Kṛṣṇa are also rendered. A demon named Ariṣṭa appears and makes havoc and Kṛṣṇa sends him to the world of Yama. Nārada comes and praises Kṛṣṇa. Akrura comes to invite Kṛṣṇa to Mathurā as per Kaṁsa's bidding.

Very rare forms of verbs, nouns and indeclinable participles are used in this section by the poet. They are hard nuts to crack.

Canto 11

The eleventh sarga is called '*San-vilasita*'. The desiderative forms of many verb roots are used in this sarga in different moods and tenses. There are sixty-seven stanzas in this sarga, which commences like this:

अशुश्रावयिषद् वृत्तमक्रूरो हरये ततः।
अतुष्टूषत्तमां कृष्णममुं प्रारिप्सतादितः।।

'Akrura desired to convey (Kaṁsa's) message to Kṛṣṇa; he wanted to eulogise Kṛṣṇa very much and also desired to start from the very beginning.' Here we see the desiderative forms of three verbs

The story line covered in this sarga is the following. Akrura conveys his message. Kṛṣṇa and Balarāma get ready to go to the capital city. Gopīs (cowherdesses) are annoyed. However, Kṛṣṇa and Balarāma reach Mathurā. They take clothes from a washerman by force and decorate themselves. The sunset is described (as per conventions of poetics). Kaṁsa sees bad dreams at night. Kṛṣṇa and his brother get up in the morning.

Canto 12

The twelfth sarga is named '*Yaṅ-vilasita*'. It contains the intensive forms of various verbs. There are fifty-eight stanzas in this sarga. The first stanza is this:

बोभूयते स्म नृपधामनि वेणुवीणा–
भेरीमृदङ्गपणवानकमुख्यघोषः।
आटाट्यताथ परिवारजनस्समन्ताद्
आरार्यते स्म कुतुकादपि पौरवर्गः।।

The loud sound of various musical instruments like Bherī, Mṛdaṅga, Paṇava, and Ānaka was reverberating intensely. The workers of the palace were moving all around in quick pace. The citizens too were assembling in big numbers out of curiosity.

The wrestling fight of Kṛṣṇa and Balarāma with Cāṇūra and Muṣṭika respectively is described in detail. Then follows Kṛṣṇa's feat of killing an elephant sent by Kaṁsa. Kaṁsa is afraid now. Cāṇūra and Muṣṭika are killed. Then Kaṁsa is also killed. Vasudeva comes out of the prison with his wife Devakī. People are happy to be freed from Kaṁsa's tyranny. Kṛṣṇa and Balarāma go to Sāndīpani's hermitage for study. After the study is over Kṛṣṇa goes to Hastināpura and consoles Kuntī. Asti and Prāsti, Kaṁsa's two wives, go to their father Jarāsandha and complain. Jarāsandha wants to punish Kṛṣṇa and comes with a big army. So much story is covered in this sarga.

Canto 13

The thirteenth sarga is called '*Yaṅlug-vilāsa*'. The forms of verbs in the intensive sense without the suffix *Yaṅ* are given here. The sarga contains sixty-six stanzas. The verbs used here are difficult for ordinary students, but educative to grammarians. An example:

नूनं सनीस्रंस्ति मतिस्तदीया
यतो दनीध्वंस्ति निजो विवेकः।
जन्यं पनीपत्ति यदि स्वसैन्यैः
सेनापनीपत्ति न किं तदीया।।

Surely Jarāsandha's intellect is faultering, because his wisdom is totally smashed. If he comes here to fight with his armies, is not his army meeting with a calamity?

The forms of *Yaṅluk* verbs in other moods and tenses are very difficult to learn. But Veṅkāmātya uses all such forms in an astonishingly easy way. For instance:

अदर्धरीद् रोषमवर्वरीच्छ्रियं
प्रतापजां शस्त्रमबर्भरीच्छितम्।
अदर्घरीद् भैरवभीमरूपतां
व्यापर्यरीच्छात्रवभेदने हरिः।। (XIII.13)

Kṛṣṇa became angry and assumed the valorous beauty and carried a sharp weapon. He took upon a fearsome form and started intensive action to break the army of the enemies.

The story covered in this sarga is the following: description of the battle between the armies of Kṛṣṇa and Jarāsandha; conversation between them; defeat of Jarāsandha; Kṛṣṇa's talk with Balarāma; their return to Mathurā; their praise by the people.

There are a few verses that refer to the sūtras of Pāṇini directly in this sarga. One is quoted:

अतद्धितप्रत्ययाद्यवर्णेत्सञ्ज्ञाविधायिनः ।
सूत्रस्य प्रतिलोमाद्यपदाढ्योऽबोभबीद्धरिः ।।

The sūtra which enjoins *'it saṁjñā* to the first letter of the non-taddhita suffixes is—लशक्वतद्धिते (I.3.8) The first word in this sūtra is लशकु. When it is reversed, it becomes कुशल. So the idea is that Hari became very clever. Such examples show the versatility of the poet.

Canto 14

The fourteenth canto is named '*Ciṇ-vilasita*'. Passive forms of verbs in past tense are shown in this sarga, which contains fifty ślokas. An example :

अदमि दुरितमात्मनः प्रसादाद्
अवधि गतावधिरप्यहो भवार्तिः।

अजनि निरुपमानभाग्यलक्ष्मे-
त्यतुलममोदि धरावरेण तेन।।

My sin subsided by your grace. My misery which was boundless has been removed. Unequalled wealth has been produced. Saying thus the king rejoices.

The story told in this sarga is as follows: Jarāsandha, who was let off by Kṛṣṇa with mercy, amasses a bigger army to invade Mathurā again. Meanwhile one demon known as Kālayavana comes to attack Mathurā. Kṛṣṇa pretends to run away and Kālayavana chases him. Kṛṣṇa enters the cave where king Mucukunda is asleep. Kālayavana also enters the cave and kicks the sleeping king under the illusion that he was Kṛṣṇa. Mucukunda opens his eyes and Kālayavana is reduced to ashes. Mucukunda sings Kṛṣṇa's glory and goes to Badarī. Kṛṣṇa returns to Mathurā and leaves knowing that Jarāsandha deserved to be killed by someone else.

Since the passive voice is very beautiful in Sanskrit, this sarga is very useful to the students.

Canto 15

The fifteenth sarga is called '*Karmakartrādi-vilāsa*'. In other words, miscellanneous subjects are dealt with here. There are one hundred forty-two stanzas in this sarga. The contents of this sarga include the description of Dvārakā City, Rukmiṇī's message to Kṛṣṇa sent through a brahmin, Kṛṣṇa's positive reply to her request, Rukmiṇī's coming to the temple of Gaurī, her prayer to Gaurī, Kṛṣṇa's sudden arrival, defeat of Śiśupāla at Kṛṣṇa's hands and blessings of gods showered on Rukmiṇī and Kṛṣṇa.

The special words used in this sarga bring to mind many sūtras of Pāṇini. An example:

इरम्मदधरं नेच्छाम्युग्रंपश्यं पुरन्दरम्।
वाचंयमस्तु तत् त्वं मे भवपाणिन्धमो मुदा॥

I don't like even Indra who holds the thunder bolt and who looks fierce. Therefore please be one who controls my speech and soothens my hand.

Here the rules अरुर्द्विषदजन्तस्य मुम्, (VI. 3. 67) वाचंयमपुरन्दरौ च (VI. 3. 69) etc. have to be remembered by the readers.

Canto 16

The sixteenth sarga is called *'Kṛd-vilāsa'* and contains one hundred and three stanzas. Various suffixes used to make participles and gerunds are used here. The story part relates to the kidnapping of Kṛṣṇa's son Pradyumna by demon Śambara, his rescue operation, Sattrajit's penance, the story of the Śyamantaka gem, Kṛṣṇa's marriage with Jāmbavatī and Satyabhāmā, etc.

The ślokas are good examples of Pāṇini's special rules in the Kṛtya and Kṛt sections. Let us take one example:

पाय्यसान्नाय्यधाय्याग्निनिकाय्यध्वंसनो यतः।
कुण्डपाय्यरिपुस्तस्मादसञ्चाय्यो विहन्यसे॥

It is impossible to understand the meaning of this śloka unless one knows the Paniniyan rule:

'पाय्यसान्नाय्यनिकाय्यधाय्या मानहविर्निवाससामिधेनीषु' (III. 1. 29)

According to this rule *'pāyya'* means a measurement, *'sannāyya'* means offering made in fire to gods, *'nikāyya'* means 'residence' and *'dhāyya'* means a particular mantra in the *Ṛgveda*.

According to the rule क्रतौ कुण्डपाय्यासञ्चाय्यौ (III. 1. 29), the words *kuṇḍapāyya* and *sancāyya* mean two sacrifices involving

Soma. On the basis of these rules, one understands the meaning of this stanza as—'You are the destroyer of the measurements of the offerings made to gods as well as the residences and mantras. You are an enemy of sacrifices where Soma is drunk and so you will be destroyed unceremoniously.' There are hundreds of such rare words and phrases used by the poet here.

Canto 17

There is no name given for the seventeenth sarga in the colophon, but we may surmise that it would be *Ghañādi-vilāsa.*' The suffixes under the heading of 'Uttarakṛdanta' according to the *Siddhāntakaumudī* are dealt with here. The number of ślokas in this sarga is one hundred and fifteen.

The story described here includes the following: Rukmi's anger on Kṛṣṇa and his war preparations ; Kṛṣṇa's retaliation; Rukmi's defeat and running away; Rukmiṇī's consolation; Kṛṣṇa's delightful days in the new palace; rejoicing of the people, etc.

Canto 18

The eighteenth sarga is named '*Sicivṛddhyādi-vilāsa.*' According to the Paniniyan rules *sic* is the substitute for *śap* in aorist part for some verbs and there is *vṛddhi* of the ultimate vowel of the root when *sic* follows. So many aorist forms are dealt with in this sarga. There are one hundred and one stanzas in it. The very first śloka provides three examples of the Paninian rule सिचि वृद्धिः परस्मैपदेषु (VII. 2.1)।

अकार्षीत्सबलः कृष्णः पौरजानपदावनम् ।
अजैषीच्छत्रुनिवहान् अनावीतं ततो जनः ॥

Kṛṣṇa protected the people along with Balarāma. He conquered the enemies. So the people praised him.

The story dealt with here relates to Kṛṣṇa's help to the

sons of Pāṇḍu who were in distress; His travel to Indraprastha, burning of the Khāṇḍava forest; Kṛṣṇa's marriage with Kālindī; Mitravindā and Nāgnicitī is also described.

Canto 19

The nineteenth sarga is named '*Satvādi-vilasita*' and contains one hundred and eight stanzas. We learn from where '*s*' (dental) remains as such, where it changes into 'ś' (palatal) or 'ṣ' (cerebral) in this sarga.

The story narrated in this sarga contains the following; Kṛṣṇa's marriage with Lakṣaṇā; His journey to Prāgjyotiṣapura; His fight with demon Mura, Mura's death; Naraka's meeting with Kṛṣṇa in battle; defeat of Naraka; Nārada's speech to the freed women; Kṛṣṇa's eulogy by Bhū (earth); Kṛṣṇa's praise by Indra; Kṛṣṇa's marriage with the maidens freed from Naraka's prison, etc. An example from this sarga:

आकाशमिषुसात् कुर्वन् कुर्वन् व्योमापि कान्तिसात् ।
अहितं भस्मसात्कुर्वन् जपति श्रीपतिः स्वयम् ।।

Kṛṣṇa, consort of Lakṣmī, made the sky filled with His arrows, the higher space filled with bright light and reduced the enemy to ashes.

Canto 20

The twentieth sarga is called '*Laḍ-vilāsa*'. Verbs are used in *laṭ* (present tense), but in past sense by adding *sma* according to Pāṇini's rule लट् स्मे (III 2. 118) There are fifty three ślokas in this canto. Diction is very simple and clear in this sarga. The subject is Nārada's outpourings on Kṛṣṇa's greatness. His meeting with Kṛṣṇa and so on.

Canto 21

The twenty-first canto is named '*Liḍ-vilāsa*'. The forms of verbs in past perfect tense are given in this sarga. It contains one hundred and three stanzas. The contents include—Pradyumna's marriage with Rukmi's daughter; the story of

Bāṇa's devotion to Śiva; his daughter's love for Aniruddha; kidnap of Aniruddha; battle between Bāṇa and Aniruddha; its news conveyed to Kṛṣṇa by Nārada; Kṛṣṇa's battle with Bāṇa; Kṛṣṇa's battle with Rudra; Kṛṣṇa's return with Aniruddha and Uṣā sighting of a chameleon by lads of Dvārakā in a well transformation of the animal into King Nṛga at the touch of Kṛṣṇa; episode of Pauṇḍraka who claimed that he was the real Kṛṣṇa; his challenge to Kṛṣṇa and finally his end at the hands of Kṛṣṇa, Dvivida's harrassment of people and death at the hands of Balarāma; Sāmba's marriage with the Kuru princess, etc.

Canto 22

The twenty-second sarga is named '*Luḍ-vilasa*'. Forms of verbs in *luṭ* (future tense) are given here. Invitation to Kṛṣṇa to attend the Rājasūya sacrifice and his discussion with Uddhava are the themes dealt with here.

Canto 23

The twenty-third sarga has the name '*Lṛḍ-vilāsa*' and gives the regular future tense forms. It has thirty-two stanzas. Dialogue between Uddhava and Kṛṣṇa is the subject for this sarga.

Canto 24

The twenty-fourth sarga is called '*Loṭ-vilāsa*'. It gives the forms of verbs in the imperative mood. It has only twenty-seven stanzas. Awakening of Kṛṣṇa by professional singers is the theme. An example:

वर्धतां ते जयस्सर्वा वर्धन्तां सम्पदः प्रियाः।
वर्धेतां धर्मकामौ च वयं वर्धामहै यतः।।

Canto 25

The twenty-fifth sarga is named '*Laṅ-vilāsa*'. It gives the forms of verbs in the past indefinite tense (or correctly - *anadyatanabhūtakāla*). It has thirty-two ślokas.

Arrival of Kṛṣṇa in Indraprasthi, Yudhiṣṭhira's desire to perform the Rājasūya, acquiring of wealth from various countries by Bhīma and Arjuna, killing of Jarāsandha by Bhīma and preparations for Rājasūya are the contents of this sarga. An example:

अरुणद् विक्रमेणास्मान् अस्त्रैस्सेनामचूर्णयत्।
असीयतासिना सम्यग् व्यस्मापयत मानसम्।।

He stopped us with prowess, pulversied our armies with weapons, cut well with his sword and confused our mind.

Canto 26

The twenty-sixth sarga is named *'Liṅ-vilāsa'*. The verbs in optative and benedictory moods are given here. There are several shades of meaning of *liṅ* according to Pāṇini's rule– विधिनिमन्त्रणामन्त्रणाधीष्टसम्प्रश्नप्रार्थनेषु लिङ् (III.3.162) and all of them are provided with examples. Kṛṣṇa's dialogue with Yudhiṣṭhira is the subject matter of the sarga. An example:

सामगाः साम गायेयुर्वहेयुर्द्रव्यसञ्चयम्।
भृत्याः स्थेयासुरग्रे ते देयासुर्यदभीप्सितम्।।

The experts in singing Sāma shall sing; they shall carry lots of money. Servants should stay near you. They should give what is required.

Canto 27

The twenty-seventh sarga is named *'Luṅ-vilāsa'*. It gives the forms of aorist tense and contains sixty-four stanzas. Description of the Rājasūya sacrifice; Dharmarāja's decision to honour Kṛṣṇa with Agrapūjā; Śiśupāla's diatribe against Kṛṣṇa; his assissination by the discus of Kṛṣṇa; completion of Rājasūya; return of Kṛṣṇa to Dvaraka, trouble for people by Śālva; his punishing by Kṛṣṇa; Dantavakra's havoc and his death at the hands of Kṛṣṇa are the contents of this sarga.

Canto 28

The twenty-eighth sarga is named '*Lṛṅ-vilāsa*'. '*Lṛṅ*' is the conditional mood and seldom used in literature. It has been used throughout this sarga to illustrate the forms of verbs in this mood. This contains thirty-one ślokas. Praise of Kṛṣṇa by gods forms the theme of this sarga. An example :

अव्ययोऽपि जरासन्धात् त्व(म)शङ्किष्यथाः कथम् ।
अज्ञात्वा स्वबलं म्लेच्छादपलायिष्यथाः कथम् ।।

How is it that you suspected danger from Jarāsandha even though you are imperishable? How is it that you fled from the Mleccha without knowing your own power?

This is the last sarga and the epic poem ends here. The numbering of the sargas in the manuscript is not correct in the final portion. The manuscript gives one number less from the twenty-first sarga and the last larga is numbered as the saptaviṁśa (twenty-seventh) even though in fact there are twenty-eight sargas.

Critical Estimate

The poet of the *Jagannāthavijaya* has concentrated his mind on grammar. Providing examples of various śāstras and showing several forms of verbs are the main purposes of this poem. As a result poetic beauty is rarely seen in this work. The work is more instructive than entertaining. It should be studied diligently like a śāstra to learn grammar. The poet has not bothered to bring any novelty to the story. So the reader may get bored if he reads the work continuously. For grammarians who have delved deep into Paninian sūtras, this kāvya presents ample material for chewing. In sum, the *Jagannāthavijaya* succeeds as a śāstra, but fails as a kāvya.

Bhaṭṭi, on the other hand, has reserved some sargas for pure poetry, which are called Prasannakāṇḍa. So he is considered to be a competent poet even though he has written a single work. If Veṅkāmātya had reserved a couple of sargas for pure poetry, he would have won more appreciation from the critics.

However, the value of the work should not be underestimated. It will serve as a good text book for grammar. The author's mastery of the language and its grammar is remarkable and he deserves a high place in the galaxy of *vidvatkavis.* His other literary works should also be taken into account in the evaluation of his contribution.

7

Select Fundamental Advaita Concepts

S. Revathy

UNLIKE IN THE WEST, where philosophy is read for deriving intellectual pleasure, philosophy in India aims at ordering of life and guidance of action. Sitting at the helm, it directs our course through the changes and chances of the world. The great philosophical thinkers evolved their ideas in the process of their life history. Hence it is but proper not only to reverence them but also acquire their spirit. The names of Yājñavalkya and Gārgī, Buddha and Mahāvīra, Gautama, Kaṇāda, Kapila, Patañjali, Jaimini, Vyāsa, Śaṅkara and Rāmānuja should not be considered as themes for the historians but types of personality. With them, philosophy is a world view based on reflection and experience. At the same time the discipline of philosophy is for the fulfillment of a religious vocation. If religion is the practical side of philosophy then philosophy is the theoretical aspect of religion in India. Thus religion in India has given a clear direction and purpose to philosophical thought. It is precisely for this reason that Indian Philosophy is not merely a way of thought, but also a way of life. It is thus in the religio-philosophical ethos of the Vedic tradition that the philosophical systems evolved in India. These systems share many features without prejudice to the identity of each one of them. Of these, six systems accept the authority of the Vedas and they are called orthodox (*āstika*), and three systems repudiate the Vedic authority and are called heterodox (*nāstika*). Nyāya and Vaiśeṣika, Sāṅkhya and yoga, Pūrva Mīmāṁsā and Vedanta belong to the former category, while the Cārvāka, Jaina and Bauddha schools belong to the latter. A system which is orthodox need not be necessarily theistic. While being orthodox it can also be atheistic. In fact, the schools directly based on the Vedas are the (1) Mīmāṁsā emphasizing active life, and (2) Vedānta laying stress on the contemplative life.

The first source book of all these schools are systematized in aphorisms (sūtras), The *Brahma-sūtras* or *Vedanta-sūtras* constitute the basic source for Vedānta. These sūtras were later commented, elucidated and explained by many preceptors, the noteworthy being Śaṅkara, Rāmānuja and Madhva, respectively representing the Advaīta, Viśiṣṭādvaita and Dvaita schools of thought. All these three philosophical systems centre around the *prasthānatraya*—triple canon of the Vedānta, i.e. the Upaniṣads, the *Bhagavadgītā* and the *Brahmasūtra.*

The focus of this lecture is on Advaita Vedānta. Although it has many features in common with other systems, it retains its own identity in metaphysics, epistemology, and axiology.

Preliminary Consideration

The term "*advaita*" etymologically means that wherein there is absence of duality. In other words it stands for the non-dual entity which is the only reality and the system that expounds the nature of such a reality is by courtesy spoken of as Advaita.

All writers professing the Advaita doctrine agree in regard to the fundamental principles of Advaita. These principles may be regarded as (1) Brahman which is pure conciousness is the only reality and it is the true import of the Upaniṣads; (2) the indeterminable *māyā* or *avidyā* is responsible for making Brahman appear as the phenomenal world; (3) the individual soul is none other than Brahman; (4) the world is unreal like the silver which appears where there is only nacre; (5) the unreal world is nevertheless practically efficient; and, (6) the direct knowledge of Brahman is the sole means to liberation. When it comes to developing these fundamental doctrines and working out their implications, whether for the sake of enlightening the followers of the school or for meeting the objections of critics, Advaita writers show considerable originality. Their approach to specific problems in Advaita is typical and unique. But in no way does it make a departure from the fundamental tenets of Advaita. They are cautious in maintaining preferences but no exclusions. As a result we have two major traditions in Advaita, viz., the Vivaraṇa tradition of Prakāśātman and his followers and the Bhāmati tradition of Vācaspatimiśra. Within the framework of these tenets each writer contributes in his own way to the strength, richness and clarity of Advaita philosophy.

According to Śaṅkara, pure consciousness which is termed Brahman is bliss, seamless whole, a supra-personal Absolute, and the one and only Real. Happiness and absence of misery which are desired by every being constitute the essence of liberation. These two according to Advaita constitute the nature of Brahman. The *jīva*'s essential nature is Brahman. Owing to its unaccountable association with the radical error of *māyāavidyā* which is beginningless, the real self although one, under certain conditions assumes an individuality characterized by a body, mind and intellect and is then called the empirical self. It is an apparent limitation of the real self through its association with a particular body and mind. It is neither the agent nor the experient of the results of the actions. Due to ignorance, it forgets its divinity, perceives the phenomenal world of individuality and multiplicity to be real and behaves like a finite, limited and miserable creature. It thinks of itself as an isolated individual opposed to other individuals, as having its own interest and purpose which are in conflict with the other selves. It is precisely, for this reason that the empirical self is often called the embodied self or the individual soul. This process of cyclic existence is oppressive and dismaying, and it can hope to find permanent freedom from this suffering only in the utter extinction of *avidyā.* And it is possible only through self-realization. It is with this end of attaining the knowledge of the identity of the inner self with the Supreme Self that the Upaniṣads, the *Bhagavad-gītā* and the *Brahma-sūtras* are inquired into.[2]

From what has been said above, we arrive at three propositions that summarize the central teaching of Advaita i.e. Brahman is real (*brahma satyam*); the world which has only a dependent existence is illusory (*jaganmithyā*); and the *jīva* in its essential nature is no other than Brahman (*jīvo brahmaiva kevalam*). We shall explain this in some detail.

Brahman and Māyā

Advaita, in the first place maintains a distinction between Brahman in-itself and Brahman in relation to the world. The former is devoid of attributes and specifications, i.e. *nirguṇa* and *nirviśeṣa* and the latter is endowed with attributes and specifications, i.e. *sagūṇa* and *saviśeṣa.* This answers for the distinction between the Absolute (Brahman) and God (Iśvara) on the basis of two standpoints of acosmic and cosmic.

The *Brahmasūtra—na sthānato 'pi parasya ubhayaliṅgaṁ sarvatra hi*[3] discusses the question whether Brahman is endowed with attributes or not. This discussion is necessitated by the fact that there exists two different sets of the Upanisadic texts—one stating Brahman to be possessed of attributes and the other as attributeless. The *Chāndogya*[4] text—'It, possesses desires which come true, purposes which come true' speaks of Brahman as possessing attributes. The *Taittirīya*[5] text—'That from which these beings arise, from which they derive sustenance and manifestation and into which they lapse back at the time of dissolution—seek to know that, that is Brahman[11] speaks of Brahman as associated with the characteristic of being the cause of the world. The *Bṛhadāraṇyaka*[6] text "Brahman is neither gross nor subtle, neither short nor long etc. speaks of Brahman as free from attributes. Śaṅkara rejects the view that both these aspects are intrinsic to Brahman. It is because one object cannot intrinsically possess attributes and at the same time free from any attribute. It might be said that the attributes are adventitiously presented upon Brahman due to its association with the objects of the world and they are real. Śaṅkara rejects it because an object will never acquire a different nature even by association with an adjunct. A crystal which is transparent never becomes non-transparent even with its association with resin etc. Hence, the cognition of the crystal as non-transparent is only erroneous. In the same way, in Brahman which is pure consciousness, the attributes are presented by *māyā* and hence they are not real.[7] Śaṅkara states that the Upaniṣads thus dwell on the cosmic character of Brahman and also on its acosmic aspect. Of these two, it is only the acosmic aspect which is attributeless, that constitutes the essential nature of Brahman. This can only be realized as identical with one's self. The other aspect is intended for meditation.[8] 'Brahman which is attributeless is of the nature of reality, consciousness, bliss and infinitude. The *Taittirīya*[9] text "*satyam jñānam anantaṁ brahma*" and the *Bṛhadāraṇyaka*[10] text "*vijñānam ānandaṁ brahma*" affirm so. The concept of Nirguṇa-Brahman and the metaphysical theory which Advaita formulates on the basis of this concept have been the targets of criticism from the other schools of Vedānta.

Mention was made that the Upaniṣads speak of Brahman as also the cause of the world. In order to explain the relation of Brahman—the sentient principle to the world of phenomena, the Upaniṣad itself introduces the principle of *māyā*. The *Śvetāśvatara* text—'*te dhyānayogānugatāḥ apaśyan devātma-śaktiṁ svaguṇairnigūḍhām*[11] refers to the existence of *māyā* in the self-luminous consciousness—Brahman. This relation of *māyā* to Brahman is false and *māyā* itself is responsible for such a relation. *Māyā* thus related to Brahman undergoes transformation (*pariṇāma*) in the form of the world. *Māyā* and the world have the same level of reality, viz., empirical reality as both of them are removable by the direct knowledge of Brahman. It is on this ground that the world is said to be the transformation or *pariṇāma* of *māyā*. *Māyā*, therefore, is the transformative material cause (*pariṇāmyupādāna*) of the world. The *Śvetāśvatara*[12] text "*māyāṁ tu prakṛtiṁ vidyāt māyināṁ tu maheśvaram*" which speaks of *māyā* that is located in Brahman refers to this kind of causality in respect of *māyā*. Brahman by being the substratum of *māyā* whose transformation is the world is figuratively spoken of as the cause of the world. Brahman is absolutely real while the world is empirically real. Thus Brahman and the world belong to two different levels of reality. In other words, the concept of *vivarta* demands that the cause must belong to a higher level of reality than that of the effect. The world is characterized as the transfiguration or *vivarta* of Brahman.[13] The latter is designated as the transfigurative material cause (*vivartopādāna*) of the world. The *Taittirīya* text 'from which all beings arise etc.' refers to this kind of causality in Brahman. The dichotomy between the empirical and the transcendental reality, will be expiained in due course.

The Upaniṣads refer to *māyā* as the *śakti* that is present in the self-luminous Brahman. This means that *māyā* is absolutely dependent upon Brahman. *Māyā* also known as *ajñāna* is *bhāvarūpa* or a positive entity. It does not mean that *māyā* is real but only that it is not negative. Being the material cause of the world, it should be regarded as positive. The Upanisadic text 'Know *māyā* to be the primal cause of the world' specifically refers to *māyā* as the material cause of the world. Since *abhāva* cannot be the material cause of any entity and since *māyā* is said to be the material cause, *māyā* which is an equivalent of *ajñāna* is a positive entity and not an absence of knowledge. Thus the Advaitins articulate *avidyā* as a beginningless, positive entity, removable only by knowledge[14] (*anādi-bhāvarūpatve satī jñānanīvartyā avidyā*). It is beginningless because,' when one says 'I am ignorant' it does not make sense to ask when your ignorance began. The Advaitins adduce a number of proofs to show its positive nature. They contend that perception, inference and presumption demonstrate the positive nature of *avidyā.* It may be added here that while proofs can only demonstrate the positive nature of *avidyā*, there can be no proof for the existence of *avidyā* as such. In other words, the Advaitins argue that *avidyā* is *prasiddha*, not *pramāṇāsiddha*, i.e., it is given to us in our experience; it is not, and cannot be established by any *pramāṇa. Pramāṇas* give rise to empirical knowledge and make known what was unknown hitherto.[15] "What is not already known" is another way of saying that it is veiled by *avidyā.* In other words, empirical knowledge in itself being the result of a mental modification is by nature opposed to ignorance. Accordingly empirical knowledge accessible via any of the six *pramāṇa*-s accepted by the Advaitins does not and cannot, reveal ignorance. Now the question that remains to be answered; how then is *avidyā* known. The Advaitins maintain that *avidyā* is directly manifested by the witness-self (*sākṣin*). Everyone recollects, coming to the waking state from that of the deep-sleep state as 'I slept happily and I did not know anything.' Here 'not-knowing of anything', recollected in the waking state would be impossible without the initial experience, i.e. it must have been known during the state of sleep itself. Again this could not have arisen from the sense-organs or mind as they have ceased to function then. Hence it must be held that the experience is only the pure consciousness which is associated with *avidyā.* It is *sākṣicaitanya.*

Advaitins make a distinction between two powers or two

functions of *avidyā* viz., the concealing (*āvaraṇa*) and of projecting or revealing (*vikṣepa*). 'By the former it obscures the nature of Brahman, and by the latter it projects it as something else i.e. as the multiplicity of names and forms. *Avidyā* is said to be constituted of three *guṇas* (qualities); *sattva, rajas* and *tamas.*

Like *jñāna, māyā* or *avidyā* implies a locus in which it abides (*āśraya*) and a content to which it refers (*viṣaya*). All Advaitins agree that the content of *avidyā* is only pure consciousness—Brahman. This means that *avidyā* could conceal Brahman only. By this what is meant is that *avidyā* gives rise to empirical usages such as 'Brahman does not exist' 'It is not manifest' etc. Everything else other than Brahman is inert by nature and hence it cannot be concealed by *avidyā.*

As regards the locus of *avidyā,* there are two different views in Advaita, one advocated by Sureśvara, Sarvajñātman and Prakāśātman and the other advocated by Vācaspatimiśra. The former holds the view that pure consciousness as the inner self is the locus of *avidyā.* Vācaspāti, is of the view that the locus of *avidyā* must be one from whom the true nature of Brahman is concealed. The true nature of Brahman is concealed from *jīva* who feels that Brahman is not manifest to him. Hence *jīva* alone is the locus of *avidyā,* it may be added here that according to this view it is only the reality part of the *jīva* that is the locus of *avidyā* and not *jīva* associated with *avidyā* and mind. *Avidyā* is indeterminable (*anirvacanīyā*) either as real or as absolute nothing.

Avidyā or igronance is removed by *vidyā* or knowledge. In order that ignorance and knowledge may be opposed to each other, what is necessary is that their content must be the same. Here *avidyā* has Brahman as its content and so for its removal what is required is the knowledge of Brahman. The latter is nothing but pure consciousness that is reflected in the mental state that arises from the Upanisadic texts.

The Advaitins make a distinction between Brahman as knowledge and the knowledge of Brahman. The former is called *svarūpajñāna* and the latter *vṛttijñāna. Svarūpajñāna* is the witness of *avidyā* and is real, whereas vṛttijñāna is the annihilating factor of *avidyā* and is not real. This view is explained on the analogy of the rays of the sun which reveal the objects like grass, etc. burn the very grass when passed through a lens.[16] Knowledge of Brahman (*brahmajñāna*) which is not real is only the modification of the mind inspired by the reflection of Brahman in it. Hence it must also be removed. The Advaitin considers that the knowledge of Brahman after removing *avidyā* gets itself removed. This is explained on the analogy of a cleansing nut mixed with water which causes the precipitation of the mud already conjoined with water and then causes its own precipitation as well.[17]

The removal of *avidyā* is identical with Brahman. This is as it should be for, the removal of a superimposed object is but its being reduced to its substratum.[18] Silver is superimposed upon the shell; and its removal is nothing but its being reduced to the knowledge of the shell. Here *avidyā* is superimposed upon Brahman; and, hence its removal must necessarily be of the nature of its substratum viz., Brahman.

To sum up this part: *avidyā* is a positive entity; it is indeterminable; it possesses a two-fold power of concealment and projection; by the former it conceals the true nature of Brahman and by the latter it projects it as God, soul and the world of multiple forms; it is located in the pure consciousness according to the Vivaraṇa and in the soul according to the Bhāmatī; it is removed by the direct knowledge of Brahman and its removal is of the nature of Brahman.

God and Soul:

The Upaniṣads view God and soul as complex entities. The text of the *Śukarahasyopaniṣad*[19] states "*kāryopādhirayaṁ jīvaḥ kāraṇopadhiriśvaraḥ*". declares that the soul and God are complex entities, the former having mind as its limiting adjunct, and the latter having *māyā*. The text of the *Brahmabindūpaniṣad*.[20]

> *eka eva hi bhūtātmā bhūte bhūte vyavasthitaḥ*
> *ekadhā bahudhā caiva dṛṣyate jalacandravat*

states that the self of all beings is one only. Just as the one moon that appears to be manifold in the water filled up in several vessels, this self too remains as one (in the form of God) and appears to be many in different bodies (as the souls). Using the analogy of reflection (*pratibimba*) of the moon, the Upaniṣad describes the souls to be reflected images of the one self, that is Brahman, and God as Brahman that remains as the original or *bimba*.

The *Nṛsiṁhottaratāpinyupaniṣad*[21] in the text—'*jīveśau ābhāsena karoti māyā ca avidyā ca svayameva bhavati*' states that *prakṛti*—the primal power itself in its aspects of *māyā* and *avidyā* gives rise to the reflected images (*ābhāsa*) of soul and God.

The text of the *Brahmabindūpaniṣad*[22]

> *ghaṭasaṁvṛtam ākāśaṁ nīyamāne ghaṭe yathā*
> *ghaṭo nīyeta nākāśaṁ tadvat jīvo nabhopamaḥ*

compares the soul to the pot-defined ether. The soul according to this text, is pure consciousness that is delimited (*avacchinna*) by the limiting adjuncts. God, according to this view, is Brahman that transcends the limiting adjunct.

It follows from the above that the Upaniṣads seek to explain the nature of soul and God by adopting the theories of reflection and delimitation. Śaṅkara himself does not show any preference for anyone of the three hypotheses viz., (1) that the *jīva* is consciousness as reflected in the inner sense, (2) that the *jīva* is an appearance, and (3) that the *jīva* is consciousness as limited by the innersense. However, Śaṅkara's followers systematized these diverse interpretations into three different theories viz., (1) *Pratibimbavāda* (the reflection theory) (2) *Ābhāsavāda* (the semblance theory) and (3) *Avacchedavāda* (the limitation theory),

According to the *pratibimbavāda* both *jīva* (living being) and *Iśvara* (God) are reflected images of Brahman in mind and *māyā* respectively. Followers of Vivaraṇa school do not favour the view that God also is a reflected image. It is because a reflecting medium shall present its characteristics upon the reflected image. Mind which is the revealing medium, presents its characteristcs of agency, finitude, etc., upon the reflected image, viz., soul. If God were viewed as the reflected image of Brahman in *avidyā,* then the latter being a reflecting medium will transfer its characteristics upon the reflected image viz., God. *Avidyā* which has two powers of concealing and revealing, by being the reflecting medium would exert its influence in its concealing phase and thus conceal the true nature of Brahman from the reflected image, viz., God. God would then cease to be an omniscient entity and the Upanisadic text that speaks of God as omniscient would stand contradicted. Hence the view that God is a reflected image is not favoured.

This difficulty led the followers of Vivaraṇa to view the nature of God in a different manner. They hold that the reflected image of Brahman in *avidyā* associated with mind in its gross and subtle forms is the soul. Brahman in relation to the reflecting medium and the reflected image acquires a characteristic, viz., the state of being as original or bimba. Since God is viewed as Brahman that serves as the original and since a reflecting medium cannot exert its influence upon the original, the difficulty that is pointed out in the view that God is a reflected image is not applicable here. Thus according to the Vivaraṇa school, God is *bimbatva-viśiṣṭa-caitanya* and the soul is *pratibimbatva-viśiṣṭa-caitanya.*[23] We call it *bimbapratibimbavāda* to distinguish it from the earlier view.

Ābhāsavāda: Sureśvara subscribes to this view. This is also reflecting theory; however, the nature of reflection on this account varies from the account that one finds in *bimba-pratibimbavāda*. According to the latter the reflected image is identical with the original and, therefore as real as the original. In *ābhāsavāda*, the reflected image is not identical with the original and hence not real as the original. When viewed in this light, the soul which is the reflected image of Brahman in *avidyā*-mind complex must be different from Brahman. According to the fundamental position of Advaita anything that is different from Brahman is indeterminable. The soul too being different from Brahman, must be indeterminable. Being so, it will not be entitled for liberation. Nor can it be viewed as an agent, experient and a knower.[24]

Avacchedavāda : This is advocated by Vācaspati in Bhāmatī. He holds that formless Brahman cannot undergo any reflection whatsoever. Therefore, he maintains the view that Brahman conditioned by *avidyā* is the soul and Brahman that transcends it is God.

Some Metaphysical Arguments

The synthetic philosophy of Advaita puts forth both objective and subjective arguments to show the immanence of Brahman in all phenomena. As mentioned earlier Brahman is existence (*sat*) consciousness (*cit*) and bliss (*ānanda*) and infinite (*anantam*). This objective approach raises all phenomena to the status of Brahman. That is, Brahman is shown as immanent in every aspect of creation and that it is the Ultimate Reality in all phenomena as their underlying substratum principle. In other words every object is superimposed upon the consciousness conditioned by it. The object does not have any independent existence apart from its underlying reality. All empirical objects being products of Brahman and *māyā* display a combination of the characteristics of their cause. The five characteristics are existence (*asti*), manifestation (*bhāti*), desirability (*priyam*), name (*nāma*) and form (*rūpa*) Of these, the first three belong to Brahman and the latter two to the world.[25] The latter two are falsely superimposed on and predicated of Brahman. When all the varying and adventitious names and forms are negated what would remain is existence alone (*sanmātra*) which is common to all objects. *Sanmātrā* given in empirical experience is the supreme reality which is no other than Brahman.

In the subjective approach, we try to show that the self is the witness of the three states of waking (*jāgrat*) dream (*svapna*) and deepsleep (*suṣupti*) and is different from the five sheaths. An analysis of these becomes necessary to show that Brahman is immanent in the individual as his very being.

In order to determine the real nature of the Self, Advaita enquires into human experience at all levels. Human experience includes under its fold the three states of waking, dream and deep sleep. The reality of the objects perceived in these states differ from one another. A close analysis of these states show that the consciousness element which permeates all the states is ultimately real, unattached, self-luminous, eternal immutable witness, manifesting the content of these states. Hence it is referred to as *avasthā-traya-sākṣī*.

In order to realize the Self, the five sheaths, which are the products of *avidyā*, and which are the source of sufferings, insentient, non-real are to be negated. They conceal the Self which is truth, consciousness and bliss. The five sheaths are (i) The *annamayakośa* which comprises the physical body made of food, (ii) The *prāṇamayakośa* or the sheath of vital air energises the body, (iii) The *manomayakośa* is the sheath of the mind, (iv) The *vijñānamayakośa* is the sheath of the intellect endowed with the power of cognition, (v) The *ānandamayakośa* is the sheath of enjoyment enveloped in ignorance. Although, in reality the Self cannot be identified with any of the five sheaths yet they are illegitimately superimposed due to ignorance.

These five sheaths can be grouped into three bodies, viz., the gross physical, the subtle psychical and the causal bodies. Of these the gross body (*sthūladeha*) is constituted of the *annamayakośa*. The subtle body (*sūkṣmadeha*) comprises the *prāṇamaya, manomaya* and *vijñānamaya kośa*-s. The *ānanda-mayakośa* constitutes the casual body (*kāraṇaśarīra*).

The world

It has been mentioned earlier about the theory of trans-figuration (*vivartavāda*) to account for the rise of the world. This theory proceeds on the basis of the criticism of the theories of causation advocated by the Nyāya-Vaiśeṣika and the Sāṅkhya school. The Nyāya-Vaiśeṣikas hold that the effect does not pre-exist in its cause, and also maintain absolute difference between the cause and the effect. This theory is known as *asatkāryavāda* or *ārambhavāda*. The Sāṅkhya school, however, objects to this view and maintains that the effect pre-exists in its cause and there is total identity between the cause and the effect. The logical difficulties in these two theories of causation paved way for the Advaitin to conclude that there can be no real origination of an object but the effect is only a mere appearance of the cause. This is precisely the *vivartavāda* of the Advaitin.[26] This is in accordance with the *Chāndogya* text "*vācārambhaṇaṁ vikāro nāmadheyaṁ mṛttiketyeva satyam*" which expresses the reality of the causal element and the indeterminable nature of the effect. It further emphasizes the fact that the effect does not have independent existence apart from the cause. Extending this line of explanation, we conclude that Brahman the cause of the world is real and the world is indeterminable or illusory (*mithyā*).

According to Advaita, *sat* (real) is that which will never suffer annihilation in the three divisions of time—past, present and future—like Brahman. The world is sublated by the knowledge of Brahman. Hence it is not *sat* (*bādhyamānatvāt na sat*). *Asat* (non-real) is that which is never given in perception, like sky-lotus, squarecircle etc. The world of phenomena being given in perception cannot be *asat* (*pratīyamānatvāt na asat*). Hence the world must be different from both *sat* and *asat*. i.e. *sadasadvilakṣaṇa*. It is, therefore, indeterminable *anirvacanīya* as either *sat* or *asat*. These two categories of *sat* and *asat* are only mutually exclusive but not collectively exhaustive. Therefore, the Advaitins put forth the dichotomous theory of Reality classifying all objects of knowledge into the ultimately Real (*pāramārthika*) and the illusory or the unreal (*apāramārthika*).

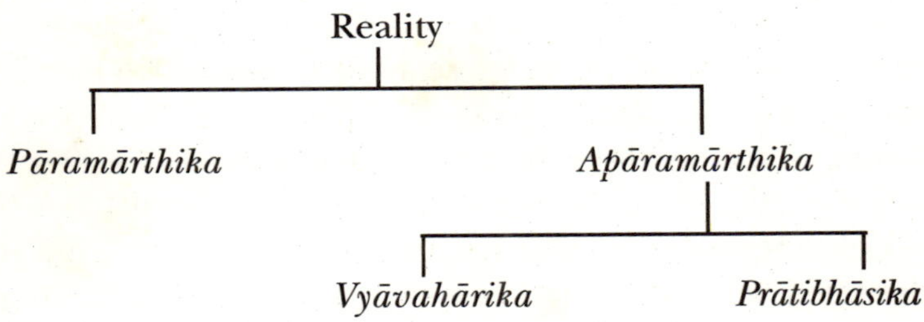

Here Brahman alone, is ultimately Real, as it is not sublated in the three divisions of time—past, present and future and hence it is *pāramārthika*.[27] The *apāramārthika* includes under its purview, entities endowed with empirical reality and apparent reality. Empirically real objects continue to be real without being sublated till there arises the knowledge of Brahman,[28] e.g. table, tree etc. Apparently real objects are those which are sublated by knowledge other than that of Brahman.[29] For example, shell-silver gets sublated when there arises the knowledge of the true nature of the shell as "This is not but shell." Here empirically real objects relatively endure for a longer time than the apparently real objects.

The Pramāṇas

Following the Bhāṭṭa school of Pūrvamīmāṁsā the Advaitin

admits six *pramāṇas* and they are perception, inference, comparison, verbal testimony, presumption and non-apprehension.

A *Pramāṇa* is defined as that which gives rise to the valid knowledge of an object 'unknown hitherto'.[30] Here "Unknown hitherto" consists in an object being characterized by primal nescience (*mūlāvidyā*) or modal ignorance (*tūlāvidyā*). An object (say) pot is superimposed upon the consciousness conditioned by it. Although there is contact between the consciousness and the pot, yet pot is not manifested prior to the functioning of a *pramāṇa* (say) *pratyakṣa*, that is sense of sight. When the sense of sight comes into contact with the object (say) pot, mind comes out through the sense of sight, reaches the place of pot and assumes modification in its form. This mental modification known as *vṛtti* removes the modal ignorance concealing the pot-conditioned consciousness. The latter freed from the veil of ignorance, is reflected in the mental state and gets identified with the consciousness conditioned by the mind i.e. *jīva* through the mental state. Since the manifested consciousness is identical with *jīva*, there is the manifestation of pot as 'this is pot' in the case of *jīva*.[31]

In the same way, Brahman—the pure consciousness is concealed by primal nescience and hence it is unknown. The major phrase of the Upaniṣad such as "*tat tvam asi*" and the like gives rise to the mental state in the form of Brahman remove primal nescience and are thereby characterized as *pramāṇa*-s in respect of Brahman.

Mode of Interpretation of the Major Phrase Tat tvam asi

The phrase '*tat tvam asi*' conveys the identity of the essential nature of God with that of the soul. The words *tat* and *tvam* have similar case endings and are juxtaposed. They are thus intended to convey the identity of their senses. The primary meanings of the two words are respectively God and the soul. These two cannot be identical in view of the opposing attributes present in them. God is ever-released and the soul is in bondage. Hence the word *tat* through *jahad-ajahallakṣaṇa* leaves out a part of its primary sense, viz., omniscience and signifies the other part viz., pure consciousness. In the same way, the word *'tvam'* through the above kind of secondary signification abandons a part of its primary meaning viz., finitude and conveys the other part viz., consciousness. The sentence as a whole conveys the identity or more strictly the non-distinction between the two secondary senses of the words *tat* and *tvam.* Thus the ultimate logical significance of the major phrase '*tat tvam asi*' is the identity of the essential nature of God and the soul.[32] We shall now see what causes bondage for the soul.

Bondage for the Soul

The body to which the essential self is supposed to be associated or in which empirical self remains is the result of past actions. The subtle body known as the *liṅgaśarīra* plays a vital role in the transmigration of the self from one body to another, for, it serves as the medium through which the eternal and inexorable law of *karma* operates.

In the first place, *vāsanā*-s or mental impressions have a unique role to play in determining the birth of an individual. In fact, even before the upbringing in this life starts for an individual it starts exercising its influence on him. One cannot have any control over it as it relates to the past. It again decides the level of evolution which an individual has reached. If they are bad, one has to overcome them. This is what is meant by *karma* theory. The question that remains to be answered at this stage is as to how far a *jīva* is free to act according to his own free will? It may be answered that although one cannot have any check over the past, one is free to create new *vāsanā-s* that are good. Thus one is both ruled by one's own fate as far as the past *vāsanā*-s are concerned and is also the architect of one's fate in creating new *vāsanā*-s. The pre-natal *vāsanās* carried by the *jīva* can be counteracted by cultivating good tendencies. This should not be misinterpreted that Śaṅkara advocates the theory of determinism: By the practice of yoga it is possible to turn one's senses from their respective objects. By realizing that they are conducive to one's spiritual well-being one overcomes desire (*kāma*). This results in the absence of *dveṣa* that could occur in the event of one not attaining the object of desire. Directing all his efforts towards the study of scriptures one thus overcomes the earlier bad *vāsanā-s* and acquire new good ones as prescribed in the śāstras.

Liberation: its means in Advaita

The empirical self or the individual soul who is in bondage is liable to sin, suffering, birth and death. It is *karma* performed with desire that binds the *jīva*. Desires carry the man to the place of the objects and thus determine the channels of his future activities. Therefore, Śaṅkara advocates the performance of actions without any attachment to the fruits thereoff and performed as an offering to God. This is known as *niṣkāmakarma.*[33] The main obstacle to reach this stage is man's infatuation with the various attractions of life despite the fact that its pursuit is riddled with innumerable difficulties. This infatuation is entrenched in the mind by its taste in repeated births. Therefore, naturally the first lesson that Śaṅkara impresses upon us, is that we should learn to wrench ourselves away from the snares of the world in order to devote our attention to the goal of liberation. Such discipline is termed as *vairāgya.*

Vairāgya although is described as non-attachment, it equally implies non-aversion. Naciketā, the young boy of Kathopanisadic fame stands out as an exemplar of steadfastness and freedom from attachment. The pre-emptory refusal of Naciketā to all the alluring prospects offered by Yama is echoed in his words 'All life, without exception, is short indeed' (*api sarvam jīvitam alpameva*).[34] *Vairāgya* is not an end-in-itself. It is at the basis of *viveka* or discrimination and is aided by other disciplines such as *karmayoga* and *bhaktiyoga* which purify the mind and prepare the aspirant for *jñānayoga.*

Karmayoga constitutes the remote means to liberation It consists in performing the duties relating to one's stage and class of life without any attachment towards their fruits and offering their fruits to God. It gives rise to an extra-empirical merit, cleanses one's heart and thereby generates therein the desire to attain the knowledge of Brahman (*vividiṣā*) that is the means to liberation. The merit arising from the pursuit of *karmayoga* gives rise to the ascertainment that everything apart from Brahman is non-eternal and Brahman alone is eternal as it is not an effect. This ascertainment is known as *nityānityavastuviveka.* This leads to *ihāmutrārthaphalabhogavirāga* which is a mental state that is opposed to the desire to have more than what is needed for the bare sustenance of one's life. This in turn, leads to *śamadamādisampat* which consists of the group of *śama* and *dama* respectively referring to control of mind and external senses, *uparati*—which stands for abandonment of even obligatory duties on the authority of scriptures, *titikṣā*—endurance of opposites like heat and cold etc., *samādhāna*—power of concentration and *śraddhā*—faith in the teaching of the Upaniṣads and the preceptor. Then there arises *mumukṣatva*—desire for liberation. These are referred to as four-fold aid (*sādhanacatuṣṭaya*)[35] to the study of Vedānta.

There is another group of proximate means (*antaraṅga sādhanā*) for the attainment of liberation, prescribed by the text '*ātmā vā are draṣṭavyaḥ śrotavyaḥ mantavyaḥ nididhyāsitavyaḥ*: They are *śravaṇa, manana,* and *nididhyāsana.* The knowledge of the Ultimate Reality is of two kinds (1) mediate or *parokṣa* and (2) immediate or *aparokṣa.* Advaitins hold two different views that the great sayings of Upaniṣads such as "*tat tvam asi*" and the like being in the form of sentences give rise to mediate knowledge only. Prakāśātman, the author of *Vivaraṇa,* however, considers that even sentences could give rise to immediate knowledge if the object is immediate.[36] According to him *śravaṇa* is a mental activity which consists in the enquiry of the Upanisadic texts. It is followed by *manana* or reflection which is mental activity in the form of arguing within oneself, what the Upaniṣads teach, with a view to convince oneself that 'that teaching' alone is true. *Nididhyāsana* or meditation which follows *manana* is mental operation to turn away one's mind from external objects so as to continue, the stream of mental state in the form 'I am Brahman'.[37] *Śravaṇa* and *manana* the two constituents of jñānayoga respectively remove the false notions that the Upaniṣads do not teach the non-dual Brahman (*pramāṇāsambhāvanā*) and that what is imparted in the Upaniṣads is not true (*prameyāsambhāvanā*). *Nididhyāsana* removes what is known as *viparitabhāvanā* i.e. an unconscious reassertion of old habits of thought such as 'I' and 'mine'. The direct knowledge of Brahman removes all the merits and demerits that were accumulated in the previous lives as well as in this life itself. But the portion of the accumulated merits and demerits which is termed *prārabdha* and which has started yielding forth its fruit in the form of the present body by being present in which the soul has attained the knowledge of Brahman is not removed by knowledge.[38] The force of the *prārabdhakarma* is like that of a potter's wheel or of a discharged arrow and it must be allowed to work itself out through its effects being experienced cannot be checked in the middle. At this stage he would perceive the world of duality as unreal and he would never lose sight of his identity with Brahman. He is called a *jīvanmukta*—liberated while embodied.

Concept of Jīvanmukti

Of the different schools of Vedānta, the concept of *Jīvanmukti* is unique to the philosophy of Advaita. The other schools do not admit and even question it on the basis of the argument that this is a contradiction in terms. It is according to them, unreasonable to postulate that while the *jīva* is embodied or imprisoned as it were, it is also in a state of release at the same time. Release or *mokṣa* can occur only with the destruction of the body which is called *videhamukti.* But Advaitins assert that this state of being released for the *jīva* while yet embodied is possible and more than that, to keep the tradition of passing the knowledge gained through self-realization, this state of *jīvanmukti* should be logically admitted also. This concept holds that while the *jīva* strives to attain the direct knowledge of Brahman, the Ultimate Reality beyond the spacio-temporal confines it is not necessary that with the attainment of this knowledge, the fall of the body of the realized soul should also be coterminus. That is why the śruti texts proclaim "*atra-brahmasamaśnute*"[39] "*Brahmabhāvaśca mokṣaḥ*"[40] "*brahmavidbrahmaivabhavati.*"[41]

Having attained this stage the *jīvanmukta* continues to live till the exhaustion of the *prārabdhakarma.* The time interval between the rise of direct knowledge of Brahman and the fall of the physical body of the *jñānī* is the state of *jīvanmukti,* however small or infinitesimal it may be. With the cessation of life, the limits of self-hood disappear once for all and the *jīvanmukta* will for ever more be lost in the ocean of Brahman-bliss. This is *Videhamukti.*

Social Concern of a Jīvanmukta

The released soul, *jīvanmukta* is one who awakens to the spirit in him and orders all his activities in the light of the new vision that comes to him. Action is not binding on him, but he will be ceaselessly, active just to promote the spiritual welfare of his fellow men. Having no trace of egotism or selfishness in him he will not expect anything in return for all the service that he renders to mankind. This is how Śaṅkara refers to his grand preceptor Gauḍapāda to whom he offers his salutations at the end of his bhāṣya on the *Māṇḍūkyakārikā* of Gauḍapāda. He states:

"I offer my profuse salutations to my grand preceptor who has brought out the nectar (in the form of non-dual reality) which is difficult to be attained even by the gods, overpowered by compassion towards beings who are caught in the unfathomable ocean of transmigration, by churning the ocean of Vedas with his intellect as the churning rod."

Śaṅkara in his *Vivekacudāmaṇi*[42] states

जन्तूनां नरजन्मदुर्लभमतः पुंस्त्वं ततो विप्रता
तस्माद्वैदिकधर्ममार्गपरता विद्वत्त्वमस्मात्परं
आत्मानात्मविवेचनं स्वानुभवः ब्रह्मात्मना संस्थितिः
मुक्तिर्नो शतकोटिजन्मसुकृतैर्पुण्यैर्विना लभ्यते॥

For all beings a human birth is difficult to obtain, more so as a male body; rarer than that is to be born as men of spiritual birth; rarer still is the attachment to the part of Vedic religion; higher than this is erudition in the scriptures; discrimination between the self and not-self; realization and continuing in a state of identity with Brahman—these come next in order. This (kind of) *mukti* is not to be attained except through the well-earned merits in the innumerable previous births.

If we analyze its meaning, we may know that each succeeding state is a progressive transition from the earlier one. Śaṅkara concludes it with a reference to the attainment of the highest goal, viz., liberation.

To rise to the supreme experience, along with *karmayoga* and *jñānayoga* which we have explained earlier, Śaṅkara accords a prominent place to *bhakti* also, as a means. *Bhakti* is disinterested devotion to God possessed of all excellent qualities. He is the *sagūṇa* Brahman or *Iśvara. Nirgūṇa* Brahman becomes *sagūṇa* for purposes of meditation by the devotees to earn His grace. Thus we have Brahmā, Viṣṇu. and Śiva. the trinity of the Hindu religion and their consorts Sarasvatī, Lakṣmī, and Pārvatī respectively. We give names and forms to the Highest, according to our tastes and temperaments and that which appeal to our mind becomes the desired deity. However. it is only a preference which implies no exclusion. Advaita permits all this as a concession to human weakness. Even idol worship is allowed as it paves way for meditation. Śaṅkara, therefore, does not make any distinction between various deities.

It may be added that Śaṅkara in his minor work *Anātma-śrīvigarhaṇa* sardonically remarks that attainment of any so called material prosperity is of no use as long as one does not realize Brahman.

He states therein:

लब्धा विद्या राजमान्या ततः किं
प्राप्ता संपत्प्राभावाढ्या ततः किं
भुक्ता नारी सुन्दराङ्गी ततः किं
येन स्वात्मा नैव साक्षात्कृतोऽभूत्।

Further it is not even a matter of pride for one in the attainment of the worlds of Brahmā, Viṣṇu, or Śiva, as long as one does not realize Brahman.

धातुर्लोकः साधितो वा ततः किं
विष्णोर्लोकः वीक्षितो वा ततः किं
शंभोर्लोकः शासितो वा ततः किं
येन स्वात्मा नैव साक्षात्कृतोऽभूत्॥

Śaṅkara looks upon every achievement of the individual soul with a contemptous feeling. This is as it should be, for, all these achievements are ephemeral as Naciketā puts it. Hence he exhorts every individual to attain that supreme state of Bliss which is abiding and everlasting. To attain this state he shows the path in his *Svātmanirūpaṇam:* —

आस्ते देशिकचरणं निरवधिरास्ते तदीक्षणे करुणा।
आस्ते किमपि तदुक्तं किमतः परमस्ति जन्मसाफल्यम्॥

REFERENCES

1. *na vidyate dvaitam dvidhābhāvaḥ yatra tadadvaitam,—Siddhantabindu.*
2. *asyānarthahetoḥ prahāṇāya ātmaikatvavidyāpratipattaye sarve vedāntā ārabhyante.—Adhyāsabhāṣya.*
3. *Brahmasūtra*, 3.2.11.
4. *Chāndogya Upaniṣad*, 8. 1.5.
5. *Taittirīya Upaniṣad* (*TU*), 3.1.1.
6. *Bṛhadaraṇyaka Upaniṣad* (*BU*), 3.8.8.
7. (i) *upadhinām cāvidyā pratyupasthāpitatvāt,* *—Brahmasutrabhāṣya*, 3.2.11.
   (ii) *upādhinimittasya vastudharmatvānupapattaḥ, upādhinām ca avidyāpratyupasthāpitatvat. ibid.*, 3.2.15
8. *dvirūpaṁ hi brahma upadiśyate-nāmarūpavikāra bhedopādhiviśiṣtam, tadviparitaṁ ca sarvopādhi vivarjitam . . . evamekamapi brahma apekṣitopādhisambandhaṁ nirasta upādhisambandham ca upāsyatvena jñeyatvena ca vedānteṣṣupadiśyate. ibid.*, 1.1.12.
9. *TU*, 2.1.1.
10. *BU*, 3.9.34.
11. *Śvetāśvatara Upaniṣad* (*Śvet. up.*).
12. *Ibid.*, 4.10.
13. (i) *upādānasamasattākakāryāpattiḥ pariṇāmaḥ*
    (ii) *upadanaviṣamasajtākakāryāpattiḥ Vedāntaparibhāsā* (*VP*), p. 49 of *Dharmarājāḍhvarīndra.* With the translation of Swami Madhavananda, Advaita Ashrama, Calcutta, 1977.
14. *Advaitasiddhi*, Parimal Publications, 1988. p. 544.
15. *anadhigatabādhitārthaviṣayakajñānaṁ pramā.—VP.* p. 4.
16. *Trnāderbhāsikāpyeṣā sūryadṣptistṛnam dahet/ sūryakānta-mupāruhya tannyāyam tatra yojayet//—Siddhantaleśa Śaṅgraha*, Ed. by S.R. Krishnamurti Sastrigal and N. Veezhinathan, Appayyadīkṣitendra Granthavali Samiti, Secunderabad, 1973,

p. 363.

17. *yathā katākarajab salilena saṁyujya pūrvayukta- rajo'nta-zravisleṣam janayat svaviśleamapi janayati tathā ātmanyadhyasyamānam brahmajñanam pūrvādhyasta- sarvaprapaficam nivartayat svātmānamapi nīvartayatīti. ibid.*, p. 360.

18. *adhiṣṭhānāvaśeṣo hi nāśab kalpitavastunaḥ.—Sutasamhitā q. in VP,* p. 137.

19. *Śukarahasyopaniṣad,* 3.1.2.

20. *Brahmabindu Upaniṣad* (*Br.BU*) 12.

21. *Nṛsimhottaratāpini Upaniṣad,* 9.3.

22. *Br. BU.*, 13.

23. *Vivarana.*

24. *Saṁkṣepaśārīraka,* (*Sś*), 1.169.

25. *astibhātipriyamrūpam nāmacetyaṁśapañcakam/ ādyaṁ trayaṁ brahmarūpaṁ jagadrupamato dvayam//— Vākyasudhā,* 20 q.in *VP,* p.15 6.

26. *vivartavādasya hi pūrvabhūmiḥ vedāntapakṣe parināma-vādaḥ/ vyavasthiṣte'smin parināmavāde svayaṁ samāyāti vivartavādaḥ// Sś.*, 1.

27. *trikālābādhyatvam brahmanaḥ pāramārthikam sattvam*

28. *brahmajñānetarajñānābādhyatvam vyāvahārikatvam ākāśādeḥ.*

29. *brahmājñānetarajñānābādhyatvaṁ prātibhāśikatvaṁ-śuktirajatadheḥ.*

30. *anadhigatābādhitārthaviṣayakajñānam pramā—VP,*

31. *Ibid.*

32. *SŚ.*, Introduction.

33. *niskāmakarmānuṣṭhānaṁ tyāgāt kāmyaniṣiddhayoḥ /tatrāpi paramo dharmaḥ japastutyādikam hareḥ.//* Introductory verse No 39 of *Gūḍhārthadipikā* of Madhusūdana Sarasvatī on the *Bhagavadgītā,* Ed. by Vasudev Laxman Sastri, Varanasi, 1983.

34. *Kaṭha Upaniṣad,* (*KU*), 1.1.25.

35. *Vedāntasāra* by Sadānanda, Ed. with Introduction, translation by M. Hiriyanna, Oriental Book Agency, Poona, 1929, pp 1- 2.

36. *sannikṛṣṭaviṣaye śabdādapyaparokṣajñānābhyupagamāt,—VP.*

37. *Ibid.*

38. *'Tadadhigama uttarapūrvāghayoraśleṣavināśau tadvyapadeśāt' nyāyaiśca jñānotpādakadehārambhakasya prārabdhaphalakarmaṇaḥ*

bhogenaiva taddehānte nāśaḥ; sañcitāgāminām tu jñānena vināśaḥ iti—Venkatanāthiya. on Bhagavadgītā, Vanivilas Press, Srirangam, 4.37.

39. *KU,* I.2.6.15.
40. *VP.*
41. *CU.* 7. 1. 3.
42. *Vivekacūdamaṇī,* 2.

8

Pāṇini and Modern Linguistics

Avanindra Kumar

IN LINGUISTICS THESE DAYS, more stress is laid on the historical aspect of the language. Otto Jesperson in the preface of his book '*Language*' says, "The distinctive feature of the science of language as conceived nowadays is its historical character, a language or a word is no longer taken as something given once for all." Encyclopaedia Britannica is of the view: "It is not till the beginning of the nineteenth century that we see the rise of philosophy as it is now understood with the chief stress laid on comparison of related languages and the historical development of their structure."

Accordingly the origin of linguistics was not before the ninteenth century. Words 'nowadays' and 'these days' are indicative that—(i) linguistics did exist even before, which did not have as much stress on the historical aspect; (ii) comparison and the historical aspect are more stressed now,— meaning thereby that these two are not the form-generating (स्वरूपनिष्पादक) but are the virtues incorporating qualities (विशेषताधायक).

Etymology is one of the important branches of linguistics. It is the science of words. Although, Yāska is regarded as the explorer of this branch, its seeds are seen in the *Ṛgveda* itself.

The second branch of linguistics, i.e. phonetics is regarded as a science even by the most ultra modern linguists. It is the most difficult branch. The Prātiśākhyas and works on Śīkṣā have provided a unique insight in this field. The *Encyclopaedia Britannica* is very honest in accepting the supremacy of Pāṇini here: "We find in India painstaking investigations with phonetics with a minute description of each sound and its formation, further precise accounts of the changes of sounds in the inflection and formation of words. . . . In this way, the earliest contributions were given to the building up of an etymological science. Among the Indian grammarians, Pāṇini ranks first, his work has been called the most complete grammar existing for any language dead or living."

Thus, we find that Sanskrit grammarians have contributed greatly to the field of general linguistics, phonetics and etymology.

It is undoubtedly true that Pāṇini is a marvel in the domain of grammar. His *Aṣṭādhyāyī* marks the very summit of descriptive linguistics. The myriad of dimensions that he has unfolded in the world of linguistics and the sublime heights, he has attained are beyond compare. The compendium of grammatical principles and rules that he has formulated have enriched the human mind with erudition and is like a guiding star showing the way to seekers of knowledge, groping for light and learning. It may be said without exaggeration that if he had witnessed the multiplicity and complexity of modern life, he would have explored many more avenues of learning, language and literature.

It is imperative as well as instructive to determine the scope and direction of a scripture for its proper evaluation. There may appear misconceptions rather than justification for the author. Numerous posers crop up: What are the philological recognitions behind the creation of the *Aṣṭādhyāyī*? What is their justification? What is the purpose of the methodology evolved and adopted by Pāṇini with a view to presenting the structural grammar of the proposed language? To what extent has the author succeeded in his objective? Side by side arise the question: What are the shortcomings in the scripture? What are the possibilities and prospects of removing them? Evidently it is necessary to decipher the inclination of the *Aṣṭādhyāyī* in the field of philology, so as to find a comprehensive answer to all these questions. For this, we should first look into various aspects of philological exploration:

(i) *Descriptive Linguistics:* Descriptive linguistics is a branch of linguistic science which describes languages in their existing state without reference to their history or to related languages. In it, phoneme, form, word, meaning and sentence structure, etc. of a particular language are described at a particular point or period of time. This pattern, when it becomes analytical is known as structural linguistics.
(ii) *Historical Linguistics:* In historical linguistics, the history or development of a language is studied and from the perspective of principles, theories of change or development, rules and causes are described.
(iii) *Comparative Linguistics:* It entails a study of two or more languages.
(iv) *Applied Linguistics:* It relates to the usage of linguistics in fields other than linguistics. How to teach the mother tongue or any other language, how to translate, what should be the order in a key-board of the typewriter, how to improve the pronunciation, etc.—all these fall within the range of applied linguistics.

The above account, brief though, makes it clear that Pāṇini's *Aṣṭādhyāyī* is neither a work of comparative philology nor a historical one. It is purely a representative creation of descriptive linguistics. Its purpose is to analyze structurally the proposed language. To which world of linguistic family does it belong? How much its linguistic units (word, sentence, etc.) are similar in form and sound with the words of any other language? How many words and their meanings have been changed in historical, social and cultural changes and upheavals? Where and why were the linguistic units (root and suffix) mixed up? Were the sound of letters the same in the original language of their family? How did they acquire the present changed form? All these questions are beyond the pale of the *Aṣṭādhyāyī*. Such studies have developed independently. Such questions, if raised on the *Aṣṭadhyāyī* are not only irrelevant but detrimental also. Such allegations detract from the scientific aspect of the work under study, i.e. the *Aṣṭādhyāyī* and by this the main object of the work is side-tracked. The. observation of Dr. D. N. Shastri is significant in this respect: "पाणिनि का व्याकरण वैज्ञानिक केवल इस दृष्टि से है कि उसमें व्यवस्थित रूप से शब्दों का शुद्ध रूप एवं प्रयोग दिखाया गया है, परन्तु वह रूप या अन्य परिवर्तन क्यों हुए, यह दिखाना भाषाविज्ञान का कार्य है।"–*संस्कृत शिक्ष की नवीन योजना*। This observation calls for modification. In fact, Pāṇini presented a complete algebraic pattern to analyze the structure of the proposed language with regard to technique, definition, method, notwithstanding the fact that it needs further explanation. It being a symptomatic work, the correct form and usage of words might not have been shown in it, units of language—a sentence, a word, a root and a suffix have been clearly analyzed at all levels. The *Aṣṭādhyāyī* may not be a work of comparative philology but the fact remains that it is a representative work of descriptive linguistics, which has become an important ingredient of modern linguistics.

However, a look into those original tendencies of descriptive linguistics will not be out of place here. In the light of it, the principles of the structure of the *Aṣṭādhyāyī* can easily be understood and the original insight of Pāṇini can be brought into the limelight.

(i) The relationship between a speaker and a listener

A speaker, in which physical or mental state or at a particular moment, to convey which particular sense, uses a word and after listening to it what reaction related to its meaning did the listener get? Descriptive linguistics does not go deep into such questions. There are other branches of linguistics, which study various stages of the word and its meaning from social, historical or psychological points of view. Meanings obtained through them do not carry much weight since they are based on the presumption/inferences. They cannot be accepted as ultimate reality as they are likely to change in future. Descriptive linguistics seeks to analyze the accepted word forms of a society of a particular age to express a meaning in those particular contexts. Here the views of Bloomfield may be looked into: "In describing a language, we are concerned primarily with the working of this cooperation at any one time in any one community and not with its occasional failures or with its changes in the course of history."—*Language.* The analysis of the language-forms is made in those particular contexts with respect to the accepted meanings in a society, not with the development in the meaning or form. It does not mean that no relationship of the proposed language is shown with any meaning but only this, that the changing stages of the meaning from the viewpoint of the speaker and the listener are not given any importance. In fact, the meaning of any linguistic form is the situation, in respect of which it is used. It may simultaneously vary according to the mental state of the speaker or the listener. These mental states may be many with the variation of the place, time and the user. In such a state, it is practically difficult to tell a definite relationship of a word with some definite meaning. The views of Bloomfield may again be looked into—"The statement of meanings is therefore the weak point in language study and will remain so until human knowledge advances very far beyond into present state."—*Language.* Therefore, decipherment of the prevalent meaning in a particular context is definitely done by keeping speaker's intention in mind, because it is he, who has used the word for expressing a meaning. When the listener responds positively after listening to the speaker's statement, the speaker is led to feel that he has grasped the right meaning and has conveyed it rightly. And when the listener understands what a particular word means, he, too, starts using that word in the same sense. Thus, this order continues in the form of a tradition. The tradition of behaviour fixes the meanings of words in the current senses. All words can express all the meanings but the social behaviour fixes and applies a particular meaning to a particular word. The potentiality of a word in expressing all or any meaning has been referred to in the *Yogavācaspatya*: "सर्वे च शब्दाः सर्वार्थाभिधानसमर्थाः इति सर्वैरर्थैः सर्वशब्दानां सम्बन्धः, ईश्वरसङ्केतस्तु प्रकाशकः।"—*Mañjūṣā* (Nāgeśa).

In modern context, it is debatable as such वाच्यवाचकभाव of all the words with all the meanings is beyond human psychology (Nāgeśa and Bloomfield). According to a tradition, the usage of a word with a particular meaning is on the basis of tradition only. Accordingly, God in the beginning of the creation directly hinted the sages—'This word means this' and with that tradition of usage the knowledge has reached us: "सर्गादिभुवां महर्षिदेवतानामीश्वरेण साक्षादेव कृतः सङ्केतः, तद्व्यवहाराच्चास्मदादीनामपि सुग्रहस्तत्सङ्केतः" —*Mañjūṣā* (Nāgeśa). This controversy–whether God or the earliest human beings fixed the meanings of words, which were capable of expressing any meaning is of little consequence. That the use of words with particular meanings reaches us through tradition is undoubtedly true. It is the social recognition which restricts the use of a word giving a particular meaning. N. Krishnaswami in his *An Introduction to Linguistics for Language Teachers*, writes: "Language is a social behaviour and the subject matter of linguistics is the study of the behaviour patterns. It is the study of a set of habits." Thus a relationship called वाच्यवाचकभाव is established between a particular word and a particular meaning. Lexicons of those languages simply mention the वाच्यवाचकभाव relationship of the collected words with set meanings. Descriptive grammar also analyses rules related to sentence-structure, word-structure and the phonetics on the basis of socially accepted meanings. The context is important here, not the meaning, dependent on the mental state of the speaker and the listener. This is its neutrality between the speaker and the listener. *Śabdānuśāsana*, therefore, is the befitting connotation for it. Here, the stress is put on the structure of the word, not on the meaning element.

Descriptive linguistics states the structure of words of the language of a society at a given time. In its scriptural domain, it assumes a word, its meaning and their relationship as permanent. Its basis is this assumption. If it accepts a word, its meaning and their relationship as impermanent, then the analysis made by it and the findings, would also become not permanent and thus empty. The eternity of a word, its meaning and their relationship, appears to be illogical from the point of view of phonetics (If 'The phonetician finds that no two utterances are exactly alike'—Bloomfield, *Language)*, but descriptive linguistics establishes this eternity on a logical ground. A word, its meaning and their relationship are always fixed in our mind in the form of ideas. It remains as (संस्कार) an impression on the mental plane of both the speaker and the listener. A non-existent element may also have mental existence (बुद्धिसिद्धन्तु तदसत्,—*Nyāyasūtra*, 4.1.50). This mental existence is ever flowing and unchecked. This word and meaning relationship is in the form of *sphoṭa* of all three. When the speaker wants to express his inner ideas externally, then there is a vibration in his life breath. Through the throat, it moves towards mouth and touches the throat and the palate and produces those sounds.

Here, the *Pāṇīniya Śikṣā* may be looked into—'मारुतस्तूरसि चरन् मन्दं जनयते स्वरम्', verses 6-8. These sounds in the form of letters are the medium of expression of the inner sphoṭa. In practice, sounds expressing sphoṭa are called words. Pātaṇjali writes 'अथवा प्रतीतपदार्थको लोके ध्वनि: शब्द इत्युच्यते'—*Paspaśā*. These very sounds reach the mind of the listener through his earspace and make his mental *sphoṭa* (in the form of word and meaning) active. Then only the listener understands the meaning. This state of word and meaning, there being no obstacle, is always there in the mind of the speaker and the listener. That is why there is no impact on the mental state of a word and its meaning, notwithstanding its physical birth and death and they can be regarded as eternal. A word in the form of a sound, is also regarded as eternal due to its recognition based on similarity. When a noun and its meaning (object) become present, a feeling arises—'that is the word and it is the meaning' and this creates the continuity in practice of both of them. Bhartṛhari calls it an eternity of arrangement:

नित्यत्वे कृतकत्वे वा तेषामादिर्न विद्यते ।
प्राणिनामिव सा चैषा व्यवस्थानित्यतोच्यते ॥ (VP)

All this means that to trace the origin of linguistic terms is as controversial as the idea of the beginning of the creation. Day to day life receives a language by tradition and it continues to regard that a word, being used in a particular meaning, has aways been the same.

A similar quality imbibed in many is either universal or particular. Every member of a society is its support. Both universal and particular are indispensable to each other, the fact that both are taken as import of a word or either—this has been a matter of debate in various scriptures. There is no major problem in accepting the two as import of a word. To show superiority/inferiority, propriety/impropriety of a word and its meaning—is not the object of descriptive grammar. It depends upon the usage by the civilized people and by usage only a word means universal and particular—both according to the context. 'Man is mortal'—here universal is expressed by the word 'man'. If we take 'one man' by it then we shall have to use plural of 'man' due to maniness. But in usage, it is not like that. Here, man does not mean 'one man', 'it means the entire mankind. Kind being one, the use of singular number is appropriate. If the particular be taken as meaning, then 'man are mortal' will only be right as men are many. In usage, universal and particular—both being the import of a word, grammar prescribed it as singular number accordingly.

Descriptive linguistics considers the sentence as the ultimate meaningful unit of a language. It is only a sentence, which can convey a positive or negative meaning. *Mañjūṣā's* statement is worth quoting here: "तत्र वाक्यस्फोटो मुख्यो लोके तस्यैवार्थबोधकत्वात्तेनैवार्थसमाप्तेश्च।" A sentence conveys a meaning through a particular structure in a particular context. Descriptive grammar by accepting the meaning as a basis, analyses its structural variations.

It is well-nigh impossible to count the sentences of any language. Addition or omission of a single word in a sentence makes the body and the meaning of the sentence quite different.

Thus, descriptive linguistics does not regard the sentence-structure as a basis for the structural analysis. It assumes the division of a sentence into words, of words into root and suffixes and of them into syllables. It compiles them on the algebraic pattern and thereafter shows the process of their combination. In this way, the entire structural analysis is exhibited through a uniform pattern.

Words, although, compared to sentences are fewer in number, notwithstanding to collect all the words of a language and by understanding them in those particular contexts, it is not very easy to analyze their structure. The impossibility of the word knowledge by regarding each and every word has been described by Patañjali in an interesting manner—"एवं हि श्रूयते बृहस्पतिरिन्द्राय दिव्यं वर्षसहस्रं प्रतिपदोक्तानां शब्दानां शब्दपारायणं प्रोवाच। बृहस्पतिश्च प्रवक्ता इन्द्रश्चाध्येता, नान्तं जगाम"–*Mahābhāṣya, Paspaśā*. Understanding the difficulty in attaining the knowledge of a huge vocabulary by reading each and every word, the later grammarians adopted the method of general and exceptional rules and thus developed the knowledge of words. The work of Pāṇini is a crowning achievement of Indian wisdom of a very long period. In this process, by imagining inclusion and exclusion of words into sentences, the division of sentences into words, of words into roots and suffixes, varied meanings of the words and meaning of roots and suffixes in parts are imagined through logical connection and contra-distinction. Through this algebraic imagination, the imagined words in a sentence, roots and suffixes in words and their assumed meanings convey only the grammatical meanings (तेषामर्था अपि कल्पिता:—*Mañjūṣā*. For example, 'आपणं गच्छ' is an undivided linguistic unit and we understand its contextual meaning, same sentence, — compared with 'आपणं पश्य' and 'शीघ्रं गच्छ' sentences, where 'पश्य' has been included and गच्छ has been excluded and in the second sentence आपणम् has been excluded and शीघ्रम् has been included respectively. We easily understand similarity and dissimilarity in the meanings of all three sentences. The assumption of inclusion or the exclusion of a word from a sentence and the meaning based on it, helps in the division of sentence into words and the relationship of words with those particular meanings. Through this process, words are divided into root and suffix. Similarity and dissimilarity between घटम् and घटेन in sentences घटम् आनय and घटेन जलम् आनय are indicative of partial similarity and partial dissimilarity in meaning as well. The structural distinction between घटम् and घटेन् is dependent on the difference between अम् and इन. घट is common in the two. The expression of object (कर्म) and the means (करण) by both the sentences has the basis as घट common. Only the objectiveness (कर्मत्व) and being the resource (साधनत्व) are different. We easily reach to a conclusion that घट is common in both the meanings. Dissimilarity is expressed through अम् and इन only. Their construing अन्वय and the contrary thing व्यतिरेक make the presence or the absence of that meaning. Thus, by making an artificial division of a sentence into words and of words into roots and suffixes and by appointing them into artificial grammatical meaning, words are structurally explained.

To express the structural rules of such divided linguistic units is based on the complimentary relationship prevalent among them. A systematic analysis of the structure of linguistic forms is possible only when grammar is algebraic (cf. V.N. Mishra, *The Descriptive Technique of Pāṇini*). At times, the assumption of root and suffixes in such a structural analysis appears to be one-sided and arbitrary. In this artificial process, the author is free in his process for the convenience of an analysis. Our grammarian may form अस्ति with the help of अस् root, whereas the other one with the help of स and अ as an augment. The same word is to be formed in both the processes. The propriety or the impropriety of the process is valuated through its easiness or the difficulty or the number of rules applied to. The classification of structural presumptions is so much clear, complete and is based on the scientific planning; the analysis will be that much transparent and easy to understand. The view of N. Krishnaswami is worth noting here: "The analysis and description must conform to the requirements laid down by a scientific theory, which should be simple, consistent, complete, useful and elegant"—*An Introduction to Linguistics.*

Descriptive grammar adopts two directions to provide the structural descriptions of linguistic forms—item and arrangement: item and process. Under the first category, a division is to be made of the structural stages and the structural units. This division is in the form of sememe, morpheme, morphophoneme, phoneme and phones. Traditional grammar has divided them into root, suffix, their meanings, letters and alphabets. In the second category, the word 'process' is more important. It means that the characteristic feature of the activity gets the form of the word through the orderly combination of the divided structural units and changes. The Paninian style is a blend of the two. In the first five chapters of the *Aṣṭādhyāyī*, Pāṇini has arranged the structural units and stages and the later three chapters describe the structural process through those units.

The language forms, structurally analyzed by Pāṇini attach little significance to the usage in various contexts and the mental state of the speaker and the listener in expressing the intended meanings. This style of structure analysis shows the neutrality. There is the prominence of the form not of the meaning. Robert A Hall Jr. says: 'In the analysis of linguistic structure, however, considerations of form must take precedence over considerations of meaning'—*Introductory Linguistics.* The meaning, of course, is ordinarily the basic stage of the structural process. Pāṇini was clear about it. His aphorism स्वं रूपं शब्दस्याशब्दसंज्ञा I.1.68, indicates this very inclination of his scripture that the basic point of his scriptural analysis is the form of word not its meaning. If the word अग्नि means 'fire' and when it means a man, named अग्नि Pāṇini does not bother. His aim is to analyze various structural stages of the word अग्नि. By using the word पयस्, whether the speaker means milk or water, it is the user's concern. Being the author of structural grammar, the formation of पयस् and to describe various structural stages in its formation, is his main object. It is worth noting here that if a particular meaning affects a word form, grammar cannot ignore it. It is practically impossible to indicate the significance of form without taking the meaning into consideration. Pāṇini is very particular about the contexts, which affect the language-structure. Some examples may be cited. In Pāṇini's time, the word पुत्रादिनी was used in two forms. When some resentment was shown to some lady, त् of पुत्र was not doubled. When this very word was used in reality, (without showing any anger) त् was doubled, e.g. पुत्त्रादिनी सर्पिणी. In the same way, सुसिक्तम् is used in praise as well as dispraise (सुषिक्तम्). The distinction in forms depends on the meaning. To clarify this difference, Pāṇini takes the help of the meaning in the structural analysis. Two of his aphorisms नादिन्याक्रोशे पुत्रस्य (VIII.4.48) and सुः पूजायाम् (I.4.95) bear testimony to this assertion.

The *Aṣṭādhyāyī*, being a work of descriptive linguistics, regards the words, their meaning and the relationship between them as eternal. This eternity of words may surprise those, who have learnt the process of word-formation in Pāṇini, but the stand adopted by Pāṇini is clear and there is no doubt about it. In fact, Pāṇini's *Aṣṭādhyāyī* is not a mint of words. His work analyses the words, their meanings and the relationship between them attained through tradition. There also, the relationship of words with particular meanings is the means not the object. The word पितरौ is denotative of mother and father—both in usage. Therefore, by considering this meaning as the first stage of construction, माता and पिता both the words are compounded in द्वन्द्व. The process of making एकशेष and in dual form—is not inappropriate for descriptive grammar.

The *Aṣṭādhyāyī* is a storehouse of about four thousand aphorisms and three-fourths of it present an account of the division and combination of प्रकृति-प्रत्यय and the phonetic changes occurring in this. Here, no word has been quoted to be framed due to the assumed process of continuation and the splitting of parts. The principle of the eternity of words is hidden in its background. In his opinion the word is an already existent object, where structural tendencies are being analyzed through the assumed process. Besides, Pāṇini is firm in his conviction when he declares the earlier grammarians as अशिष्ट by quoting their rules, which gives an indication that grammar produces words. Pāṇini declared the युक्तवद् व्यक्तिवचन rule of earlier grammarians as अशिष्ट while applying लुपि युक्तवद् व्यक्तिवचने (1.2.51) and विशेषणानां चाजातेः (1.2.52). He regarded it as opposed to descriptive linguistics. He prescribed such rules as अशिष्ट by accepting the meaning as लोकप्रमाण. In support to his conviction, he advanced the arguments in I.2.54-I.2.57, which mean that the usage by शिष्टs is the only authentic thing to tell that the word structure is the only object of descriptive grammar. His presentation of निपातसूत्रs like पृषोदरादीनि यथोपदिष्टम् (VI.3.109) also support his principle of the eternity of words.

Kātyāyana rightly observed Pāṇini's intentions. By expressing सिद्धे शब्दार्थसम्बन्धे लोकतोऽर्थप्रयुक्ते शब्दप्रयोगे शास्त्रेण धर्मनियमः he referred to Pāṇini's basic idea. In fact, by proving the eternity of a word, its meaning and their relationship, he, indirectly negates the conclusions, achieved by other scriptures. Descriptive linguistics attaches little importance to the opinion of those, who regard a word as temporary (उत्पादविनाशशील). Robert A Hall Jr. says:"The structure of language undergoes a constant change throughout and yet it is useful to describe a language as if it exissted at a given point of time without any changes having taken place. In fact, this approach (which is termed descriptive or synchronic) is not only helpful but necessary both for the historical (diachronic) study of successive stages of a language and for the application of linguistics in practical way"—*Introductory Linguistics.* Patañjali writes in the similar view"—तत्र त्वेष निर्णयः, यद्येव नित्यः, अथापि कार्यः, उभयथाऽपि लक्षणं प्रवर्त्यम्।—*Mahābhāṣya,* (I.1.l), while supporting the eternity of a word, its meaning and their relationship. He has given an interesting example: "तद्यथा घटेन कार्यं करिष्यन् कुम्भकारकुलं गत्वाऽऽह-कुरु घटं, कार्यमनेन करिष्यामीति, न तद्वच्छब्दान् प्रयुक्षमाणो वैयाकरणकुलं गत्वाह-कुरु शब्दान् प्रयोक्ष्य इति," meaning thereby that just as a man goes to a potter for a pot and askes him to make a pot for him, no person goes to a grammarian and asks him to make or coin a word for his usage. He uses a word without asking any grammarian. Even a child used the language with his limited knowledge without caring what the word, in fact, means. He imitates the speakers of his mother tongue. Language is drunk with the milk of the mother.

Now, we are led to think that in such a state as to the utility of grammar? Kātyāyana replies to this question by considering the scripture useful for *dharmaniyama* (लोकतोऽर्थप्रयुक्ते शब्दप्रयोगे शास्त्रेण धर्मनियमः, —*Mahābhāṣya, Paspaśā*). The meaning can be conveyed by both—a correct word and an incorrect word. Notwithstanding all this, Patañjali defines *Dharmaniyama* and says that the meaning should only be conveyed by a correct word not by an incorrect word (शब्देनैवार्थोऽभिधेयो नापशब्देनेति). If we take it in a wider sense, the purpose of grammar to a great extent is to standardize the language. The rule of correctness of the language checks the entry of incorrect words into correct words category on one hand and it encourages us to understand the scientific forms of the language on the other.

Pāṇini's grammar accepts both universal and particular as an import of words. As the form of language is used to express universal or particular, the structural rules are set accordingly. In usage, to indicate the universal, words are used in singular as well as in plural numbers. Panini coined the aphorism जात्याख्यायामेकस्मिन् बहुवचनमन्यतरस्याम्–*Aṣṭādhyāyī*, I.2.50. The universal is one, so the singular be used to indicate it. Why was the plural applied to a universal, qualified by a singular word? The answers to these questions do no fall in the category of his scripture. By accepting particular as meaning of the word, Pāṇini framed सरूपाणामेकशेष एकविभक्तौ (I.2.64). Pāṇini does not read all the categories of vowels and accepts all of them simply by one अ, इ, उ etc. He regards them as representing the entire kind. In usage, letters are different by pronunciation only. From the viewpoint of particular to include *savarṇas* he framed the rule अणुदित्सवर्णस्य चाप्रत्ययः (I.1.69).

Three chapters (3, 4 and 5) of the *Aṣṭādhyayī* contain a long list of roots and suffixes and the two have a lengthy description of morphological changes, occurring due to their combination. All this may lead to make one think that the main object of the *Aṣṭādhyayī* is only the science of words. But this conclusion would be far from the fact. The first and the last aim of Pāṇini's discussion is only sentence. The description of the structure of words is only a medium of sentence structure. That is why, before describing at length the roots and suffixes for framing *subantas* and *tiṅantas*, Pāṇini has described (in the second chapter) the cases in a sentence, which is a narration of sentence structure only. At the same time, the description of compounds after the cases, is also a transformation of sentences. To describe each and every sentence structurally is not quite feasible. By adopting an artificial process, a sentence into words, words into roots and suffixes and by dividing them also into smaller units, a sentence has been described.

In reality, Pāṇini's grammar does not make any substantial distinction between a sentence and words. Bhartṛhari's views are supporting it पदे न वर्णा विद्यन्ते, वर्णेष्ववयवा न च, वाक्यात्पदाना-मत्यन्तं प्रविवेको न कश्चन. The lengthy description of word-structure by Pāṇini is to apprise the reader of integral sentence-structure. Nāgeśa says—तत्तदवयव-तत्तदर्थबोधनेन समुदायस्य **समुदायार्थस्य च वोधने तात्पर्यमृषीणाम्**—*Mañjūṣā.*

Sentence is the most meaningful basic structural unit of a language. Nowhere in his work, has Pāṇini defined a sentence, although, he has used *vākya* in two of his aphorisms वाक्यादेरामन्त्रितस्यासूयासम्मतिकोपकुत्सनभर्त्सनेषु (VIII.1.8) and वाक्यस्य टेः प्लुत उदात्तः (VIII.2.82). By not finding the definition of a sentence, we should not think that Pāṇini has described the structure of words only. In fact, Pāṇini viewed sentence as the starting as well as the last point in description. The entire framework of Pāṇini is that of substitution for one syntactic concept either by way of compounding, derivation (primary or secondary) or inflexion.

The description of compounds, secondary suffixes and *sanādyanta vṛttis* is the study of different transformations of a sentence only. Pāṇini has described cases in the chapters of *Sañjñās* and *Paribhāṣās* and it is the description of the sentence-structure only. Thereafter, the discussion of compounds, which is another form of sentences, has been taken up. Cases and compounds are analytical and synthesiser representative of a sentence. In principle, Pāṇini does not differentiate between a *pada* and a *vākya* as there is no meaningful independent identity of a *pada* apart from a *vākya.* The meaning conveyed by *padas* are the sense in which *śāstrakāras* use, and it is obtained by *vākya* or sentence only. Views of Bhartṛhari are to be noted here:

न हि किञ्चित्पदं नामरूपेण नियतं क्वचित्।
पदानामर्थरूपं हि वाक्यार्थादेव हि जायते।। *Vākyapadīya,* 2.76.

It does not, however, imply that Pāṇini does not recognize the difference between *pada* and *vākya.* Had it been the case, he would not have used *vākya* in his *sūtras.* Pāṇini does understand that a *vākya* has a structural tendency above the *pada* structure. The regulation of structural stages of a sentence level cannot be controlled by *padas* or their parts because there are some special characteristics of *padas,* which are judged by their mutual relationships. Therefore, to indicate the nature of structural speciality of sentence as a higher level than word-structure, a noun such as *vākya* is necessary. The style of Pāṇini shows that he refrained himself from providing the technical definition of a sentence because he does not find any opposition of वाक्यसंज्ञा approved by *śiṣṭas* in his structural rules. Both types of *sañjñās*—artificial and natural are used in scriptures. Patañjali says—इह हि व्याकरणे ये वा एते लोके प्रतीतपदार्थका: शब्दास्तै: निर्देशा: क्रियन्ते या वा एता: कृत्रिमाष्टि-घुभ्वादिसंज्ञा:— *Mahābhāṣya.*

The metarule उभयगतिरिह भवति (*Paribhāṣā,* 1.27) also supports it. When Pāṇini employs the words used in society in grammatical meanings, they become artificial nouns, otherwise they are used in a natural way in scriptures.

Paninian sentence can be understood by delivering into his *sūtras.* As indicated earlier, Pāṇini has used *vākya* in two of his aphorisms वाक्यादेरामन्त्रितस्य and वाक्यस्य टे:. The first of these two is a vidhisūtra and it prescribes duplication (द्वित्व) to the first constituent (आमन्त्रित) of a sentence, if it conveys any of the meanings like envy (असूया) and the like. The second one is an adhikārasūtra, which joins the forthcoming *sūtras* and prescribes *pluta* as and when needed. The examination of the first *sūtra* makes it clear that Pāṇini treats a group of words as sentence because the first *āmantrita* which is duplicated can be first of a group of words only. Aphorisms coming under the *adhikāra* of VII.2.82 are VIII 2. 83—VIII.22.105. These prescribe long-drawn (*pluta*) and this also confirms the earlier stand.

Now, the question arises: Did Pāṇini recognize any group of words as sentence? The simple answer to this question would be a—'no'. The indication is that a group of words, which conveys a meaning is considered a sentence. This also clarifies that he accepts a group of words as a sentence which conveyed the desired meaning: एकार्थ: पदसमूहो वाक्यम् (*Kāśikā* on the *Aṣṭādhyāyī,* VIII.1.8.) This conclusion requires a little precaution as the second part पदसमूह: is not an indispensable part of the definition. A word is used in the meaning of पदसमूह and in such a state, word can be said to be a sentence: वाक्यं तदपि मन्यन्ते यत्पदं चरितक्रियम्, (*Vākyapadīya,* 2-326). And it means that wherever a verb is implicit, it is also a sentence.

For example: in calling from a distance instead of saying आगच्छ देवदत्त if one says देवदत्त, then the verb आगच्छ is implied and is understood in such a state, the Paninian rule दूराद्धूते च, VIII.2.84 would be applicable by accepting the only word देवदत्त as sentence, having one word (एकपदात्मक वाक्य) and would make its टि as longdrawn (प्लुत).

For above reasons, Pāṇini left the definition of a sentence on the acceptance of the people. And by doing this, his scriptural description is not hampered. Here are quoted some of the definitions of a sentence, so that Pāṇini's view can be correctly understood:

1. आख्यातं साव्ययकारकविशेषणं वाक्यम्। MB, 2.1.1, वार्त्तिक.
2. सक्रियाविशेषणं च। Ibid.
3. एकतिङ् वाक्यम्। Ibid.
4. अर्थैक्यादेकं वाक्यं साकाङ्क्षं चेद् विभागे स्यात्। जै. सू. 2.1.
5. सुप्तिङ्चयो वाक्यं क्रिया च कारकान्विता। अमरकोश:, 1.2.
6. साकाङ्क्षावयवं भेदे परानाकाङ्क्षशब्दकम्। क्रियाप्रधानं गुणवदेकार्थं वाक्यमुच्यते।। —Nāgeśa on एकतिङ् वाक्यम्।

The first three of the above six definitions have been provided by Kātyāyana where stress has been laid on the verb (तिङन्त). Kātyāyana considers verb as an essential ingredient of a sentence. The remaining three definitions give priority to the meaning of the verb (क्रियार्थ) in a sentence. It is not necessary whether the verb is an *ākhyāta* or a *kṛdanta*, whether the *ākhyāta* is one or many in number. According to him, the meaning of a sentence can be obtained if a verb is either implicit or explicit. Definitions given by Kātyāyana are unilateral because he wanted that the replacements of युष्मद्, अस्मद्, अनुदात्त, वाम्, नौ, वस्, नस्, ते, मे should be in the same sentence: समानवाक्ये निघातयुष्मदस्मदादेशा: —*Mabhābhāṣya* II.1 (वा.). As such, he defined the sentence as एकतिङ् वाक्यम्।

It appears that the said replacements used to be only in एकतिङ् instead of collective sentences. All the above replacements can be made only in sentences which have a single occurrence of verbs. In sentences, in which there is multiple usage of verbs the precondition for their usage is the earlier occurrence of the word. Besides, Kātyāyana considered them compulsory in अन्वादेश, otherwise optional. However, Pāṇini states that these replacements do not occur in the beginning of a sentence. They should invariably be after a *pāda* and they do not occur in the beginning of a quarter (*pāda*) of a verse (*śloka*). The other three definitions do not so much emphasize the grammatical aspect of a sentence as its usage. They do not have a grammatical binding of regulating the usage of a *pada* as in Kātyāyana. Pāṇini does not find any of these definitions in opposition. He himself has accepted the wordly sentences like पचति, भवति having two *tiṅs* with the aphorism तिङ्ङतिङः (VIII. 1. 28).

The classification of a sentence in Pāṇini's grammar is based mainly on:

(i) Situations in terms of certain boundary markers.
(ii) Grammatical combinations in terms of components and
(iii) Representation at the morphemic level.

Under the first category, a sentence may have the following forms:

a. A related group of words and verbs e.g. रामः ग्रामं गच्छति. The subject of *Kāraka*, I.4. 23 is to show the relationship of a word with a verb.

b. A related group of a verb and a verb, e.g.पचति भवति, तिङ्ङतिङ्, VIII.1.28 is indicative of a usage of a verb with a verb.

c. A related group of a word and a word e.g. त्वया गन्तव्यम्. *Sūtras* like : तेन प्रोक्तम्—IV.3. 101 etc. may be looked into in this regard.

d. A related group of सुप्तिङन्त and तिङन्त e.g. पश्य मृगो घावति (प्रहासे च मन्योपपदे मन्यतेरुत्तम एकवच्च, I.4.106) This aphorism prescribes मध्यमपुरुष when प्रहास is intended and मन्यति is in उपपद. Alongwith, it also prescribes उत्तमपुरुष and singular number to मन्य. प्रहास is not expressed unless the two verbs are used in one sentence.

Either only सुवन्त or only तिङन्त as an aspired sentence form e.g. गच्छ, व्रूहि etc. (युष्मद्युपपदे समानाधिकरणे स्यानित्यपि मध्यम:, I.4.105). The use of मध्यम पुरुष whether युष्मद् is used or not in a sentence, indicates that a sentence can comprise one verb only. The same thing can be considered with सुबन्त also.

Sentence counterparts of the second category may be presented in the following order:

Sentence	*Ref. from Aṣṭādhyāyī*	*Peculiarities*
1. Asūyā	वाक्यादेरामन्त्रितस्यासूया-सम्मतिकोपकुत्सनभर्त्सनेषु (VIII.1.8)	The first āmantrita (सम्बोधन) of a sentence is doubled.
2. Sammati	-do-	-do-
3. Kopa	-do-	-do-
4. Kutsana	-do-	-do-
5. Bhartsana	-do-	-do-
6. Ābhīkṣṇya	तिङो गोत्रादीनि कुत्सनाभीक्ष्ण्ययो: (VIII.1.27)	गोत्रादि become अनुदात्त after तिङन्त
7. Pratyārambha	नह प्रत्यारम्भे (VIII.1.31)	तिङन्त is not अनुदात्त
8. Praśna	सत्यं प्रश्ने (VII.1.32)	-do-
9. Aprātilomya अनुकूलता	अङ्गाप्रातिलोम्ये (VIII.1.83)	-do-
10. Parīpsā त्वरा	पुरा च परीप्सायाम् (VIII.1.42)	Optionally तिङन्त is not अनुदात्त
11. Anujñaiṣaṇā	नन्वित्यनुज्ञैषणायाम् (VIII.1.43)	तिङन्त is not अनुदात्त
12. Krīyāpraśna	किं क्रियाप्रश्नेऽनुपसर्ग-मप्रतिषिद्धम् (VIII.1.44)	तिङन्त is not अनुदात्त when a question relatd to the verb is put to it.
13. Prahāsa	एहि मन्ये प्रहासे लृट् (VIII.1.46)	तिङन्त does not become अनरुदात्त
14. Pratyabhivāda	प्रत्यभिवादेऽशूद्रे (VIII.2.83)	टि of the sentence becomes प्लुत and उदात्त

	Sentence	Ref. from Aṣṭādhyāyī	Peculiarities
15.	To address or call from a distance	दूराद्धूते च (VIII.2.84)	-do-
16.	Abhyādāna (starting)	ओमभ्यादाने (VIII.2.81)	'Om' becomes प्लुत and उदात्त
17.	Pṛṣṭaprativacana	विभाषा पृष्टप्रतिवचने (VIII.2.93)	'हि' becomes प्लुत and उदात्त
18.	Nigṛhyānuyoga	निगृह्यानुयोगे च (VIII.2.94)	'टि' becomes प्लुत and उदात्त
19.	Vicāryamāṇa	विचार्यमाणानाम् (VII.2.97)	-do-
20.	Pratiśravaṇa	प्रतिश्रवणे च (VII.2.98)	-do-
21.	Praśnānta	अनुदात्तं प्रश्नान्ताभि-पूजितयोः (VII.2.100)	-do-
22.	Abhipūjita	-do-	-do-
23.	Kṣiyā (आचारभेद)	क्षियाशीःप्रैषेषु तिङाकांक्षम् (VIII.2.104)	the 'टि' of the sentence becomes प्लुत-स्वरित
24.	Āśīḥ (प्रार्थनाविशेष)	-do-	-do-
25.	Praiṣa (शब्देन व्यापारणम्)	-do-	-do-

The third category of sentence-counterparts is almost like the second category. The distinction is of the presentation by Pāṇini at a different level. Here, it is different from the second category—Pāṇini has regarded those sentences or *padas* as representing *kutsana* etc. Here the suffixes taken as morphological representatives have been discussed structurally. Such sentences can be divided into three sub-categories:

(i) The meaning based—those counterparts of sentences, which have been grouped by *lakāra* suffixes in the sense of *vidhi, āmantraṇa, ājñā* (command) etc. can be divided as *vidhivākya, āmantraṇavākya* etc.

(ii) The speech based (वाच्य)—speech acts in Sanskrit with

the distinction of *Kartṛ*, *Karma* and *Bhāva* are of three types—(a) *Kartṛvācya*, (b) *Karmavācya* and (c) *Bhāvavācya* (लः कर्मणि III.4.69, कर्तरि कृत् III.4-.67, तयोरेव III.4.70)

(iii) The Time based—Based on *lakāras*, sentences with the distinction of time can be of the following types:

1. Past	(a)	Ordinary past	लुङ् (III.2.110)
	(b)	Past, not related to today	अनद्यतने लङ् (III.2.111)
	(c)	Imperceptible past (परोक्ष)	परोक्षेलिट् (III.2.115)
2. Present	Present		वर्तमाने लट् (III.2.122)
3. Future	(a)	Ordinary future	लृट् शेषे च (III.3.13)
	(b)	Future, not related to today	अनद्यतने लुट् (III.3.16)

Pada in Pāṇini:

Philologically a word, which can be used in a sentence and has a relationship to it, is called a *pada*. It is possible to express this element of relationship by a suffix (प्रत्यय) or by the placement of the word (as in the Chinese). Yāska, the great etymologist has divided words into four groups: *nāma*, *akhyāta*, *upasarga* and *nipāta*, whereas Pāṇini has clubbed them into two: *subanta* and *tiṅanta* सुप्तिङन्तं पदम्, I.4.14). In fact, Pāṇini does not differentiate the linguistic defination of *pada*. Pāṇini's definition has only one quality and that has been taken from structural technical words. Accordingly for him, that would be a *pada*, which is either a *subanta* or a *tiṅanta*, due to his structural technique. It is a meaningful unit formed by a collection of alphabets.

Pāṇini's difinition of a *pada* can he understood within the domain of his *Aṣṭādhyāyī* only. He prescribed *sup* suffixes to *prātipadikas* and *tiṅ* suffixes to roots. Therefore, the words ending with *tiṅ* are called *tiṅantas*. In reality, it is less of a definition of *pada* and is more of a division of groups into two parts on the basis of structural peculiarities. Here, Charles F. Hocket may be quoted: "A class of forms which have similar privileges of occurrence in building larger forms is a form class"—*A Course in Modern Linguistics.*

In Pāṇini's work, every name (*sañjñā*) has been defined in the rules of word formation with a view to brevity and oneness: the subject matter of *pada* has been raised to every *prātipadika* from *subanta* and *tiṅanta.* He has done in order to apply grammatical rules related to *pada* to *prātipadikas* only. Such *padas* may be called artificial (कृत्रिम) as the real *pada* is either a *subanta* or a *tiṅanta,* which can be used in a sentence. Such artificial *padas* can be found in the *Aṣṭādhyāyī,* such as:

1. A word ending with 'n' (न्) becomes a *pada* when followed by *kyac, kyaṅ* or *kyaṣ* (नः क्ये, I.4.15).
2. Any *prātipadika,* when followed by a suffix which is सित् is called a *pada* (सिति च, I.4.19).
3. Barring *su, au, jas, am, aut* and the suffixes beginning with -य् and अच् (vowels) if any other suffix follows a *prātipadika* is called a *pada.*

A thorough investigation into the qualities of a *pada* reveals that the pada of Pāṇini is not the condition of its usage in a sentence but a form of a *pada* (पदधर्म) applied to a *prātipadika* for the sake of oneness and brevity of the structural rules. V.N. Mishra may be quoted here: "Pāṇini's word as a syntactic unit is different from the 'word' of the popular usage: it is infra-word and supra-word fused into one"—*The Descriptive Technique of Pāṇini.*

Conclusion

1. The basic unit of Pāṇini's अन्वाख्यान is a sentence.
2. His *Aṣṭādhyāyī* deals with symptomatology. He has not given any examples of his objectives or usages. However, his behaviour expresses the outlines of a sentence and a *pada.*
3. Pāṇini has made the division of the proposed language, that is, Sanskrit into root, suffix and alphabet in a very

planned way, so that the structural process can be presented by set standards and set material.
4. The division of a sentence into *padas,* of *padas* into root and suffixes, of them into alphabet is on the lines of accepted principles of linguistics.

To conclude the discussion, though brief, makes it abundantly clear that Pāṇini's monumental treatise on descriptive linguistics, as embodied in his *Aṣṭādhyāyī* is not only unique but flawless. The descriptive technique of language-structure, presented in it, is perfect from every angle. The structural grammar of any syntactic language can be examined in the light of the perspective given in it.

9

Indian Astronomy: Sources and Characteristics

B. V. Subbarayappa

THE EMERGENCE of *homo sapiens,* Man the Thinker, was the most significant event in the history of the planet Earth, and also of mankind. His erect posture enabled him even in Palaeolithic times to look at the starry sky, the Sun, the Moon and other bright objects. His thinking capability enabled him to arrive at some sort of the periodicity of the movements specially of the Sun and the Moon, besides relating them to the cyclic day and night as well as seasons and rainfall. However, it was only in the river valley civilizations—The Nile (Egyptian), and the Euphrates and Tigris (Mesopotamian)—that some type of astronomy with the recording of the observed data began to appear. The Indus Valley Civilization or the Harrappa Culture as the archaeologists choose to call it, which was the youngest but by far the largest (covering an area of about 1.3 sq. kms) flourished between 2750-1900 BC and passed off in its decadent phase till about 1600 BC. Its astronomical knowledge could well have been similar to that of the other two ancient civilizations. Nevertheless, we are still in the dark about it since the Indus script has not been deciphered yet satisfactorily, and the available archaeological data do not throw light on this civilization's astronomical endeavours.

The story, however, is different from the Vedic period. One can perceive some astronomical knowledge in the Vedas and their liturgical texts called the Brāhmaṇa-s, particularly in the context of the performance of sacrifices *(yajña)* that constituted the kernel of the Vedic way of living. Over the succeeding two millennia, Indian astronomy progressed in several ways as evidenced by the wealth of manuscripts left behind by devoted astronomers.

The sources pertaining to Indian astronomy are of three types: (i) Literary, (ii) Inscriptional, and (iii) Archaeological. Literary sources are by and large in Sanskrit and those that are in the other languages contain the material that is more or less derived from Sanskrit sources. The inscriptional sources relate generally to the recordings of eclipses, both solar and lunar. However, they have not been studied systematically so far. The archaeological data are of value inasmuch as they deal with the orientations of temples and depiction of zodiacal signs thus engendering the tradition of astronomy. The present paper is confirmed to Sanskritic sources on astronomy.

There are more than 1,00,000 manuscripts relating to *Jyotiṣa* in various oriental libraries and other repositories in and outside India. A majority of them deal with astrology. There could be several copies and recopies of a single title preserved in several libraries. We have studied so far only around two hundred titles relating to astronomy. Nevertheless, these represent the major achievements by Indian astronomers. However, sound historiography consists in searching the hitherto unstudied manuscripts for their astronomical contents even though they may deal with astrology. It is indeed an enormous task.

The following are the important works on Indian astronomy from the Vedic period to the nineteenth century, based on Indian Astronomy: *A Source Book* (B.V. Subbarayappa and K.V. Sarma, Nehru Centre, Bombay, 1985). Details about the manuscripts and the repositories are given in the bibliographies complied by David Pingree, S.N. Sen and A.Rahman, et.al (see at the end).

SOURCES

ca. 12th cent. BC
Vedāṅga Jyotiṣa, Ṛk and *Yajus* recensions

ca. 5th cent. BC Mahāvīra
Sūryaprajñapti

1st cent. BC or AD
Vṛddha-Garga—*Vṛddhagargasaṃhitā* or *Viśvaprakāśa*

3rd–4th cent. AD
The five *Siddhānta-s* — summarized later in the 6th cent. A.D. by Varāhamihira in his *Pañcasiddhāntikā: Vasiṣṭha–siddhānta; Pauliśa–siddhānta; Romaka–siddhānta; Saura–siddhānta and Paitāmaha–siddhānta.*

5th cent. AD
Āryabhaṭa I—*Āryabhaṭīya*
Āryabhaṭasiddhānta or *Ārdharātrika-pakṣa*: summarized in the *Khaṇḍakhādyaka* of Brahmagupta and quoted by Rāmakṛṣṇa Ārādhya in his commentary on *Sūryasiddhānta.*

6th cent. AD
Varāhamihira, son of Ādityadāsa—*Pañcasiddhāntikā*
Bṛhajjātaka of Varāhamihira; *Bṛhatsaṃhitā*
Brahmagupta, (b. 598) son of Jiṣṇugupta
(a) *Brahmasphuṭasiddhānta;* (b) *Khaṇḍakhādyaka*

7th cent AD *Sūryasiddhānta*
The extant one may belong to c. 12th cent. A.D.

BHĀSKARA I (fl. 629)
(a) *Mahābhāskarīya;* (b) *Laghubhāskarīya*
(c) Bhāṣa on the *Āryabhaṭīya* of Āryabhaṭa I

HARIDATTA (fl.650)
(a) *Grahacāranibandhana;* (b) *Mahāmārganibandhana*

DEVA OR DEVĀCĀRYA (fl. 689)
Karaṇaratna

8th cent.AD
LAILA, son of Bhaṭṭa Trivikrama
Śiṣyadhīvṛddhidatantra

9th cent. AD
GOVINDASVĀMIN
(a) Commentary on the *Mahābhāskarīya* of Bhāskara I
(b) *Govindakṛti*
(c) *Govindapaddhati*
ŚĀKALYA OR ŚĀKAPŪṆI
(a) *Brahmasiddhānta* or *Śākalyasaṃhitā,* 6 chs. A dialogue between Nārada and Brahmā

(b) Brahmasiddhānta or *Brahmasaṃhitā* , 23 chs. A dialogue between Parabrahman and Brahman
SAṄKARANĀRĀYAṆA (fl. 850)
Commentary *Vivaraṇa* on the *Laghubhāskarīya* of Bhāskara Ed. with text, Kerala University, Trivandrum, 1949.

PṚTHUDAKASVĀMI, CATURVEDI (fl. 864)
(a) Commentary *Vāsanābhāṣya* on *Brahmasphuṭasiddhānta* of Brahmagupta
(b) Commentary *Vivaraṇa* on the *Khaṇḍakhādyaka* of Brahmagupta

9th–10th cent. AD
VAṬEŚVARA (fl. 904)
(a) *Vaṭeśvarasiddhānta*
(b) *Karaṇasāra* (not available);
(c) *Gola* (included in a)

MAÑJULA OR MUÑJĀLA (fl. 932)
(a) *Laghumānasa*
(b) *A Critical Study of the Laghumānasa of Mañjula,* K.S. Shukla, Indian National Science Academy, New Delhi, 1990.
(c) Commentary on the *Laghumānasa* of Muñjāla.

ĀṚṚYABHAṬA II(fl.950)
Mahāsiddhānta

PRAKĀŚADHARA of Kashmir (fl. 958)
Commentary on the *Laghumānasa* of Muñjala.
BHAṬṬOTPALA of Kashmir (fl. 966)
Commentary *Cintāmaṇī* on the *Khaṇḍakhādyaka* of BRAHMAGUPTA.
Commentary *Vivṛti* on the *Bṛhatsaṃhitā* of Varāhamihira.
NEMICANDRA, pupil of Abhayanandin (fl. 975)
TRILOKASĀRA
ŚRĪPATI, son of Nagadeva (fl. 999)
(a) *Siddhāntaśekhara*
(b) *Dhīkoṭikaraṇa*

11th cent. AD
SOMEŚVARA
(a) Commentary on the *Āryabhaṭīya* of Āryabhaṭa I
(b) Commentary on the *Khaṇḍakhādyaka* of Brahmagupta
DAĪABALA, Son of Vairocana (fl. 1055)
Cintāmaṇisāraṇikā
UDAYADIVĀKARA (fl. 1073)
Commentary *Sundarī* on the *Laghubhāskarīya* of Bhāskara I

BRAHMADEVA, son of Chandrabudha (fl. 1092)
Karaṇaprakāśa
ŚATĀNANDA (fl. 1099)
Bhāsvatī or *Bhāsvatī-karaṇa*

12th cent. AD
BHĀSKARĀCĀRYA II(b.1114)
(a) *Siddhāntaśiromaṇi*
(b) *Karaṇakutūhala*
(c) Commentary *Vivaraṇa* on *Śiṣyadhīvṛddhidatantra* of LALLA
(d) Commentary *Mitākṣarā* or *Vāsanābhāṣya* on his own *Siddhāntaśiromaṇi*.
(e) *Bījagaṇita*
(f) *Līlāvatī*
ĀŚĀDHARA, Son of Rihluka (fl. 1132)
Grahajñāna or *Brahmatulyānayana*
MALAYAGIRI, Jaina monk from Gujarat (fl. 1150)
(a) Commentary *Vṛtti* on the *Candraprajñapti*
(b) Commentary on the *Sūryaprajñapti*
(c) Commentary on the *Jyotiṣakaraṇḍaka*
MALLIKĀRJUNA SŪRI (fl. 1178)
Commentary on the *Sūryasiddhānta*.
CAṆḌEŚVARA of Mithila (fl. 1185)
Commentary on the *Sūryasiddhānta*.
SŪRYA DAIVAJÑA (fl. 1191)
(a) Commentary on the *Āryabhaṭīya* of Āryabhaṭa I
(b) Commentary on the *Laghumānasa* of Muñjāla

13th cent. AD
ĀMARĀJĀ, son of Mahādeva (fl. 1200)
(a) Commentary *Vāsanābhāṣya* on the *Khaṇḍakhādyaka* of Brahmagupta
(b) *Somasiddhānta* in ten chapters
BHĀSKARA YOGI, son of Kumāra (fl. 1235)
Commentary *Tantrapradīpa* on the *Sūryasiddhānta*.

MAHĀDEVA, son of Bhandhuka (fl. 1258)
Commentary on the *Cintāmaṇisāraṇikā* of Daśabala.

14th cent. AD

KEŚVARKA, SON OF RĀṄGA
(a) *Karaṇakaṇṭhīrava Vākyakaraṇa*
(b) *Kujyādi pañcagrahavākya* or *Sāmudra Vākya*

KUVERA SARMAN of Kañjivihāra
Commentary on *Bhāsvatī* of Śatānanda.

MAHĀDEVA, son of Paraśurāma (fl. 1316)
Mahādeva Sāraṇī

ABHAYACANDRA (fl. 1325)
Commentary on the *Trilokasāra*

MĀDHAVA of Saṅgamagrāma in Kerala (ca. 1340—1425)
(a) *Sphuṭcandrāpti*
(b) *Veṇvāroha*
(c) *Agaṇitagrahacāra*
(d) *Candravākyāni* or *Viliptādi-candra-vākyāni*

SOMĀKARA
Commentary on the *Vedāṅgajyotiṣa* of Lagadha.

MAHENDRA SŪRĪ (fl. 1370)
Yantrarāja

EKANĀTHA, son of Śāraṅga (fl. 1375)
Commentary *Brahmatulyabhāṣya* on the *Karaṇakutūhala* of Bhāskara II.

MADANPĀLA of the Taka royal lineage (fl. 1374)
Commentary *Vāsanārṇava* on the *Sūryasiddhānta*

ĪŚVARA
Karaṇakaṇṭhīrava or *Karaṇakesarī*

MAKKI BHATIA (fl. 1377)
(a) Commentary *Gaṇitabhūṣaṇa* on the *Siddhāntaśekhara* of *Śrīpati.*
(b) Commentary *Gaṇitavilāsa* on the *Mahābhāskarīya* of Bhāskara I

BHŪTIVIṢṆU, son of Devarāja
(a) Commentary *Bhaṭadīpikā* on the Āryabhaṭiya

(b) Commentary *Gurukaṭākṣa* on the *Sūryasiddhānta.*

MALAYENDU ŚRĪ, pupil of Mahendra Sūri (fl. 1377)

(a) Commentary on *Yantrarāja* of Mahendra Sūri

(b) *Yantrarājaracana*

Late 14th–15th cent. AD (1380-1460): Kerala

PARAMEŚVARA, a Nampūtiri of Vaṭaśśeri in Kerala

(a) *Goladīpikā I*

(b) *Goladīpikā II*

(c) *Grahaṇajñānadīpikā*

(d) *Grahaṇamaṇḍapa*

(e) *Grahaṇāṣṭaka*

(f) *Candracchāyāgaṇita*

(g) *Dṛggaṇita*

(h) *Vākyakaraṇa*

(i) Commentary *Bhaṭadīpikā* on the *Āryabhaṭīya* of Āryabhaṭa I

(j) Commentary *Karmadīpikā* on the *Mahābhāskarīya* of Bhāskara I

(k) *Siddhāntadīpikā* on the *Mahābhāskarīyabhāṣya* of Govindasvāmin

(l) Commentary *Parameśvarī* on the *Laghubhāskarīya* of Bhaskara I

(m) Commentary on the *Vyatīpātāṣṭaka*

(n) Commentary *Vivaraṇa* on the *Sūryasiddhānta*

(o) Commentary *Parameśvarī* on the *Laghumānasa* of Muñjāla

SŪRYA, son of Bālāditya (1387-1477)

Gaṇakānanda I.

PADMANĀBHA, son of Narmada (fl. 1417)

(a) *Yantraratnāvalī* or *Yantra-kiraṇāvalī*

(b) Commentary on the above

DAMODARA, son of Padmanābha (fl. 147)

(a) *Bhaṭatulya*

(b) *Sūryatulya*

GANGĀDHARA, son of Chandrabhaṭṭa (fl.1434)

Candramāna based on the *Sūryasiddhānta*

MAKARANDA (fl. 1438)
Makarandasāriṇī
NĪLAKAṆṬHA SOMAYĀJI (b. 1444; lived for nearly a hundred years) or Somasutvan (Kerala)
(a) *Golasāra*
(b) *Candracchāyāgaṇita*
(c) Commentary on the *Āryabhaṭīya* of Āryabhaṭa I
(d) *Jyotirmīmāṃsā*
(e) *Tantrasaṅgraha.*
(f) *Siddhāntadarpaṇa*
(g) Commentary on the *Siddhāntadarpaṇa*
(h) *Āryabhaṭīyabhāṣya* (Trivandrum Sanskrit Series, 101 Trivandrum) 1930
(i) *Sundararājapraśnottara* (mss not available)
CAKRADHARA
(a) *Yantracintāmaṇi* or *Sad-yantracintāmaṇi*
(b) Commentary on his own *Yantraciṇtāmaṇi*
KEŚAVA
Siddhāntalaghukṣamaṇikā based on the *Sūryasiddhānta*
PERĀ-JYOSTALU
Grahacandrikāgaṇita
MUÑJĀDITYA (c. 1450)
Bālabodha or *Jyotiṣasārasaṅgraha*
GOLASṚI
Commentary *Gaṇakopakāriṇī* on the *Sūryasiddhānta*
ANIRUDDHA (b. 1463), son of Mahāśarman
Commentary on the *Bhāsvatīkraraṇa* of Śatānanda
YALLAYA (fl. 1472), son of Śrīdharācārya
(a) Commentary *Kalpataru* on the *Laghumānasa* of Muñjāla
(b) Commentary *Kalpavallī* on the *Sūryasiddhānta*
(c) Commentary on that of Sūryadevayajvan on the *Aryabhaṭīya* of Āryabhaṭa I
(d) *Jyotiṣadarpaṇa*
APPAYA (fl. 1491), son of Perubhaṭṭa
Commentary (in Telugu) on the *Grahacandrikāgaṇita* of

PERU-JYOSYULU

BALABHADRA, son of Vasanta (b. 1495)
  Commentary *Ṭīkā* on the *Bhāsvatīkaraṇa* of Śatānanda

KEŚAVA, son of Kamalākara of Nandigrāma (fl. 1496)
  Grahakautuka

16th cent. AD

SUNDRARĀJA, son of Anantanārāyaṇa (fl. 1500)
  Commentary *Laghuprakāśikā* on the *Vākyakaraṇa* or *Vākapañcādhyāyī*

JYEṢṬHĀDEVA of Kerala (1500-1575)
  (a) *Yuktibhāṣā* (in Malayalam)
  (b) *Dṛkkaraṇa* (in Malayalam)

LAKṢMĪDĀSA, son of Vācaspati Miśra (fl.1501)
  Gaṇitatattvacīntāmaṇi

ŚAṄKARA VĀRIYAR of Kerala (1500-1560), pupil of Jyeṣṭhadeva.
  (a) *Karaṇasāra*
  (b) Commentary *Laghuvivṛti* on the *Tantrasaṅgraha* of Nīlakaṇṭha Somayāji
  (c) Commentary *Yuktidīpikā* on the *Tantrasaṅgraha* of Nīakaṇṭha Somayāji

JÑĀNARĀJA (fl. 1503)
  Siddhāntasundara or *sundarasiddhānta*

ACYUTA BHAṬṬA (fl. 1505-1534), son of Śāgarabhaṭṭa
  Commentary *Ratnadīpikā* or *Ratnamālā* on the *Bhāsvatīkaraṇa* of Śatānanda

GANEŚA DAIVAJÑA (b. 1507), son of Lakṣmī and Keśava
  (a) *Grahalāghava* (b) *Pātasāraṇī*
  (c) *Cābukayantra* (d) *Pratodayantra*
  (e) *Tithicintāmaṇi* or *Pañcāṅgatithicintāmaṇi* (f) *Bṛhac-cintāmaṇi*
  (g) Commentary on *Pratodayantra* (h) *Sudhīrañjanayantra*

GAṆAPATI BHAṬṬA (1480-1550), father of Govindānanda
  Jyotiṣmatī

GOVINDĀNANDA KAVIKAṄKAṆA (fl. 1510), son of Gaṇapati Bhaṭṭa

Commentary *Artharatnaprabhā*

NĀRĀYAṆA of Kerala

Uparāgakriyākrama

MĀDHAVA (fl. 1525), son of Kandarpa

Commentary on the *Bhāsvatīkaraṇa* of Śatānanda

CITRABHĀNU of Kerala (fl.1530)

Karaṇāmṛta

GOPĪRĀJA PAṆḌITA (fl.1540)

(a) *Grahagaṇitakalpataru*
(b) Commentary on the above
(c) *Siddhāntakaustubha*

GOPĪRĀJA of Dadhigrāma (fl. 1540)

Commentary *Vilāsavatī* on the *Yantrarāja* of Mahendra Sūrī

NṚSIṂHA (b. 1548), son of Rāma of Nandigrāma

(a) *Grahakaumudī*
(b) *Kheṭamuktāvalī*

DUṆḌHIRĀJA, son of Nṛsiṃha

(a) *Ayanatattva* or *Sāyanatattva*
(b) *Grahamaṇi*

KṚṢṆA CHAKRAVARTIN (fl. 1550)

Jyotiṣkaṇikā or *Jyotiṣkalikā.*

ACYUTA PISĀRAṬI (1550-1621)

(a) *Uparāgakriyākrama*
(b) *Karaṇottama*
(c) *Rāśigolasphuṭanīti*
(d) Commentary on the *Veṇvāroha* of Mādhava
(e) *Sphuṭanirṇaya*
(f) Commentary on *Sphuṭanirṇaya*
(g) Commentary *Vivaraṇa* on his own *Karaṇottama*
(h) *Chāyāṣṭaka*

AHOBILANĀTHA (fl.1567)

Grahatantra

MALLĀR, son of Divākara (fl. 1571)

Grahalāghavaṭīkā or *Siddhāntarahasya* a commentary on *Grahalāghava; Grahaṇa* and *Grahasāriṇī*

BHŪDHARA (fl. 1572), son of Damodara

Commentary *Vivaraṇa* on *Sūryasiddhānta*

PĪTĀMBARA SIDDHĀNTAVĀGĪŚA (fl. 1576)
(a) *Grahaṇakaumudī* (b) *Saṅkrāntikaumudī*

VIŚVANĀTHA DAIVAJÑA (fl. 1578), son of Divākara
(a) Commentary *Udāharaṇa* on the *Sūryasiddhānta*
(b) Commentary *Udāharaṇa* on the *Grahalāghava* of Gaṅeśa Daivajña : INSA 246-48
(c) Commentary *Udāharaṇa* on the *Rāmavinoda* of Rāma Daivajña: INSA 249
(d) Commentary *Udāharaṇa* on the *Tithicintāmaṇi* of Gaṇeśa Daivajña : INSA 250

DINAKARA (fl. 1578), son of Rāmeśvara
(a) *Candrārki* (b) *Tithisāriṇī* or *Dinakarasāriṇī*
(c) *Kheṭasiddhi*

NṚSIṂHA (fl. 1586), son of Kṛṣṇa
(a) Commentary *Bhāṣya* on the *Sūryasiddhānta*
(b) Commentary *Vāsanāvārttika* on the *Siddhāntaśiromaṇi* of Bhāskara II

GAṄGĀDHARA (fl. 1586), son of Nārāyaṇa
Commentary *Manoramā* on the *Grahalāghava* of Gaṇeśa Daivajña

NĪLAKAṆṬHA JYOTIRVID (fl. 1588), son of Ananta
(a) *Grahakautuka*
(b) Commentary on the *Makarandasāriṇī*

BHĀVA-SADĀŚIVA BHAṬṬA (fl. 1598)
Laghukaraṇa

TAMMA YAJVAN (fl. 1599), son of Malla Yajvan
Commetary *Kāmadogdhrī* on the *Sūryasiddhānta*

RĀGHAVĀNANDA CHAKRAVARTIN (fl. 1599-1600)
(a) *Dinacandrikā*
(b) Commentary *Rahasya* on the *Sūryasiddhānta*

17th cent. AD

GĀṆEŚA (fl. 1600), great grandson of Gaṇeśa Daivajña
Commentary *Prakāśa* on the *Siddhāntaśiromaṇi* of Bhāskara II

MUNĪŚVARA VIŚVARŪPA (b. 1603), son of Raṅganāhta

(a) *Siddhāntasārvabhauma*
(b) Commentary *Āśrayaprakāśinī* on the above
(c) *Ekanāthamukhabhañjana,* a refutation of Ekanātha on *Krāntipātārthatraya* in the *Siddhāntśiromaṇi* of Bhāskara II
(d) Commentary *Marīcī* on the *Siddhāntaśiromaṇi* of Bhaskara II

RANGANĀTHA (fl. 1603), son of Ballāla
Commentary on the *Sūryasiddhānta*

VIṢṆU DAIVAJÑA (fl. 1608), son of Divākara
(a) *Sūryapakṣa-śaraṇa-karaṇa*
(b) Commentary *Subodhinī* on the *Bṛhat-tithicintāmaṇi* of Gaṇeśa Daivajña

KAMALĀKARA (b.1610), son of Nṛsiṁha
(a) *Siddhāntatattvaviveka*
(b) Commentary *Udāharaṇa* on the above
(c) Commentary *Śeṣavāsanā*
(d) Commentary *Sauravāsanā* on the *Sūryasiddhānta*

MATHURĀNĀTHA CAKRAVARTIN (fl. 1609)
Ravisiddhāntamañjarī or *Sūryasiddhantamañjarī*

RĀMADAIVAJÑA (fl. 1615), son of Madhusūdana
Commentary *Yantradīpikā* on the *Yantracintāmaṇi* of Cakradhara

NĀGEŚA DAIVAJÑA (fl. 1619), son of Śiva Daivajña *Grahaprabodha*
Commentary on the above

EKANĀTHA (fl. 1620), son of Caṇḍika,
Gaṇaprakāśa.

ACALAJIT (b. 1624), son of Rāmeśvara,
Candrārkī

KṚPĀŚAṄKARA (fl. 1627), son of Chajārāma
Jyotiṣkedāra

NITYĀNANDA (fl. 1628), son of Devadatta,
Siddhāntabindu

BALABHAADRA (fl. 1630), son of Dāmodara,
Hāyanaratna

NĀRĀYAṆA (fl.1635), son of Govinda of Vidarbha

Commentary *Udāhṛti* on the *Grahalāghava* of Gaṇeśa Daivajña

Raṅganātha (fl. 1643), son of Nṛsiṃha Daivajña

(a) *Bhaṅgīvibhaṅgīkaraṇa;*

(b) *Lohagolakhaṇḍana;*

(c) *Siddāntacūḍāmaṇi*

(Mālajit) Vedāṅgaraya (fl. 1643), son of Tigalā Bhaṭṭa

Giridharānanda

Parāṣīprakāśa

Kalyāṇa (fl. 1649)

Khecaradīpikā

Gadādhara (fl 1650), son of Mahādeva

Lohagola-samarthana

Kṛṣṇa (fl. 1653), son of Mahādeva

Karaṇakaustubha

Putumanā Somayājī of Kerala (1660-1740)

(a) *Karaṇapaddhati*

Ed. by K Sambasiva Sastri, Trivandrum, Oriental Institute, 1937.

(b) *Pañcabodha* III

(c) *Veṇvārohāṣṭaka*

Kuvera Miśra (fl. 1685)

Commentary on *Bhāsvatīkaraṇa* of Śatānanda

Gangādhara (fl.1685), son of Vidhicandra

Commentary *Udāharaṇa* on the *Bhāsvatīkaraṇa* of Śatānanda

18th cent. AD

Sawai Jaisingh or Jayasiṃha (b. 1686)

(a) *Jayavinodasāriṇī*

(b) *Yantrarājaracana*

Rạmakṛṣṇa (fl. 1687), son of Lakṣmaṇa

Commentary on the *Siddhāntaśiromaṇi* of Bhāskara II

Puruṣottama of Kerala

Pañcabodhaśataka

Trivikrama (fl. 1713), son of Kṛṣṇajit

Grahasiddhi or *Grahaśīghrasiddhi*

Bhramasāriṇī

DĀDĀBHAṬṬA alias DĀDĀBHAI (fl. 1719)

(a) *Turīyayantrotpatti*

(b) Commentary *Kiraṇāvalī* on the *Sūryasiddhānta*.

JAGANNĀTHA SAMRĀT (fl. 1720)

(a) *Samrāt Siddhānta* (tr. from Arabic Almagest of Ptolemy)

(b) *Siddhāntasārakaustubha*

TULA RĀJA of Tanjore (fl. 1728-36)

(a) *Anākularājatejonidhi*

(b) *Vākyāmṛta*

KEVALARĀMA PANCĀNANA (fl. 1728-62)

(a) *Gaṇitarāja* (b) *Grahacarita*

(c) *Grahacāra* (d) *Tithisāriṇī*

(e) *Rekhāpradīpa*

NAYANASUKHOPĀDHYĀYA (fl. 1730)

Ukarā

LAKṢMĪPATĪ (fl. 1740)

(a) *Dhruvabhramaṇa* (b) *Samratyantra*

KAMALANĀRĀYAṆA (fl. 1740)

Commentary *Udāharaṇa* on the *Bhāsvatīkaraṇa* of Śatānanda

RĀJACANDRA (fl. 1750)

Siddhāntaratnāvalī

ĀZHVĀÑCERI TĀMRAKKAL (fl. mid 18th cent.)

Jyotiṣśāstrasaṅgraha

Saṅgrahasādhanakriyā

BHĀRADVAJADVIYA of Kerala (fl. 1750)

Karaṇadarpaṇa

MALLĀRI (fl. 1752), son of Divākara

(a) Commentary *Siddhāntarahasya* on the *Grahalāghava* of Gaṇeśa Daivajña

(b) *Grahasāriṇī*

HEMĀNGADA THJAKKURA (fl. 1753)

Grahaṇamālā.

KṚṢṆADĀSA alias KOCCU-KRSMṚṢṆAN ASAN of Kerala (1756 1812)

(a) *Pañcabodha*
(b) Commentary on the *Āryabhaṭīya* of Āryabhaṭa I

NANDIRĀMA MIŚRA (fl. 1763)
(a) *Goladarpaṇa* (b) *Grahaṇapaddhati*
(c) *Yantrasāra*

ŚANKARA (fl. 1766), son of Śukadeva Bhaṭṭa
Karaṇavaiṣṇava

MATHURĀNTHA ŚUKLA (fl. 1782)
(a) *Jyotissidhānta*
(b) *Yantrarājakalpa* or *Yantrarājaghaṭanā* :

CINTĀMAṆI (fl. 1791), son of Vināyaka Somayājin
Golānanda

KṚPĀRĀMA MIŚRA (fl. 1792), son of Lakṣmīnārayaṇa
Commentary on *Yantracintāmaṇi*

BĀLAKṚṆA VEDAVṚKṢA (1796-1830), son of Jyotiṣsvarṣupa,
Siddhāntarāja

19th cent. AD

GHAṬIGOPA
Commentaty on the *Āryabhaṭīya* of Āryabhaṭa I

ŚAṄKARAVARMAN (*c.* 1830), King of Kaḍaṭṭanāḍ, Kerala
Sadratnamālā.

ABBAYA KAVI (fl. 1807)
Gaṇitāmṛta

KULĀNANDA (fl. 1810), son of Viśvarūpa,
Mihiraprakāśa

DINAKARA (fl.1812), son of Ananta,
Grahavijñānasāriṇī Candrodayāṅkajāla

KĀŚĪNATHA (fl. 1814), son of Nṛhari
Grahaprakāśa

NĪLĀMBARA JHĀ (fl. 1833) of Mithila Commentary on different section of the *Siddhāntaśiromaṇi* of Bhaskara II

CANDRASEKHARA SIṂHA SĀMANTA (fl. 1835-1865)
Siddhāntadarpaṇa

KODAṆḌARĀMA (fl. 1854), son of Venkaṭakṛṣṇa Śāstrī
Commentary *Āryabhaṭatantragaṇita* on the *Āryabhaṭīya* of Āryabhaṭa 1.

The texts on astronomy which are by and large in Sanskrit, can be broadly classified into *Siddhānta, Karaṇa* and *Tantra.* There is also a classification in the form of *Koṣṭhaka*-s. As Bhāskara II has explained, a *Siddhānta* work is a versatile treatise on astronomy in its various dimensions and deals with planetary revolutions in a *mahāyuga,* while *Karaṇa* texts are of practical utility and are concerned mainly with facilitating the preparation of *Pañcāṅga* and associated calculations generally from a recent epoch. Being of practical utility, the *Karaṇa* texts are in the nature of manuals to make computations simple as well as concise, for which purpose easier methods have been adopted. More importantly, a *karaṇa* starts with a contemporary date as the zero point for calculation or computation, and thus sets aside the large number of elapsed days that may be computed from *Kaliyuga* and the like. By and large *karaṇa* texts accord with observation and they are in the nature of results of repeated observations.

From about the tenth century onward, apart from the *Karaṇas,* a class of ancillary tables called *Koṣṭhaka*-s came up, especially in the mediaeval period. Such tables were presented, in the form of columns, planetary positions, and calendrical elements like the *tithi, nakṣatra* and *yoga,* which proved useful for the makers of *pañcanga*-s as well as astrologers. Also called *Sāraṇī-s,* sometimes they were prepared by the authors of *Karaṇa*-s.

Most of the *Koṣṭhaka-s,* belong to the mediaeval period. It may be noted that the *Zijes* (tables) of the Persian-Arabic culture-area are much older and far more in number. While these tables have been studied by several foreign scholars in Islamic astronomy, Hindu *koṣṭhaka*-s do not appear to have yet received their due attention. Possibly their studies may throw fresh light on mediaeval Indian astronomy.

Tantra is a genre *of* texts that are more comprehensive in the treatment of topics of astronomical significance, besides serving the purpose *of Karaṇa*-s. Generally, they follow the Āryapakṣa (beginning of Kali: 1718 Feb 3102 BC) and express the numbers in *bhūtasaṅkhyā*.

Main Characteristics of Indian Astronomy

The word, *Jyotiṣa*, in the Vedic literature connotes 'astronomy' (also astrology later) and was appropriately recognized as the foremost of the six auxiliaries of the Veda. The *Vedāṅga jyotiṣa,* the earliest text of Hindu astronomy, asserts: 'Just like the comb of the peacock and the crest jewel of serpents, so does *jyotiṣa* stand at the head of the auxiliaries of the Veda.' *(RV-Vj.35)*. As it was later explained by Bhāskara II in his *Siddhāntaśiromaṇi,* of the six *Vedāṅga*-s, *Vyākaraṇa* (grammar) is the face of the person of the Veda; *Jyotiṣa* (astronomy), his eyes; *Nirukta* (etymology), his ears; *Kalpa* (performances), his hands; *Śikṣā* the nose; and *Chandas* (metrics), his feet.

Purpose of Indian Astronomy

Vedic life was characterized by the performance of several types of sacrifices at prescribed times like those of the solstices determined by Vedic priestly-astronomers. The *Vedāṅga jyotiṣa* states in unequivocal terms the main purpose of astronomy thus: 'The Vedas have indeed been revealed for the sake of the performance of sacrifices, but these sacrifices have been set out (to be performed) according to the (determined) sequences of time. Therefore one who knows astronomy, the science of time, understands the (importance of) sacrifices.' (RV-VJ. 36) This text also states that 'one who is learned or well versed in the Vedas and who has in addition learnt the lore of the movement of the Moon, the Sun and the stars will enjoy after death a life in the world wherein the Moon, the Sun and the stars move, and will also have on the Earth, an unending line of progeny.' *(YV-VJ.* 43)

Qualifications of an Astronomer

Jyotiṣa was not to be a peripheral knowledge of all and sundry. Its pursuit needed a methodical approach and a careful observation of the movements of the celestial bodies.

In his *Pañcasiddhāntikā,* Varāha has stressed that only he is fit to be called an expert astronomer who knows the problems concerning the movements of the Sun and who can compute the time of the Sun crossing the prime-vertical and prove his method mathematically or graphically (4.36). Vaṭeśvara prescribed more vigorous qualification for an astronomer as follows.

According to him, an expert astronomer is one who finds the *ahargaṇa* from the elapsed solar days without making use of intercalary months and the omitted days as well as the mean longitude of a planet from *ahargaṇa.* This is indeed a difficult exercise. Obviously there were some astronomers who were capable of doing it since otherwise Vaṭeśara would not have thought of it.

Moreover, his computational prescriptions for an astronomer are indeed elaborate. They include: (i) calculating the lunar days from the civil days; (ii) therefrom, the sidereal days; (iii) omitted days from the intercalary days, and *vice versa;* (iv) finding the longitudes of the Sun and the Moon without making use of the *ahargaṇa* and therefrom, obtaining the longitude of a desired planet; (v) deriving the Sun's longitude from that of the Moon and *vice versa;* (vi) determining the longitudes of the faster and slower planets from each other in ways more than one; (vii) deriving the Sun's longitude from that of a planet; (viii) calculating the retrograde (or the Westward) longitudes of planets, knowing their mean motion accurately; (ix) rising and setting of asterisms, planets, the Sun and the Moon; and (x) ability to compute so as to correct the mean motions of planets, *manda* and *śīghra kendra*-s; and to arrive at motions of planets with precise trigonometrical knowledge or even without making use of *R* sines. Vaṭeśvara has rightly stated that a good astronomer is one who correctly knows the eight varieties of planetary motion, namely, very fast *(atyantaśīghra);* fast *(śīghra);* natural or mean *(nisargajāta);* slow *(manda);* very slow *(vega);* retrograde *(vakra),* very retrograde *(atīvavakra)* and re-retrograde *(kuṭila)*.

Later, Bhāskara II in his *Siddhāntaśiromaṇi* specified that an intelligent astronomer should draw for the understanding of students, the diagrams with a view to explaining the astronomical principles, on the northern side of a wall extending from east to west, and their computation. (*Siddhāntaśiromaṇi*, I. 9.2.15)

Astronomy in India thus was a sophisticated intellectual exercise and was to be acquired from the teachings of an expert preceptor, apart from one's own inclination or efforts. Since astronomy was by and large mathematics-based, an astronomer had to be an able mathematician too. In fact, major treatises on astronomy have in them several portions devoted to mathematics, especially trigonometry. An astronomer was also known as *gaṇaka,* a calculator or computer, obviously in a mathematical framework.

General Topics

There are generally ten different topics dealt with in the Siddhantic texts that enable students to undertake planetary computations: (i) calculation of days from a chosen epoch; (ii) mean positions of planets; (iii) their true positions; (iv) solar and lunar eclipses; (vi) planetary conjunctions; (vii) their oppositions; (viii) heliacal rising; (ix) heliacal setting; and (x) conjunctions of stars and planets. In addition, there are in these texts, as noted earlier, the related mathematical aspects, diurnal problems, instruments and fonnulae or rules for certain types of calculations including *ahargaṇa,* parallax and related aspects. The topic of determining direction, space and time *(triprasna)* is also a seminal one in the Siddhantic texts.

Tuning the Decimal Place-Value (in Astronomy): By the fourth century AD. the decimal place-value system was developed in India. It provided a new dimension to computational astronomy. But it had to be tuned to the metrical requirements of the emerging texts on astronomy, and this was accomplished through the use of word numerals and alphabets, since numerical forms as such could not be used in the verses.

1. *Bhūta saṅkhyā*

The word numeral were called the *bhūta-saṅkhyā* which were generally symbolic of the numbers associated with them and drawn from the *purāṇa*-s and other texts. For example, all synonyms of 'sky' were used for denoting zero, those of the Earth and the Moon, for 1; eyes and hand, for 2; fire and worlds, also *guṇa* for 3; ocean, for 4; arrow, *viṣaya* for 5; *ṛtu, rasa* for 6; those of horse, *svara* and mountain, for 7; serpent, *vasu* for 8; Śiva, for 11; Sun, for 12; Indra, for 14; *tithi,* or *pakṣa,* for 15; *kalā,* for 16; *purāṇa,* for 18; *nakha,* for 20; *gāyatrī,* for 24; teeth, for 32; gods for 33 and so on.

For example, in Varāha's *Pañcasiddhāntikā,* a measure of the orbit is expressed as follows:

'Svara-vaṣu-munīndra viṣaya' bhānoḥ 'kha kṛtartuvasuguṇāh' śaśinaḥ !

Decoded into numbers the words represent:

7 8 7 14 5 — 0 4 6 8 3
(a) — (b)

The principle that governs this type of enumeration is *aṅkānāṃ vāmato gatiḥ,* meaning 'numbers move to left' or the numbers so decoded need to be written from left to right to arrive at their exact value in the decimal place-value system. Thus (a) is to be reckoned as 514787; and (b) as 38640.

Bhūṭa-Saṅkhyā and the numbers they represent are given below as illustration							Actual numberreckon ing in decimal place-value
(a)	rasa 6	viṣaya 5	guṇa 3	ambara 0	ṛtu 6	pakṣa 2	260356
(b)	nava 9	vasu 8	guṇa 3	rasa 6	rasāḥ 6		66389
(c)	śūnya 0	dvi 2	pañca 5	yama 2	ārṇava 4		42520
(d)	svara 7	eka 1	pakṣa 2	śara 5	muni 7		75217

2. *Āryabhaṭa I's Alphabetical System*

Āryabhaṭa I employed his own alphabetical system. Here, the *varga* letters *(k* to *m)* are to be written in the *varga* places and the *avarga* letters (*y* to *h)* in the *avarga* places. He also described as to how the vowels are to be used. This method was rather cumbersome and was not adopted by other astronomers.

Varga and Avarga letters with their numerical values

Varga	k	kh	g	gh	ṅ	c	ch	J	jh	ñ	ṭ	ṭh	ḍ	ḍh	ṇ
	1	2	3	4	5	6	7	8	9	10	11	12	13	14	15
	t	th	d	dh	n	p	ph	b	bh	m					
	16	17	18	19	20	21	22	23	24	25					
Avarga	y	r	I	v	ś	ṣ	s	h							
	30	40	50	60	70	80	90	100							

VOWELS

Vowel	a	i	u	r	e	0	lṛ	é	au
Varga	$10^0=1$		10^2	10^4	$1O^6$	10^8	10^{72}	10^{14}	10^{16}
Avarg	10^1	10^3	10^5	10^7	10^9	$1O^{11}$	10^{13}	10^{15}	10^{17}

3. *Kaṭapayādi*

In this system, ñ, n and vowels when standing alone denote zero. The consonants beginning with *ka, a, pa* and *ya* denote the digits according to the numerical values given to them. In a conjoint consonant, the value of the last consonant is to be taken. The vowel suffixed to a consonant is to be ignored. The digits (values) are to be written from right to left to arrive at the number in the decimal place-value reckoning. Sometimes the letters of the chronogram are even read from left to right to get the decimal place-value numeration. The *visarga* at the end of a chronogram is also left out of consideration, if the latter is followed either by a word or another chronogram.

Kaṭapayādi

Value	1	2	3	4	5	6	7	8	9	0
Consonants	k	kh	g	gh	ṅ	c	ch	j	jh	ñ
	ṭ	ṭh	ḍ	ḍh	ṇ	t	th	d	dh	n
	p	ph	b	bh	m					
	y	r	I	v	S	ś	ṣ	h	ḷ	

To illustrate the presentation of numbers using the *Kaṭapayādi* system, Bhāskara I in his *Mahāhāṣkarīya* writes in respect of *dyugaṇana* at the beginning of the present Kali as follows:

Sarnacagghdhamabharakedha, kalyādau dyugaṇana eṣaḥ :

Decoding by the *Kaṭapayādi* method, one gets the following number.

7	2	0	6	3	4	9	5	4	2	1	9
s	r	n	c	g	gh	dh	m	bh	r	k	dh

The foregoing three methods were the innovations of Indian astronomers, which facilitated the expressions of their computations of diverse nature.

Nakṣatra-s

One of the original contributions to astronomy by the Vedic priestly astronomers was the system of twenty-seven or twenty-eight asterisms or *nakṣatra-s* in a systematic way by observing the path of the Moon in the Sky against the background of the star groups, starting with *Kṛittikā.* (the vernal equinox was in consonance with this *nakṣatra)* and ending with *Bharaṇī* during that time. Several Vedic texts list these *nakṣatra-s* in the context of the performance of sacrifices and other rites. In the *Vedāṅga Jyotiṣa,* the list starts with *Bharaṇī,* while in the *Sūryasiddhānta,* it commences with *Aśvinī,* corresponding to the vernal equinox at that time.

Nakṣatra list in the Vedic *Saṃthitās,* the *Vedāṅga Jyotiṣa* and in the *Sūrya-siddhānta*

No. in order	*Taitt. Saṃ.* (IV. 4.10)	*Maitrā. Saṃ.* (II. 13.20)	*Atharvereda*
1.	Kṛttikās	Kṛttikās	Kṛttikās
2.	Rohiṇī	Rohiṇī	Rohiṇī
3.	Mṛgaśīrṣa	Invagā	Mṛgaśīras
4.	Ārdrā	Bāhu	Ārdrā
5.	Punarvasū	Punarvasū	Punarvasū
6.	Tiṣya	Tiṣya	Puṣya

No. in order	*Taitt. Saṃ.* (IV. 4.10)	*Maitrā. Saṃ.* (II. 13.20)	*Atharvereda*
7.	Āśreṣās	Āśleṣās	Āśleṣās
8.	Maghās	Maghās	Maghās
9.	Phalgunī	Phalgunīs	Pūrvā Phalgunyau
10.	Phalgunī	Phalgunīs	
11.	Hasta	Hasta	Hasta
12.	Citrā	Citrā	Citrā
13.	Svātī	Niṣṭya	Svātī
14.	Viśākhe	Viśākhā	Viśākhe
15.	Anūrādhās	Anūrādhā	Anūrādhā
16.	Rohiṇī	Jyeṣṭhā	Jyeṣṭhā
17.	Vicṛtau	Mūla	Mūla
18.	Aṣāḍhās	Aṣāḍhās	Pūrva Aṣāḍhās
19.	Aṣāḍhās	Aṣāḍhās	Uttarā Aṣāḍhās
20.	*	Abhijit	Abhitjit
21.	Śroṇā	Śroṇā	Śravaṇa
22.	Śraviṣṭhās	Śraviṣṭhās	Śraviṣṭhās
23.	Śatabhiṣaj	Śatabhiṣaj	Śatabhiṣaj
24.	Proṣṭhapadās	Proṣṭhapadās	Dvayā Proṣṭhapadā
25.	Proṣṭhapadās	Proṣṭhapadās	
26.	Revatī	Revatī	Revatī
27.	Aśvayujau	Aśvayujau	Aśvayujau
28	Apabharaṇis	Bharaṇis	Bharaṇyas

No. in order	*Vedāṅga Jyotiṣa* (18)	*No. in* order	*Sūrya-siddhānta* (VIII. 2-21)
1.	Bharaṇyaḥ†	1.	Aśvinī
2.	Kṛṭtikā	2.	Bharaṇī
3.	Rohiṇī	3.	Kṛttikā
4.	Mṛgaśīrṣa	4.	Rohiṇī
5.	Ārdrā	5.	Mṛgaśīrṣa
6.	Punarvasū	6.	Ārdrā
7.	Puṣya	7.	Punarvasu
8.	Āśleṣā	8.	Puṣya
9.	Maghā	9.	Āśleṣā
10.	Pūrvaphalgunī	10.	Maghā
11.	Uttaraphalguni	11.	Pūrvaphālgunī
12.	Hasta	12.	Uttaraphālguni

No. in order	*Vedāṅga Jyotiṣa* (18)	*No. in* order	*Sūrya-siddhānta* (VIII. 2-21)
13.	Citrā	13.	Hasta
14.	Svātī	14.	Citrā
15.	Viśākhā	15.	Svātī
16.	Anurādhā	16.	Viśākhā
17.	Jyeṣṭhā	17.	Anurādhā
18.	Mūla	18.	Jyeṣṭhā
19.	Pūrvāṣāḍhā	19.	Mūla
20.	Uttarāṣāḍhā	20.	Pūrva Aṣāḍhā
21.	Śravaṇa	21.	Uttara Aṣāḍhā
22.	Dhaniṣṭhā	22.	Abhijit.
23.	Śatabhiṣaj	23.	Śravaṇa
24.	Pūrva Bhādrapadā	24.	Śraviṣṭhā
25.	Uttara Bhādrapadā	25.	Śatabhiṣaj
26.	Revati	26.	Pūrva Bhādrapadā
27.	Aśvayujau	27.	Uttara Bhādrapadā
		28.	Revatī

The Siddhantic texts also deal with them along with the twelve zodiacal signs which were assimilated into Indian astronom through the Greco-Roman contacts.

Nakṣatra-s and their shapes *(Vaṭeśvara Siddhānta,* VII, 2.14-15)

Nakṣatra	Shape	*Nkṣqatra*	Shape
1. Aśvinī	Horse's head	15. Svātī	Coral
2. Bharaṇī	Uterus	16. Viśākhā	Arched doorway
3. Kṛttika	Rajor	17. Anurādhā	Heaps of offering
4. Rohiṇī	Cart	18. Jyeṣṭhā	Ear-ring
5. Mṛgaśirā	Deer's head	19. Mūla	Lion's tail
6. Ārdrā	Jewel	20. Pūrvāṣāḍhā	Bed
7. Punarvasu	House	21. Uttarāṣāḍhā	Elephant's tusk
8. Puṣya	Arrow	22. Abhijit	Elephant's ear
9. Āśleṣā	Wheel	23. Śravaṇa	Three feet
10. Maghā	Wall	24. Dhaniṣṭhā	Drum
11. Pūrvā Phālgunī	Bed	25. Śatabhiṣak	Circle
12. Uttarā Phālgunī	Dais	26. Pūrva-Bhādrapadā	Dais
13. Hasta	Hand	27. Uttara-Bhādrapadā	Bed
14. Citrā	Pearl	28. Revatī	Drum

Nakṣatra-s and their modern equivalents

No.	*Nakṣatra*	*(Yogatārā)* Junction star
1.	Aśvinī	Beta Arietis
2.	Bharaṇī	Fortyone Arietis
3.	Kṛttikā	Eta Tauri
4.	Rohiṇī	Alpha Tauri
5.	Mṛgaśiras	Lambda Orionis
6.	Ārdrā	Alpha Orionis
7.	Punarvasu	Beta Geminorum
8.	Puṣya	Sigma Cancri
9.	Aśleṣā	Alpha Cancri
10.	Maghā	Alpha Leonis
11.	Pūrva-Phalgunī	Delta Leonis
12.	Uttara-Phalgunī	Beta Leonis
13.	Hasta	Delta Corvi
14.	Citrā	Alpha Virginis
15.	Svātī	Alpha Bootis
16.	Viśākhā	Alpha Librae
17.	Anilrūdhā	Delta Scorpii
18.	Jyeṣṭhā	Alpha Scorpii
19.	Mūla	Lambda Scorpii
20.	Pūrvāṣāḍha	Delta Sagittarii
21.	Uttarāṣādhā	Alpha Sagittarii
22.	Śravaṇa	Alpha Aquilae
23.	Dhaniṣṭhā	Beta Delphini
24.	Śatabhisj	Lambda Aquarii
25.	Pūrva Bhādrapada	Alpha Pegasi
26.	Uttara Bhādrapada	Gamma Pegasi
27.	Revatī	Zeta Piscium

Geo-centric : Indian astronomy is essentially geo-centric. The Earth was considered to be a stationary sphere at the centre of the solar system. The Sun, the Moon and the planets were regarded as having their own motions from West to East. The *nakṣatra*-s or asterisms were deemed to have their motion from East to West, as a result of which the Sun, the Moon and the planets were supposed to fall behind the asterisms.

However, Āryabhaṭa I (5th cent. AD) while adhering to the geo-centric concept, postulated a rotation of the Earth about its own axis and gave a precise rate of rotation—a determination which is very close to the modern value. His postulate was opposed by some of the succeeding astronomers including Brahmagupta.

Conception of Mahāyuga: One of the main characteristics of Hindu astronomy is the conception of *Mahāyuga* of 43,20,000 years. The tacit assumption was that at the beginning of this period all the planets would be in conjunction (that is a mutual longitudinal difference is zero) and after undergoing revolutions around the Earth, they would come back to the same position at the end of his huge period. Actually, this would not be the case exactly, but near about. Such a concept of a huge cycle of years was not noticeable in astronomy of other ancient cultures.

Mahāyuga is also referred to as *Caturyuga* consisting of

Kṛtayuga	...	4,000 divine *(divyābda-s)* years
Tretāyuga	...	3,000 divine years
Dvāparayuga	...	2,000 divine years
Kaliyuga	...	1,000 divine years
Total	...	10,000 divine years

Further, according to the *Sūryasiddhānta,* the tenth part the *Kṛtayuga* and others (it does not explicitly state the other three *yuga-s)* belongs to its dawn and another tenth part to its twilight. Thus 400 + 400; 300+300; 200+200; and 100+ 100 or 2000 divine years are to be added; hence a *Caturyuga* is 10,000+2,000=12,000 divine years. One divine year is regarded as being equal to 360 (solar) years of human reckoning, one *Caturyuga* thus consists of 12,000 x 360 = 4,320,000 human years as the following table reveals:

Age	Number of divine years	Total			
		Dawn	Twilight	(Divine years)	Number of Solar years
Kṛtayuga	4000	400	400	4800	1,728,000
Tretayuga	3000	300	300	3600	1,296,000
Dvāparayuga	2000	200	200	2400	864,000
Kaliyuga	1000	100	100	1200	432,000
Total	10000	1000	1000	12000	4,320,000

Table showing mean motions of planets and others in a Mahāyuga (Tabulated from the concerned texts)

Planet	Sūrya siddhānta summarized by Varāha	Āryabhaṭa I reproduced in Brahmagupta's Khaṇḍakhadyaka and Bhāskhara I's Mahābhāskarīya	Śiṣyadhīvṛddhida tantra of Lalla	Vaṭeśvara siddhānta	Modern Sūrya siddhanta
Sun	4,320,000	4,320,000	4,320,000	4,320,000	4,320,000
Moon	57,753,336	57,753,336	57,753,336	57,753,336	57,753,336
Mars	2,296,824	2,296,824	2,296,824	2,296,828	2,296,832
Jupiter	364,220	364,220	364,224	364,220	364,220
Saturn	146,564	146,564	146,568	146,568	146,568
Mercury	17,937,000	17,937,000			17,937,000
Venus	7,022,388	7,022,388			7,022,376
Moon's apogee	488,219	488,219			488,203
Moon's node	232,226	232,226			232,238
Number of Civil days in a *mahāyuga*	1,577,917,800	1,577,917,800			1,577,917,828
Intercalary months	-	-	15,93,336	-	
Omitted tithis	-	-		2,50,82,580	-

Planetary Model

The general planetary model was no doubt geo-centric. But around 1500 AD, the noted Kerala astronomer, Nīlakaṇṭha, developed by computation a model according to which, the inner planets (Mercury and Venus) and the outer planets (Mars, Jupiter and Saturn) revolve round the Sun, and the Sun along with them revolves round the Earth.

Such a planetary model came up in Europe nearly a hundred years later (Tycho Brahe in Copenhagen). In the middle of the nineteenth century the Oriya astronomer, Chandraśekhara Sāmanta, also conceived and elucidated a planetary model of this type.

Indian astronomers excelled in the computation of several types concerning the Sun, the Moon and planets, their motions (very slow, slow, fast and very fast, retrograde, etc), planetary orbits, distances and the like. They were, however, well aware of the discrepancies that would accrue over a period of time between the computed values and the observed positions particularly of the planets. They devised certain methods of corrections (*bīja*-corrections), attaching great importance to observations.

Planetary Orbits

Length in *Yojana-s*

Planets and other Orbit of	Āryabhaṭa	Sūryasiddhānta
Sky	1,24,74,72,05,76,000	18,712,080,864,000,000
Asterisms	17,32,60,008	259,890,012
Sun	28,87,666 $\frac{4}{5}$	4,331,500
Moon	21,600	324,000
Mars	54,39,291 $\frac{132027}{287103}$	8,146,909
Mercury (*Śighrocca*)	6,95,473 $\frac{373277}{896851}$	1,043,209
Jupiter	34,250,133 $\frac{699}{1897}$	51,375,764
Venus (*Śighrocca*)	1,776,421 $\frac{255221}{585199}$	2,664,637
Saturn	8,51,14,493 $\frac{5987}{36641}$	127,668,225

Diameters of the Sun, the Moon and the Earth and Distances of the Sun and the Moon from the Earth

	Sun		Moon		Earth's diameter (in *yojana*)
	Diameter (in yojana)	Distance (in *yojana*)	Diameter (in *yojana*)	Distance (in *yojana*)	
Āryabhaṭa I, Bhāskara I -	4,410	459,585	315	34,377	1,050
Bhāskara II -	6,522	689,377	480	51,566	1,581
Sūrya-siddhānta -	6,500	689,378	480	51,566	1,600
Modern Values 7,926,70 (in miles)	-	86,400	92,900,00	2,160	238,900 (equatorial) (polar)

Source: Sen, S.N., *A Concise History of Science in India,* p.118.

Eclipses

Āryabhaṭa Ī's approach : While irrational beliefs concerning the cause of eclipses continued, then as now, one notices a rational explanation of the occurrence of eclipses in the astronomical texts beginning with the *Āryabhaṭīya* of Āryabhaṭa (499 AD). Perhaps a century or earlier such rational approach to eclipses could well have been fostered. Āryabhaṭa clearly states, that 'the Moon eclipses the Sun and the great shadow of the Earth eclipses the Moon.' (4.37-38) As for the occurrence of an eclipse, he points out that when at the end of the concerned lunar month *(amāvasyā),* the Moon lying near its node 'enters the Sun' or at the end of a lunar fortnight, enters the Earth's shadow, i.e. solar eclipse in the former case and lunar eclipse in the latter case.

Varāhamihira's (6th cent. AD) scientific statement is that '*Rāhu* is not at all the cause of eclipses.' He also dismisses the then current notion that an eclipse could be ascertained by means of omens and other indications. For, he argues, the portents such as the fall of meteors and earth tremor occur even at other times than those of the eclipses. He even warns scholars or knowledgeable persons from believing the traditional statement that an eclipse cannot take place except when there is a combination of five planets in the same zodiacal sign and that, a week before the eclipse (i.e., on the previous eighth lunar day) the characteristics of an eclipse can be inferred from the behaviour or appearance of a drop of oil poured on the surface of water. In this way Varāhamihira sets at rest the traditional but unscientific notions about an eclipse. *(Bṛhatsaṃhitā,* 5.8-17)

Possibility of an eclipse

The possibility of an eclipse has been dealt with by the Hindu astronomers. Obviously they tended to compute it and it could well have been approximate, since they did not appear to have applied the *bīja* corrections appropriately. Even now, the almanac *(pañcāṅga)* makers are not in the habit of arriving at the exact time of the occurrence of an eclipse and its duration, by resorting to the application of *bīja* calculations. Instead, they adopt the eclipse-related data of Indian Ephemeres in their *Paācāṅga-s.*

Instruments

Indian astronomers developed and used basically twelve types of instruments. They were: the *gola; bhagana; cakra; dhanus; ghaṭi; Śaṅku; Śakaṭa; Kartarī, Pīṭha, Kapāla; Śalākā* and *Yaṣṭi.* While each of them had its own specific use and played their part in the totality of the observational contrivances, it was the *gola* or the armillary sphere that occupied prime position among all the instruments.

The armillary sphere as conceived by Indian astronomers consists of an inner starry sphere (asterisms) and an outer celestial sphere since such a juxtaposition would facilitate comparative measurements of the former with reference to the latter.

Hindu astronomers recognize the following, (i) fixed and (ii) not fixed circles: The prime vertical, meridian, horizon, celestial equator and the six o'clock circle, are fixed for the stars and planets at any given latitude. Their computational endeavours centred round in general, the seven *(manda)* epicycles, seven *(manda)* eccentrics, seven *dṛṅmaṇḍala*-s, seven *dṛkkṣepamaṇḍala*-s and seven *kakṣāmaṇḍala*-s, one each for each planet beginning with the Sun. In addition, there are five *śīghra* epicycles and five *śīghra* eccentrics, one for each of the five planets, besides six *vimaṇḍala*-s, one for the Moon and five for the five planets. Thus, there are fifty one spheres or great circles which are not fixed.

Early in the eighteenth century Maharaja Sawai Jai Singh II erected huge masonry observatories with several instruments, in Banaras, Mathura, Ujjain, Delhi and Jaipur. In this task he was ably assisted by his court astronomer, Jagannātha paṇḍita.

Traditional astronomy has been an integral part of Indian way of life over the ages.

The *Pañcāṅga* has been a torch-bearer of this tradition.

(i) **Tithi**: lunar day; the time taken by the Moon to move 12° relative to the Sun.

(ii) **Nakṣatra**: twenty seven in a cyclic way; extent of a *nakṣatra* is 13° 20'

(iii) **Vāra**: Week days (foreign origin)

(iv) **Yoga**: twenty seven in number; They are: (i) Viṣkambha; (ii) Prīti; (iii) Āyuṣmān; (iv) Saubhāgya; (v) Śobhana; (vi) Atigaṇḍa; (vii) Sukarma; (viii) Dhṛti; (ix) Śūla; (x) Gaṇḍa; (xi) Vṛddhi; (xii) Dhruva; (xiii) Vyāghāta; (xiv) Harṣaṇa (xv) Vajra; (xvi) Siddhi; (xvii) Vyatīpāta; (xviii) Variyās; (xix) Parigha; (xx) Śiva; (xxi) Siddha; (xxii) Sādhya; (xxiii) Śubha; (xxiv) Sukla; (xxv) Brahman; (xxvi) Aindra; and (xxviii) Vaidhṛti. There does not appear to be any direct astronomical significance of yoga, though it is regarded at the time during which the Sun and the Moon together accomplish 13°20'.

(v) **Karaṇa** : in number: four immovable *(sthira)* and seven movable *(eara)* in a cyclic way. In each *tithi,* the first half is one *Karaṇa;* and the second half is the next *Karaṇa* situated at 6° of the angular distance between the Sun and the Moon. Thus there are sixty *karaṇa-s* in a lunar month, but in the form of repetition of only eleven *karaṇa-s,* namely, (i) Bava; (ii) Bālava; (iii) Kaulava; (iv) Taitala; (v) Gara (je); (vi) Bhadre (or *Viṣṭi);* (viii) Śakuṇi (ix) Catuṣpāt; (x) Nāgavān and (xi) Kiṃstughna. The first seven are recognized to be movable *(cara)* and the other four, immovable *(sthira).* According to *Bṛhat saṃ*hitā, the seven *cara karaṇa-s* are: Bava, Bālava, Kaulava, Taitila, Gara, Vaṇija and Visti. The four *sthira* ones are: *Śakuni, Catuśpada, Nāgavān and Kiṃstughna.*

A large number of traditional astronomers have been engaged in the preparation of several kinds of *pañcāṅgas.* Astrological elements are also perceptible components of a *pañcāṅga.* Festivals, Vratas, marriages and other functions are determined by the *pañcāñga-s* and not by Gregorian calendar. These in a way have been maintaining the fundamental unity of India. Tradition is integral to Indian life and India's past is also its present.

Bibliography

Pingree. David. *Census of the Exact Sciences* in *Sanskrit,* American Philosophical Society, Philadelphia Series, Vol 1,.4, 1970-81.;

'History of Mathematical Astronomy in India', in *Dictionary of Scientific Biography,* Vol 15, 1978, 533-633.

Jyotiṣśāstra: Astral and *Mathematical Literature,* Otto Harruzzowitz, Wiesbaden, 1981 Rahman, A., et.al., *Science* and *Technology* in *Medieval India. A Bibliography of Source materials* in *Sanskrit, Arabic and Persian,* Indian National Science Academy, New Delhi, 1982

Sen, *S.N., A Bibliography of Sanskrit works* on *Astronomy and Mathematics,* Manuscripts, Texts, Translations and Studies, Indian National Science Academy, New Delhi, 1966.

Bina Chatterjee, *Śiṣyadhīvṛddhidatantra* Ed. with translation into English 2 vols, Indian National Science Academy, New Delhi, 1981.

Bose, D. M., Sen, S. N. And Subbarayappa. B. V. (Eds.,) *A Conceise History of Science* in *India.* Indian National Science Academy, New Delhi, 1971; reprint 1990.

Brennad, W. *Hindu Astronomy*, London, 1898; Caxton Publication, New Delhi (reprint) 1988.

Burgess, E., *The Sūryasiddhānta* (Tr.), Motilal Banarasidass, Delhi, 2000 (reprint).

Dikshit, S.B., *Bhāratīya Jyodśsāstra* (Eng. Tr.) 2 parts:

I. History of Astronomy during the Vedic and Vedāṅga periods;

II. History of Astronomy during the Siddhantic and Modem periods,

Government of India Publications, Delhi, 1969 and 1981.

Kuppanra Sastry, *Pañcasiddhāntikā* : INSA 235-237

(i) With translation and notes by T.S.Kuppanna Sastri; Cr.Ed. with Introduction and Appendices by K V.Sarma, PPST Foundation, Adyar, Madras, 1993.

(ii) *Vedāṅga Jyotiṣa, Ṛk* and *Yajus* recensions: Cr.ed.with translation and Notes of T.S.Kuppanna Sastri, by K.V.Sarma, INSA, New delhi, 1985.

Shukla, K.S., *Āryabhaṭīya*

(i) Cr.ed. with translation and notes by K.S.Shukla and K.V.Sarma, Indian National Science Academy, New Delhi, 1976.

(ii) Cr.ed. with the commentary of Bhāskara I by K.S.Shukla, Indian National Science Academy, New Delhi, 1976.

(iii) Cr.ed. with the commentary of Sūryadeva Yajvā by K.V.Sarma, Indian National Science Academy, New Delhi, 1976

(iv) *Vaṭeśvarasiddhānta:* cr.ed. with translation into English and notes by K.S.Shukla, Indian National Science Academy, New Delhi, 1985

Somayaji, Arka, *A Critical Study of the ancient Hindu Astronomy in the light and language of the modern,* Karnatak University, Dharwar, 1971.

Subbarayappa, B.V., 'Indian Astronomy: An Historical Perspective' in *Cosmic Perspectives,* eds. S.K. Biswas, D.C.V. Mallik and C.V.Vishveshwara, Cambridge University Press, Cambridge, 1989.

Subbarayappa and Sarma, K. V., *Indian Astronomy: A Source-Book,* Nehru Centre, Bombay, 1985.

10

Manuscripts and the Indian Knowledge System

O.C. Handa

THE INDIAN KNOWLEDGE system preserved in the oral traditions predates the scriptural knowledge by several millennia. The traditional knowledge system is an accepted phrase coined by the anthropologists to define the traditional scientific systems, which have their own cogency to supplment the 'modern' sciences.

The Indian Knowledge System

Centuries before the science of scripting, the oral tradition had developed in India. The common people of this country had been transmitting the inherited knowledge to the next generation orally known as the *śruti* and *smṛti* tradition, supplementing to that inherited knowledge their own empirical experiences. That way, they had accumulated a vast knowledge, covering almost every aspect of the contemporary living. Through the centuries, a vast treasure of the empirical data had already existed in the folklore before the rise of cognizable cultural milieu in the Indo-Gangetic plains that we generally classify as the Indus and the Vedic civilizations. Surely, centuries of physical and mental efforts might have gone to reach that level of mature urban and intellectual cultures, that magnificent oral tradition may predate by centuries the emergence of the Indo-Gangetic urban culture and the Vedic intellectual civilization. Who the authors of those hoary traditions were, we do not know for certain. In fact, we have never bothered to discover that so far. Nevertheless, it is certain that those pioneers of the Indian knowledge system were different from the Aryans as is well-established from the relics of the Indo-Gangetic civilization. In that context, we should also not forget that so far undeciphered scripts of that civilization may be holding several valuable unrevealed secrets of the formative past of that obscure culture.

Certainly, the Indian civilization did not start with the Vedic age, as is commonly held. A highly mature and developed civilization flourished in the country for millennia before the advent of Vedic culture, and that civilization provided intellectual capital for the Vedas and the Upaniṣads. There is a need to look for the linkage between the two civilizations - the indigenous pre-Aryan and the Aryan, by tracing the evidences from the grassroots, wherein the folk wisdom may be holding keys for such revelations.

The popular beliefs, traditions, arts, folk, sciences and folklore of the ethnic and indigenous communities and the rural folks are the most valuable source material for that purpose. Many of them are related to the Ayurvedic system of medicines. Is it not an irony that the ages old and traditional medical system of Āyurveda that has sustained us for centuries is dubbed as the 'alternative' medical system against the modern westernized allopathic system? In fact, our attitude towards all the traditional Indian knowledge system is very callous, casual, and derogatory. Why such disinterest in the traditional Indian knowledge system, is a burning question which needs to be objectively and urgently addressed and the queer dichotomy between the traditional and modern knowledge systems be removed to generate a rational knowledge system.

No doubt the modern technologies are far more sophisticated. These have remarkable achievement paradigms. Nevertheless, there is a need to critically analyze the wider and far-reaching implications and ramifications of these, and to probe the definition of their progress. Not only most of these are available only to those who have means but these are also not the blessing considering all the aspects. These come to us at astronomical cost, and these often bring huge negative consequences, which may seem miniscule and negligiblie in the short term, but have disastrous aftermaths. There is a need to pragmatically look out for the traditional technologies that may benefit all. The traditional Indian holistic knowledge system holds key for most of the maladies of the so called modern technologies. In this context, one can recollect what Gandhiji once said when he was asked whether he would like India to develop a lifestyle similar to that of England. He is reported to have replied that the British had to plunder the Earth to achieve their lifestyle. Given India's much larger population, it would require plundering of many planets to achieve the same.

The traditional Indian knowledge system provides a wealth of wisdom, for it is the repository of philosophical, socio-religious, cultural, technological and behavioural human response to the complexities of life and nature. It is a part of the great human experiment for survival and development. For its evaluation, the western parameters and paradigms, to which we have been accustomed, may not be the sole deciding factor. Ironically, in the westernized intellectual parlance, the terms 'traditional' and 'alternative' have been marginalized with the connotation of 'pre-modern' in the sense of 'primitive' or 'outdated' notwithstanding the fact that many of the traditional sciences and technologies have been much advanced by 'modern' standards as well as better adapted to the unique local human and environmental conditions than their later or 'modern' substitutes.

The Indian traditional folk and elite sciences are interlaced with their quintessential ancient cultures and universal vision. Unfortunately, modernization has homogenized the categories, reducing diversity of world views in ways similar to the destruction of biodiversity. Devising the contrived hegemonic categories, such as science versus magic, technology versus superstition, modern versus tradition, etc., the western colonisers have systematically derogated, undermined, and even exterminated the traditional arts, sciences, technologies, and crafts. Besides their intellectural arrogance, they have also been ambitious to appropriate the economic means of production and control the social structures, as may be evidenced by the British annexation of the Indian knowledge of textile and metallurgy. In this context, it may be appropriate to quote a text from The Tribune dated 14 November 1899 on *Why is India so Poor.* It reads:

> "Why do India's children starve every three months in the year? Her land is fertile, her sons are industrious and temperate, but still famine stares her in the face almost every five years? The answer to this is easy and simple. India has to pay a large sum to England annually for which the country gets no adequate return. The annual drain upon India has become of late so great that one need not wonder at her wretchedness. The Europeans, both officials and non-officals, come into this country with the object of making money; and as soon as their object is fulfilled, they retire with large fortunes and spend their earnings in England. Those who remain here send large sums of money to support their families and relatives at home; and what sum they spend here is spent mostly upon articles imported from Europe. The most oppressive and exacting Muslim Emperors resided in the country; and if they impoverished one province they enriched the other. Thus India was wealthier under the Muslims than under

the British rule, and therefore the former did less material injury to her."

In the present age, when even most of the natural bounties—land, water and air are getting scarce with the population explosion, envionmental degradation and erosion in the ethical values, many traditional knowledge systems have become far more imperative and relevant for humanity, because they are eco-friendly, sustainable, labour intensive, and are, thus, easily accessible to the common people.

Degradation of the global environment has emerged as one of the burning problems of the modern times. In fact, the so called development ventures are the main culprit of the malady, but the captains of Industry and the development planners of the world are pitiably callous about it. However, the common people of this country, and elsewhere as well, have been very sensitive to the conservation of ecology since the earliest times, for they regarded it as an act of piety. It was under that belief that the people selectively planted different species of plants at different places to sustain ecology. Thus, the plants for the dwelling places were different to the ones near the temples or sources of water or the fields and the forests, etc. People have been religiously developing forests around their villages, for they regarded forests as the *vana-devatā*. To ensure that these were well protected and maintained, they dedicated many of them to the village gods. Thus, sacred groves could be seen everywhere in the countryside. The sacred forest of Hurang Narayan in the Chohar valley of Mandi district is one of the glaring examples in this regard. The example of the people of Uttaranchal to conserve forests as the sacred groves may be an eye-opener. The people of village Bhatti of Uttarkashi district developed a large forest of oak, rhododendron and pine trees in an area of about thirty-five hectares by community participation. To ensure that nobody disturbed that forest, they dedicated it to their *Matiyal Devtā*, realizing that the fear of god is the best way to conserve forests. Another example worth emulating may be the *Maiti vana āndolan.* Started at Gwaldam in Chamoli district in 1977, the *Maiti vana āndolan* gradually became popular with the environment-conscious people of Uttaranchal. Under the *maiti* (the parental home of a girl) system, the young unmarried girls form a group known as the *maiti behene.* They grow saplings of different trees around their houses. On the marriage of a girl of that group, the Brahmin conducting the marriage consecrates the sapling, and it is offered to the groom, who plants it formally at the specified place. That way, the plants reared by the *maiti behene* are growing and flourishing into large groves at different places in Uttaranchal. Such groves are known as the *maiti vana.* At many places, the villagers have taken on themselves the responsibility of protecting their *maiti vanas.*

The growing scarcity of water is another acute problem of not only India, but of many other parts of the world. In the coming times, it may become so scarce that countries may fight for it. In the country, where natural subterranean water was not sufficienty available, there existed an ingenius system of *'talabs'* (water reservoirs) and *baories* (springs)in the country. Those reservoirs were designed to collect and store the maximum amount of rainwater for drinking and irrigation until the next rainfall. All those sources were customarily managed by the village bodies, known by different names. Under the draught condition, people could reasonably sustain themselves with that water. However, under the British rule, village set-ups were subverted or abandoned, since the objective of the colonial lords was to capitalise on tax collection by imposing a draconian network of district collectors. That redundant designation still continues to be in use in the officialdom in the country. As the indigenous social structures were abondoned, many tanks went into disuse or misuse. Dry shoals at many places on the countryside are the sad reminders of those once brimming reservoirs and tanks. That indigenous system excelled over the modern dams, which are increasingly proving ecologically disastrous. The degradation of biosphere in the Satluj basin is a glaring example in this regard. Realizing the need to revert to the traditional rainwater harvesting system, in parts of Tamil Nadu and Rajasthan, abandoned old *talabs* have been revived, and in many hitherto famished villages, there is no longer scarcity of water. The technique of rainwater harvesting has been known to the people of Himachal Pradesh through generations,who have been conserving water in various manners. The people in the remote villages of Sarkaghat in Mandi district have been conserving every drop of rainwater in the *khatis,* dug into the conglomerate mountain strata. The people of various water-scarcity-prone villages in the entire foothill region have been customarily collecting rainwater in large tanks. Such tanks, locally called *johars,* were too many in Sirmaur district of Himachal Pradesh, and the hilltop town of Nahan once totally depended on the rainwater stored in the four large *talabs.* Of late, people are also increasingly realizing the need for rainwater harvesting, and in the new buildings, provision for rainwater harvesting has been made mandatory.

Indians were the first to develop high quality steel. The famous Delhi Iron Pillar is the longest rust-free specimen of steel in the world, having lasted fourteen centuries with no rust at all. Modern technology has yet to know about the secret of that, stainless, living relic.

Indian textiles had been legendary since the ancient times. The Greeks and the Romans had been extensively importing it form India. Sadly, it became one of the severest causalities under the British. The British imported not only the technology, designs and even raw cotton from India, but they also outlawed and de-licensed the indigenous Indian textile industry and even tortured the weavers to extinction. The British destroyed Dhaka to build Manchester.

The Indian herbal medical system, the Ayurvedic system, is now being revived and has encouraged the world with dramatic success to complement the modern medical system. The western scientists and reserarch laboratories are re-legitimising various aspects of the traditional Indian medical system. Many multinationals are now clandestinely vying to secure patents of Indian traditional medicines, but without acknowledging the classical Indian source. Besides, there is a growing interest the *yoga* and meditation, the Indian systems of mind and body management. Baba Ramadeva, the great exponent of Yogic system, has literally become a global cult-figure.Interestingly, many other gurus are also now seen in the Yogic market to make a fast buck.

The ancient Indian mathematicians pioneered the idea of zero. The concept of indivisibles that paved way for the development of calculus, the base ten decimal system, now in universal use, and many important trigonometric and algebraic formulae that opened up infinite vistas for the development of higher mathematics, are all contributions of the Indian knowledge system to the world.

Therefore, it is imperative that the traditional Indian knowledge system preserved in the ancient manuscripts is properly studied and propagated in a holistic manner for the betterment of the country and the world as a whole, for, in those repositories of the traditional wisdom, lie the secrets of conservation of environment, long-term sustainability and the altruistic vision of *vasudhaiva kuṭumbakam,* universal brotherhood. These are historical facts that have remained suppressed blatantly under the well-planned and deep-rooted strategy of Lord Macaulay which he spearheaded in the 1830s to besmear Indian intellectual leagcy and to foster British cultural imperialism in India The Eurocentric psychology perpetuated by him in education has gravely distorted the historical perspective of generations of people, who have been aggressively tutored to believe that every science originated in Greece or Arab, in utter disregard to what India already achieved millennia ago. For instance, the Arabs learnt the science of mathematical numerals from India, and named them *hindase,* which they transmitted to Europe. But the West feels shy of acknowledging that Indian contribution.

Consequently an educated Indian with the 'colonial mindset' believes in the inherent inferiority of his own traditional knowledge and in the superiority of the colonisers' 'modern' knowledge. Surely, Macaulay and others like him could not have credited the Indians with such accomplishments, for that would have jeopardized the British strategy of intellectual colonisation of a nation, which once had a number of prestigious academic establishments that attracted the best of foreign students from every corner of Asia, and gradually turned it into a nation of the illiterate multitude.

It is often the rural and the underprivileged communities in the country that have preserved key aspects of the traditional knowledge system in the popular sciences, such as home-building, medicinal plants, farming, forestry, arts and crafts, etc. Most of that folk wisdom is preserved in the oral traditions and customary practices of the people, but a bit of that is also available in the handwritten records, the manuscripts. By restoring legitimacy to that treasure of the traditional knowledge, we not only encourage and empower the local cultures, lifestyles, economies and encourage the hereditary artisans, but at the same time enrich and strengthen the dossier to the so-called modern knowledge system. Therefore, it is imperative that all the available scriptural materials lying uncared and neglected in private homes is documented and researched. According to one estimation, less than 5% of the known scriptural knowledge preserved in the classical Indian texts in Sanskrit, Tamil, several regional languages, etc, has till date been rendered into modern languages.

In fact, what is preserved in the Vedas and the Upaniṣads

is not something that fell down from the celestial sphere nor is that the divine commandment. It is the multilateral compendium of intellectual legacy of the multitudes of people, the *janatā janārdana,* and in that context eulogized as *Īśvara-vacana* or *Brahmavākya.* What the Vedic *ṛṣis* and Upanisadic *munis* did was the compilation, evaluation and codification of a few shining nuggets of the folk wisdom that lay scattered as popular lore for the centuries anterior to those sacred works. Many of them still lay scattered on the country side throughout India.

The process of supplementation, addition, and alteration in the oral Vedic and Upanisadic knowledge might have been a continual process for centuries through *śruti* and *smṛti* traditions until those were committed to the scriptural format in about the sixth-fifth century BC, when the great linguist and grammarian, Pāṇini perfected the Sanskrit grammar. That grammar has been acknowledged as the most complete and sophisticated one of any language even in the hi-tech computer age.

The process of committing the popular knowledge system to the scripts has continued unabated since then. Thus, many historical, philosophical, religious, and creative works may be found preserved in the written form in the country. Those works have sustained the religio-scholarly and philosophical ferment of the country and enriched its mental calibre from several millennia. Thus, the role of scriptural knowledge and the vast treasure of manuscripts generated by scholarly enterprise have become enormous and variegated in contents. Thus the knowledge system preserved in manuscripts has been a bounteous boon for individualistic creative and scholarly endeavours through ages. Manuscripts have not only preserved that literary wealth, but also provided much-desired impetus for such activities.

Manuscripts have also been a great inspiration and support for the development of arts, especially the miniature paintings and book illustration. Had the texts of the classical love songs of the *Gītagovinda* of Jayadeva, Bihāri's *Satsai* and many other poems of the *Reeti Kal* not been available to the painters of Pahari School, their paintings could not have been as romantic and lyrical as these are. And, had there not been the tradition of hand copying sacerdotal texts to gain religious merit, possibly the art of book illustration could not have developed. In this context, the illustrated biographies of the Mughal emperors also deserve coveted notice for the historicity and artistry preserved in them.

Similarly, the popular knowledge system, which remained scattered and obscured in the local traditions and lore, also came to be compiled in manuscripts, and collated and objectively evaluated by the intelligentsia. Many of those traditions are well-preserved in the manuscripts of local languages. Although, many of these manuscrips have been acquired by the local, regional, and national archival institutions, yet a huge number of such texts are still lying uncared in many private homes. In this regard, it may be mentioned that at several places in the interiors of Himachal Pradesh, a vast number of manuscripts written in Sanskrit, Bhoti, Urdu, Gurmukhi and Takri are still lying uncared. Most of them are of sacerdotal nature, but many of them also deal with religious sacraments, tantra, medicines, agriculture, eroticism, cookery, folk traditions, history, and revenue and forest administration. Majority of the manuscripts found in Himachal Pradesh are on the handmade thick paper, popularly known as the *Syalkoti kagaz*, but the manuscripts on the *bhojapatra* (birch bark sheets) are also in good number in the interiors. In fact, the *bhojapatra* has been a popular medium of writing in the Himalayan interiors, where it has been available in plenty. The school children in the remote area of Chamba had been using it for writing until the sixties of the last century. Harish Chandra Sharma, a retired district education officer of Chamba, who, while on inspection tour, was given an application written on the *bhojapatra* in one of the schools in the remote Pangi valley. Manuscritpts written on the bamboo stripes and palm leafs are also found in the Buddhist trans-Himalayan interiors. There are also technical texts written on the loose folios, related to weaving, embroidery, and painting. These texts are usually written on the sheepskin parchment, but some of these are also found written on the handmade paper. Such texts, written in shorthand-like coded scripts, related to the shawl-weaving in Kashmir were known as *taleem* and the artisans who mastered that script were known as *taleem-guru*. The cocktail of Persian and Sanskrit in *taleem-guru* may be interesting, for it offers an insight in the Kashmiri socio-cultural milieu. Such parchment sheets perforated as stencils are known as *charbas*. These *charbas* had been of great use for the Pahari painters to produce several copies of the same painting.

Then, there are several texts of great importance for national and regional socio-poliotical and cultural history still in the possession of people in the Himalyan interiors. Most of these texts are not written on perishable papers, but on copper sheets. As such, these are known as the copper plates, and not the manuscripts. However, the texts inscribed on these metal sheets are of considerable importance even in the context of manuscripts. The copper-plates of Chamba and the Nirmand Copper-plate are very important in this regard, but many such documents are found elsewhere also in the interiors of Himachal Pradesh and Uttaranchal. Some of the copper plates are inscribed with the coded esoteric texts and diagrams.

In this context, the esoteric *sancha* manuscripts preserved by the hereditary Brahmin families in the interiors of Shimla and Sirmaur districts in Himachal Pradesh and the adjoining parts of Uttaranchal may also be important. The traditional knowledge system preserved in the *sancha* manuscripts is known as the *sancha vidyā*. There are at present only a few Brahmins who are initiated into the *sancha vidyā*.

In the Buddhist trans-Himalayan interiors, wooden blocks, carved as the negatives, had been in use for centuries to handprint or block-print various sacerdotal Buddhist scriptures and secular texts on the *bhojapatra,* paper or cloth. The block-printed volumes of the Buddhist texts may be found preserved in many trans-Himalayana monasteries of Ladakh, Lahul and Spiti, and Kinnaur. Among those texts, the *Kangyur* are of great importance not only for their ethical and sacerdotal nature, but also for many other reasons. For instance, in the *Tengyur* compendium, one may find texts on various secular subjects, such as, grammar, poetry, painting, logic, rhetoric, law, medicine, chemistry, veterinary science, palmistry, astrology, and biolgraphies. In the medical texts, translation of the Sanskrit medical treatises of Caraka and Agastya besides the great Sanskrit classic, the *Meghadūta* of Kālidāsa. One may find complete volumes of *Kangyur* and *Tengyur* preserved in the Tengyur Temple at Kanum. Those volumes were block-printed in 1820 AD at Narthang, once the Nalanda of Tibetan world in the western Tibet. The Tabo Chos-khor in the Spiti valley possesses a huge collection of the Bhoti manuscripts, most of them related to Tantra.

Besides, the *Kangyur* and the *Tengyur,* one may find in the Bhoti manuscripts the *Terma* treatises attributed to Padmasambhava, the founder of Vajrayāna Buddhism in Tibet. One of the *Terma* treatises, named *Pad-ma-bKai-thang* is important, because of its valuable references to the existence of Zahor kingdom around Rewalsar as early as eighth century AD, which is also partly affirmed by the local archaeological and circumstantial evidences. However, the existence of that kingdom is not recorded in the formal feudalistic historical texts. Similarly our knowledge about the splendid Buddhist monasteries of Ladakh, Lahul and Spiti and Kinnaur would have remained very scanty and deficient had the manuscript folios of the *rnam-thar* (biography) of Rinchen Sangpo (Ratnabhadra), the great *Lotsaba* and the builder of monasteries in the western Tibet, not been found.

We have so far spoken of the benefits that the manuscripts have accrued for us. But there is an other side of the picture.

The scriptural text has proved to be a mixed blessing for the creative folklore. Though in the manuscripts, the folklore of different communties and regions could be preserved in the standardized scriptural format in its pristine form for the posterity, but scripting and preserving the folklore in manuscripts robbed it off its element of informal romance. It has divested the folklore of its innate creative impulse, the subtle flexibility, and blissful individuality—the hallmarks of folk creativeness, and stifled its fluency and ease.

That paradoxical situation has afflicted the folk tales and flok songs rather severely. Because, the folk tales and folk songs transmit best orally from person to person and generation to generation, leaving enough scope for an individual to modify, change and add contexts, imageries, couplets and stanzas under the individual aesthetic impulses, unmindful of its authorship. Thus, having been transmitted orally from one person to the other and from one generation to the next, one may find several versions of one particular folk song. Obviously, we pleasantly find several versions of the same folk tale or song, in the folkways everywhere. Thus such folk expressions have remained always fresh and contemporary, irrespective of the spatio-temporal limitations.

Rendering the creative folklore to writing has made it fixed and inflexible. But that may be a small price that we have to pay to bequeath what we have inherited from our forefathers by way of oral tradition, for under the pressure of oppressive market culture, the nostalgic nuances of the oral traditions ought to be at premium.

Contributors

Avanindra Kumar has retired as the Head of Department of Sanskrit, University of Delhi. He is an eminent Sanskrit scholar of forty years of teaching experience and more than thirty students has been awarded Ph. D. under his guidance. Presently Prof. Kumar is working on a project—*'Dictionary of Panini's Grammar.'* Two volumes of it have already been published and three more are yet to come. He has received Certificate of Honour from the President of India in 2007.

B.V. Subbarayappa, presently an Honorary Professor at the National Institute of Advanced Studies, Bangalore, is the recipient of Honorary Doctorate from the University of Bologna (Italy). Dr. Subbarayappa was the President of the Science Division of the International Union of History of Philosophy of Science which is related to UNESCO. He has authored many books among which *Tradition of Astronomy in India* and *Traditions of Science: Cross-cultural Perspectives* are worth mentioning.

Brajakishore Swain is the Professor and Head of the Department of Dharmaśāstra in Sri Jagnnath Sanskrit University, Orissa. He has been teaching Dharmaśāstra for last three decades. He is credited with twenty seven books and more than hundred research papers which are published in National and International journals. Besides that Prof. Swain's research interest includes Hindu Jurisprudence, Religion and Jagannath a culture.

H.V. Nagaraja Rao, a well-known Sanskrit scholar, was a Senior Research Assistant at the Oriental Research Institute, University of Mysore and later was the Deputy Editor of the Ancient Indian literature Project of the Sahitya Akademi. He was granted the Sahitya Akademi Award in 2006 for Translation work. Vidwan Nagaraja Rao has published many research papers and articles.

Kiran Kumar Thaplyal, retired as Dean, Faculty of Arts, had served in Lucknow University for more than thirty six years as Lecturer, Reader, Professor and Head of the Department of Ancient Indian History and Archaeology. He is a life member of several academic bodies and has worked on the project *'Guilds in Ancient India'*, when he was the Fellow of the Indian Institute of Advanced Study. Shimla. Prof. Thaplyal has been awarded Brahmi award by Kothari Foudation for his contributions to Indology. He has authored ten books and has published more than hundred research papers on Indology.

O.C. Handa is an outstanding scholar of History and Archeology and a well-known connoisseur of art and culture. He has done extensive research on art and architecture of Himalayan Region. Prof. Handa has authored many books on History and Archeology of which *Buddhist Art and Antiqutics of Himachal Pradesh upto eighth century* AD is well received. It speaks of his immense scholarship.

Radha Madhav Bharadwaj is an Associate Professor in History at Dean Dayal Upadhyaya College, University of Delhi. Dr. Bharadwaj has published many research papers and articles on History and Indology.

Rama Kanta Chakrabarty, a retired Professor and Head of the Department of History, Burdwan University, is at present the General Secretary of the Asiatic Society, Kolkata. He has written extensively in Bengali and English to National and Foreign Journals. His works include *Warren Hastings in Bengal, Vaisnavism in Bengal, Time past and Time present* and several others in Bengali and English. Prof. Chakrabarty has received many awards. Recently he has been awarded the Vidyasagar Smriti Puraskar by the Government of West Bengal.

S. Revathy, Professor in Sanskrit University of Madras is an outstanding Sanskrit scholar. She has authored a number of books and edited many books, research papers and articles. Well versed in Sanskrit literature and grammar, Prof. Revathy's interests lie in the Nyāya and Vedānta systems of Philosophy.

Shireen Moosvi is Professor at the Centre of Advanced Study in History, Aligarh Muslim University where she has been teaching since 1970. She is a leading member of what is now known as the Aligarh school of historians who aim at combining critical rigour with evolving visions of History. With a background in both Statistics and History, she has worked with primary documents for her wide-ranging researches on economic and social history of Mughal India. Her book *Economy of the Mughal Empire, c.1595—a Statistical Study* (OUP, 1987) is an attempt at quantitative analysis of Mughal economy, while *Episodes in the Life of Akbar* (1994) brings history to life by giving extracts from contemporary sources. A selection of her papers entitled: *People, Taxation, and Trade in Mughal India* has been published in the Oxford Collected Essays series.